JN100582

エリア・スタディーズ 193
宗教からアメリカ社会を知るための48章
上坂 昇〔著〕
明石書店

# はじめに

ロナルド・レーガン大統領は退任演説で「光り輝く丘の上の町」とアメリカを賛美し、その輝かしい未来を祝福したものだ（1989年）。アメリカ入植当時からピューリタンは「丘の上の町」と「世の光」（「マタイによる福音書」5章14節）となることを目指していた（本書第12章参照）。神から選ばれた民として選民意識を強くもって建国に努力した。信仰心の篤い人々は、初代大統領ジョージ・ワシントンをモーセとあがめ（第14章参照）、奴隷解放のエイブラハム・リンカン大統領をキリスト以来最も偉大な人物と神格化（第19章参照）した歴史をもつ。そして、彼らは先進国で最も宗教的な国民となり、一応世界一の大国として君臨している。世俗的な意味での「神の国」とか「宗教大国」と呼ばれることも、むべなるかなと思う。

とはいえ、この国の内実はあまりにもひどい。とりわけ分断が激しく、いつ瓦解してもおかしくないような惨状を呈している。南部と北部が分裂して内戦となり、60万人以上の死者を出すという悲劇を経験をした国である。分断に危機意識などもっていないという人もいるだろう。南部的な保守派と北部的なリベラル派との対立はきわめて深刻であり、民主主義的な方法による解決は難しいという意見も強い。民主主義が機能停止しそうだからだ。

1990年代初めから「文化戦争（カルチャー・ウォー）」という名のもとに教育、宗教、環境、移民、人種、人権、妊娠中絶、性的マイノリティなど社会の広範な分野で保守とリベラルによる価値観の対立や亀裂が深まっている。加えて、極右勢力の台頭が顕著となり、社会の混乱は危険な状態になっている。他の国より解決が困難なのは、対立の背後にはほとんどの場合、宗教がからんでいることが多いからだ。卑近な例だが、マスク着用の是非まで信仰がからんでいるのだから（第42章、コラム９参照）。

人種平等をさらに求める黒人たちの新しい抗議運動「ブラック・ライブズ・マター　ＢＬＭ」（黒人の命は大切）は近年、白人警官による黒人市民の射殺事件が頻繁に発生していることもあって激しさを増し、白人保守派からの反発も高まった。ドナルド・トランプ大統領が誕生してから、侮蔑的な意味を含めて「キャンセル・カルチャー」（否定の文化）としてＢＬＭが批判された。とくに、歴史的な英雄の業績を否定するだけでなく、銅像・記念碑などを倒したりする行動に出たことによって、一般の市民の間にも抗議運動に疑問をもつ人が増えたといわれる。

ＢＬＭの過去の否定よりも恐るべきことは、ＭＡＧＡ（アメリカを再び偉大にする）トランプ派を中心とする民主主義原理の否定である。法廷闘争で何度も負けていながら、自分たちが負けた選挙は不正であるという根拠のない陰謀論の主張を通そうとしている。民主主義の番人ともいえる連邦最高裁までもが、この半世紀アメリカ社会に定着していて、女性の基本的人権として妊娠中絶の権利を認めたロウ判決を覆したのだ（第38章参照）。６対３で保守派優位の法廷は、異人種間の結婚、同性婚の合法化判決まで再考すると示唆している。判事のイデオロギー的構成が保守優位となったからといって、憲法条文に明示されていなくても合法的な権利として長年認められてきた諸権利が、前判決を覆すことによって否定されようとしている。民主主義の番人がこのありさまであるから、選挙を認めない勢力がますます増長して民主主義を侵食することになる。

アメリカでは異人種間の結婚と同性婚は合法ではあるが、これは判例であって法制化されていない。

そこでバイデン政権は同性婚と異人種間結婚の保護について、２０２２年末に「結婚尊重法」を成立させた。最高裁がある州の同性婚を無効とする判決を出して、他州で合法結婚した同性カップルがその州に移っても、その結婚が無効となることはない。しかし、超党派で成立したために抜け穴がある。非営利の宗教組織は信教の自由で保護されるので、教義に反する同性カップルの挙式を強要されない。免税特権を失うこともない（第34章参照）。

個人的に最も憂慮しているのは、トランプの大統領選敗北を不服として２０２１年1月に連邦議会議事堂を襲撃した暴徒のなかに多くのキリスト教ナショナリズム（第27章参照）支持者がいたこと、そして白人優越主義者として批判されたにもかかわらず、２０２２年中間選挙において、キリスト教ナショナリズムの教義を支持していることを明言して当選した議員や州知事がいたことである。下院議員で３人、州知事（再選）で1人である（この他、落選したとはいえ州知事選でこの教義を強く主張して惜敗した事例も注目された）。大勝した州知事はミニ・トランプとして有名なフロリダのロン・デサンティスである。選挙ビデオでは、デサンティスは神が天地創造の8日目に造った戦士であり、神の使いとしてフロリダに派遣されたと喧伝している。彼自身も、支持者に神の武具をつけて左翼の陰謀と闘おうと演説している。

トランプを大規模に支持した白人福音派にとって最大の関心事は妊娠中絶禁止だったが、トランプが最高裁に送り込んだ3人の保守派判事のおかげで、妊娠中絶禁止がある程度実現したこともあり、デサンティスの支援では目立った動きは見られない。宗教右派にとって同性婚や性的マイノリティが次の攻撃目標であることは間違いないだろうが、２０２４年大統領選に向けてトランプやデサンティスと宗教右派がどのような連携をするのかに注目したい。

アメリカでは今世紀中頃に白人が人口の半数を切ると推計されている。ますます人種的な多様性が強まることになる。これまで白人に対して、人種的マイノリティは非白人とか有色人種といわれてきたが、今後は、より多様性を考慮したＢＩＰＯＣ（バイポック）、つまり「ブラック（黒人）、インディジェナス（先住民）、パーソン・オブ・カラー（有色人種）」という表現がもっと使われるようになるかもしれない。性的マイノリティを表現するＬＧＢＴＱが近年メディアで普通に使われている。これも性的マイノリティを十分に表していないという批判もあるが、以前よりは包摂的な表現への模索が認められるとはいえるだろう。

宗教的多様性についても、多様な宗教組織が差別を受けることなく寛容な社会で共存でき、かつ教条的な聖書解釈だけではなく、時代の変化を取り入れた解釈が許容されることを期待したい。

本書の狙いは「世界一の科学大国」アメリカを宗教的側面から歴史を見直し、他に類を見ないほど奇妙な国の成り立ちと国民を知ることである。憲法で政教分離を掲げながら、日常生活に宗教が深く取り込まれている。政治、社会、文化などの多くの分野で顕著である。宗教を理解してはじめて本当のアメリカを知ることができる。本書で取り上げた事項を読むと、これまであまり知られていなかった新しいアメリカの姿が浮かび上がってくるはずである。

２０２３年１月

上坂　昇

宗教からアメリカ社会を知るための48章

## I　現代アメリカの宗教模様

CONTENTS

## Ⅱ　アメリカ史のなかの宗教



## Ⅲ　宗教大国アメリカの諸相

## Ⅴ 性的マイノリティと宗教



## Ⅵ 生と死をめぐる宗教

## Ⅶ 日常生活にかかわる宗教

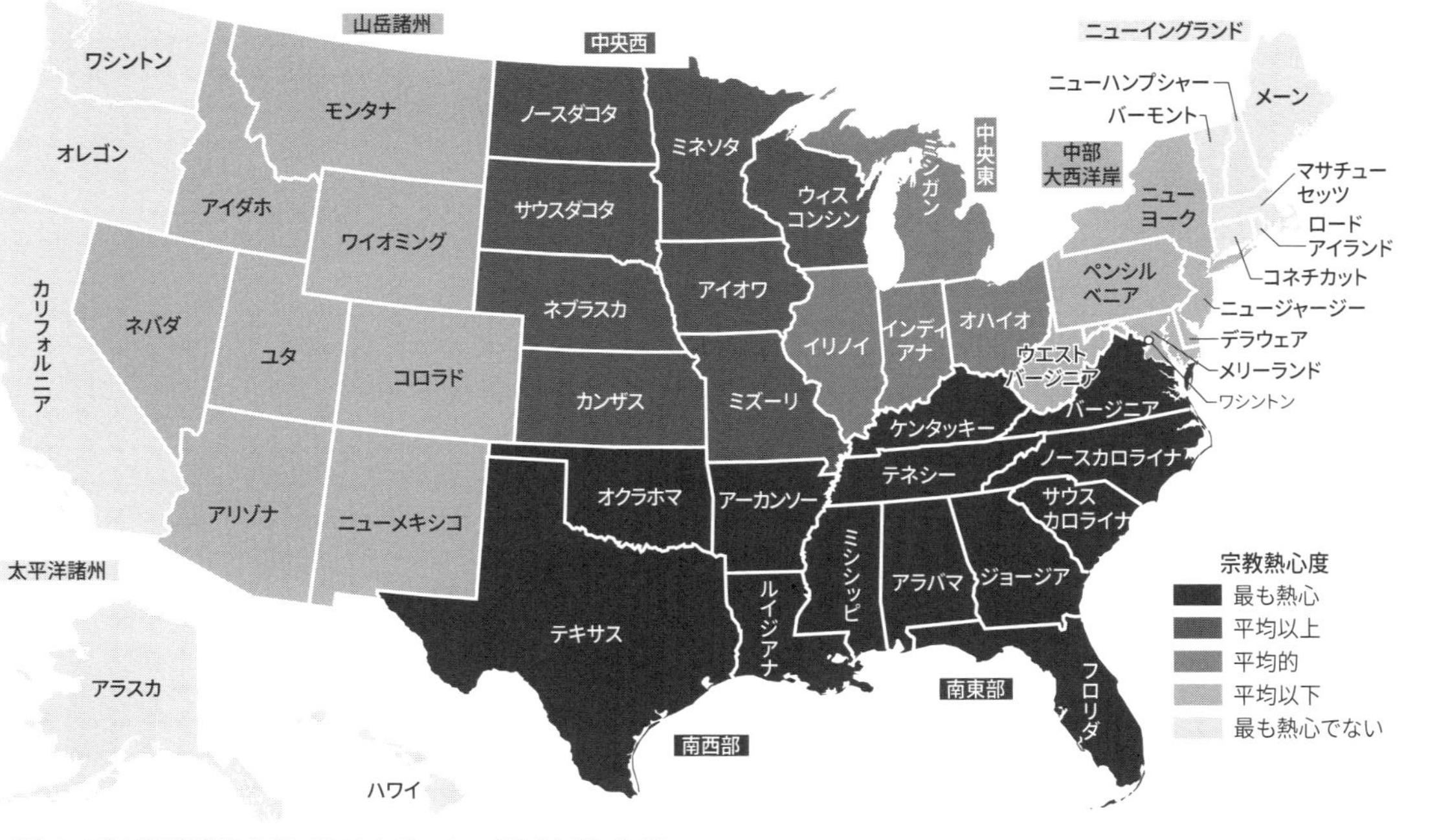

アメリカの地域別宗教熱心度（2018年ギャラップ調査を基に作成）

凡　例

○　本文中の写真は主にウィキメディア・コモンズ（https://commons.wikimedia.org）から取得した。特記なきものはパブリックドメインの状態にある。

○　聖書の引用は1ヵ所を除き『新共同訳聖書』（日本聖書協会）による。

# I

# 現代アメリカの宗教模様

# 1

# 異質で奇妙な「神の国」アメリカ

## ★IT大国で9割の国民が神を信じている★

### 先進国ではありえない現象

アメリカが世界の超大国であることは間違いない。経済力や軍事力でもこれまで文句なく、他の追随を許さない地位を築いてきた。しかし、中国の発展が目覚ましく、いずれは追いつかれ、経済面ではトップの座を明け渡すかもしれない。軍事力でも中国の増強は目覚ましく、いずれはかつての軍事大国ソビエト連邦に匹敵するような発展を遂げ、アメリカにとっての大きな軍事的脅威となり、米中の軍事的均衡が不安定になるような状態がくるかもしれない。

しかし、アメリカが世界の先進国に対して揺るぎない地位を維持しているのが、国民の信仰心の篤さである。建国時に政教分離を高らかに宣言した近代国家でありながら、宗教が生活のあらゆる分野でなんらかの作用を及ぼしている。世界で群を抜くIT超大国では古き伝統が崩壊していくのが当然かと思われるが、アメリカでは人々の心の支えとしての宗教がしっかりと社会に根を下ろしている。国民の9割近くが神を信じている。国民の約4割が教会、シナゴーグ（ユダヤ教礼拝所）、モスク（イスラム教礼拝所）などに行く。多民族・多人種の国アメリカでは、日曜日の午前中が最も人種分離される時間ともいわれる。他の先進国ではありえない現象だ。

国の最高権力者の大統領は当然、信仰を問われる。とりわけ信仰心の篤いキリスト教福音派（福音主義者、エバンジェリカル）は、大統領に強い信仰心を求める人がなんと9割にも達しているほどだ。大統領就任式にしても、大統領にならんとしている人は聖書に手を載せて宣誓を行う。全体として一般的なプロテスタント教会の礼拝に似ているといわれる。宗教的背景をもった建国の歴史ゆえに、独立宣言、合衆国憲法、エイブラハム・リンカン大統領（在任1861〜65年）のゲティスバーグ演説（1863年）は、宗教的文書ではないのに、アメリカ人の信仰を表す聖典であるかのようにいわれる。南北戦争中のゲティスバーグ演説でリンカンは、「戦死者の死を決して無駄にしないために、この国に神の下で自由の新しい誕生を迎えさせるために、そして、人民の人民による人民のための政治を地上から決して絶滅させないために、われわれがここで固く決意することである」と述べ、人々を感動させた。

これらの文書は、起草者は意図していなかっただろうが、国民を政治的、宗教的に統合し、国民が自らの歴史的使命を全うしようとする気持ちを示しているようにみえる。神の祝福を受けようとする人々の願望を言外に読み取ることができる。このような指導者と国民からなるアメリカは、憲法で政教分離を定めていても、宗教的色彩の濃い社会となるのは当然である。世俗的意味での「神の国」といっても、それほど大きな間違いではない。

## アメリカが宗教的である背景

世界の平和を追求する国際的努力のなかで、近年のアメリカの役割が徐々に変化を遂げていることは否定できない。一番大きな影響を世界に与えているのが世界の警察官としての役割である。自国の人命を犠牲にしても世界秩序を乱す行為には断固として対抗するのが、アメリカの民主主義であった。国民もそれを支持していた。しかし、アメリカの多様性が宗教的にも、民族・人種的にもますます高まるにつれて変質の方向に向かい出したといえる。そういう大きな流れのなかで、宗教組織への所属率、宗教が人生で重要であるという人々の割合の低減が多少見られることが指摘されているが、それでもアメリカの宗教性の強さは依然として変わらない。

1830年代にアメリカを視察して『アメリカのデモクラシー』を書いたフランスのアレクシス・ド・トクビルの指摘はきわめて興味深い。「私は宗教の自由と精神が、われわれ〔フランス人〕にあってつねに反対方向に進むのを見てきた。ここアメリカでは、両者は親しく結びついていた。二つの精神は相ともに同じ土地を支配していた」（松本礼二訳『アメリカのデモクラシー 第1巻〈下〉』226頁）と述べている。宗教が民主主義の発展を阻害するとはいえないが、近代国家への脱皮は宗教性が薄れていくという現象を伴うことが多い。しかしこのことは多くのヨーロッパ諸国にあてはまったものの、アメリカには通用しなかったことをトクビルは看取したといえる。

宗教が重要であるとする人が10％程度しかいないイギリス、フランス、ドイツなどのヨーロッパ先進国の人がとても理解できそうにないのは、アメリカ人の最も好きな本が聖書だということだろう。第2位が『風と共に去りぬ』、3位が『ハリー・ポッター』である。アメリカ人は聖書が好きなだけではない。3人に1人が週に一度は読むのだ。たまには読むという人は45%にも上る。しかもアメリカ人の多くは、自分たちが神に選ばれた人であるという選民意識をもっている。ピューリタンがアメリカに入植した時代からの伝統にもとづいていることは確かである。

　こうした宗教的背景をもつアメリカを理解するには、国民の信仰や宗教が政治に与える影響、信仰からくる国民の道徳・倫理観などを十分に知らなければならない。個別の宗教的現象を分野別に観察することによって、これまで奇妙に思えたことに納得のいく説明ができるようになるかもしれない。

　本書ではキリスト教の教派に加えて、宗教右派、宗教保守派、福音派、キリスト教ナショナリズムなどの用語を使用しているが、著者は次のような意味で使っている。宗教右派は、根本主義者（ファンダメンタリスト）が聖書の根本的教義を守るために19世紀末に立ち上がり、広い意味での宗教保守派が形成されたが、その中でも過激な行動に出る人たちを指す。宗教保守派と明確に区別しがたいところもある。また、宗教グループとしては教派につながるものもあるが、本書では保守派のくくりとして福音派も使っている。宗教保守派は広い意味で倫理・道徳的問題で保守的な態度を取る人々のこと。福音派（エバンジェリスト）（福音主義者）は、聖書の記述を忠実に守り、伝道に積極的な人々で、リベラルな主流教会を上回る人数を誇る。政治・社会的な面でも保守的立場を保つ。キリスト教ナショナリズムは、宗教団体というより極右団体ともいえる過激派である。アメリカをキリスト教で統治する神政国家を目指すとされる。

# 2

# アメリカの主要な宗教と教派

## ★民族・人種の多様性を反映する宗教組織★

### 35万ヵ所もある祈りの場

多民族・多人種からなる国アメリカには、多くの宗教が共存している。建国がイギリスのピューリタンや国教会員によって始まったことから、主要な宗教はキリスト教である。福音派などプロテスタントの多くの教派、カトリック、アメリカ生まれのモルモン教などからなる。ユダヤ教とイスラム教も少数ながら確固たる地位を占めている。仏教、ヒンドゥー教他の少数派の宗教も存在している。移民の流入や時代の変化によって、これらの宗教の勢力や影響力は変化を遂げている。現代のアメリカ宗教模様の一端を示す数字をあげると、祈りの場や礼拝所、つまりキリスト教の教会、イスラム教のモスク、ユダヤ教のシナゴーグなどが、全国に約35万ヵ所あるという。プロテスタント教会が約31万4千、カトリック教会2万4千、その他1万2千となっている。

主要な宗教組織の人口に占める割合はおよそ次ページ上段のグラフのようになる（PRRI〈公共宗教調査研究所〉2021）。

ここからわかるように、信者数から見る限りアメリカ人の70％近くがクリスチャンであるので、多様な宗教を抱えながら

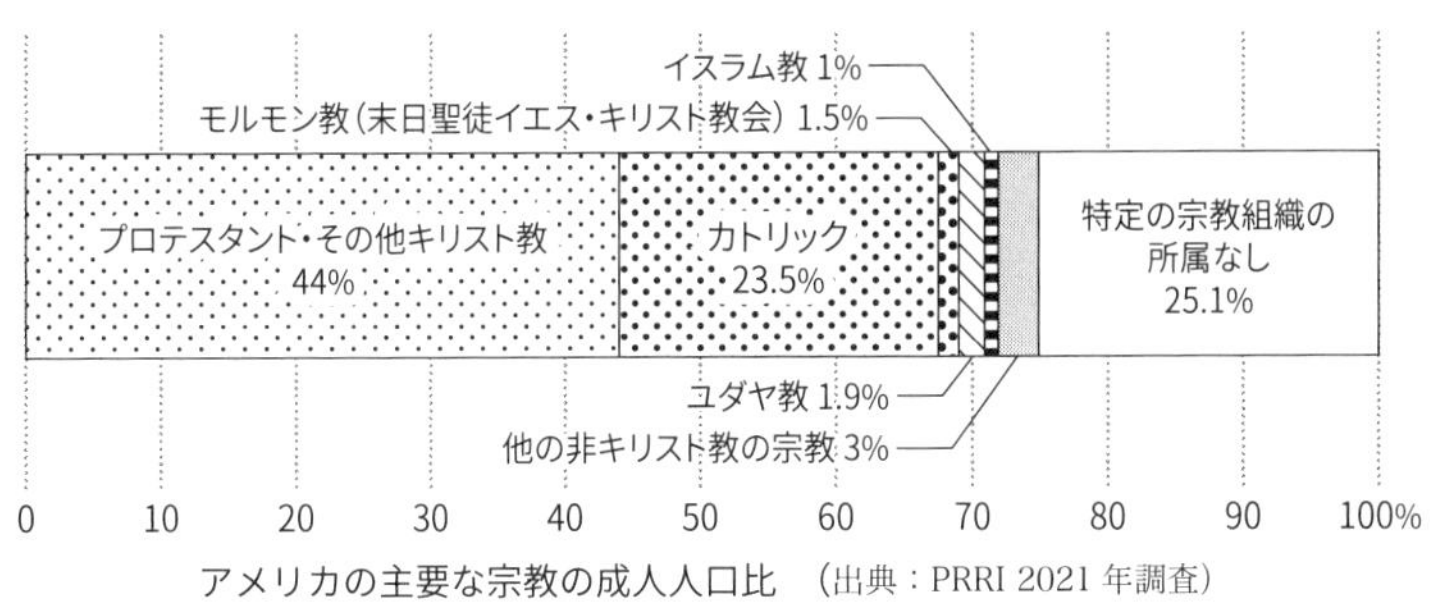


アメリカの主要な宗教の成人人口比　（出典：PRRI 2021 年調査）

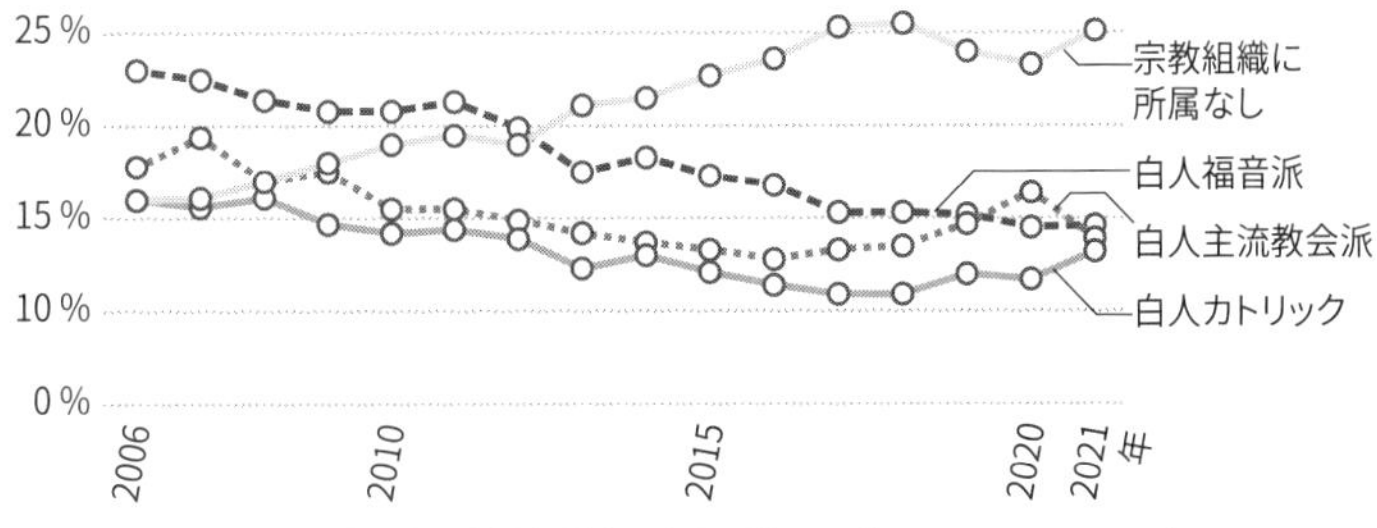


白人主要教派と宗教組織無所属の動き　（出典：PRRI, ピュー）

も、アメリカはいまだキリスト教が主流の国といえる。プロテスタントは多くの教派に分かれているので、教派ごとに見ると、カトリックが一番多くの人を抱える宗教組織であった。しかし世論調査・シンクタンクのピュー研究所の２０１５年調査によると、近年ではカトリックを追い越して、特定の宗教組織には所属しない人々（無神論者、不可知論者などを含む）が増え、最大集団の福音派に次ぐ存在になっている。プロテスタントの教派別の割合でも、伝統的でリベラルな主流教会派も、保守的な福音派も漸減傾向を示している。これに対して、イスラム教、ヒンドゥー教などのキリスト教以外の宗教は漸増している。全体として、アメリカの宗教性が徐々に弱まりつつあることは否定できない。白人福音派、白人主流教会派、白人カトリックに比べて、宗教組織に所属しない人々がいかに増加しているかは、前ページ下段のグラフから明らかである。

## 国民の7割がクリスチャン

アメリカ人の7割がクリスチャンであるが、その多数を占めるキリスト教プロテスタント教会は、多くの教派（デノミネーション）を抱えている。3大分類すると、保守的傾向の強い福音派教会、一般的にリベラル派が多い主流（メインライン）教会、一般的にはリベラルだが、道徳面では保守的傾向がある黒人教会に分けられる。その内訳を成人人口比でみると、福音派が約25％強、主流教会が15％弱、黒人教会が7％弱となっている。人口比で上位15のプロテスタント教派は次ページの表の通りである。

キリスト教教派の教会員なり信者数を正確に知ることはかなり難しいが、一番信頼できるデータは『アメリカ・カナダ教会年鑑』である。その2012年度版とピュー調査を比べると、教会員数でかなり増減があることから、順位が入れ替わっている教派もある。宗教組織会員数の5位までをみると、カトリックが6800万人、次いで南部バプティスト教会1600万人、合同メソジスト教会770万人、モルモン教（末日聖徒イエス・キリスト教会）600万人、チャーチ・オブ・ゴッド・イン・クライスト550万人（更新数字が定期的に報告されていないところがあるので、ピュー調査と大きく異なっている）となっている。年鑑によると、教会員数は全体として前年より1％強減少しているという。

### アメリカの主要なプロテスタント教派の成人人口比

| 順位 | 教派名 | 人口比(%) |
|---|---|---|
| 1 | 南部バプティスト教会 | 5.3 |
| 2 | 合同メソジスト教会 | 3.6 |
| 3 | アメリカン・バプティスト教会（同盟、ABC/USA) | 1.5 |
| | チャーチ・オブ・クライスト（日本名・キリストの教会）※ | 1.5 |
| 5 | アメリカ福音ルーテル教会（ELCA) | 1.4 |
| | ナショナル・バプティスト・コンベンション＊ | 1.4 |
| | アッセンブリー・オブ・ゴッド | 1.4 |
| 8 | ルーテル教会ミズーリ・シノッド | 1.1 |
| 9 | 長老派教会 USA | 0.9 |
| | アメリカ聖公会 | 0.9 |
| 11 | チャーチ・オブ・ゴッド・イン・クライスト＊ | 0.6 |
| | セブンスデー・アドベンティスト※ | 0.6 |
| 13 | 合同キリスト教会 | 0.4 |
| | アメリカ長老派教会（PCA）※ | 0.4 |
| | チャーチ・オブ・ゴッド（テネシー州クリーブランド）※ | 0.4 |

無印は主流教会、※は福音派、＊印は黒人教会を表す。
(出典：2015年のピュー調査)

# 3

# 時代で変わる宗教模様

## ★「スピリチュアルだが宗教的ではない」という主張★

### 先進国で最も宗教的な国

世界の先進国で一番宗教的な国としてのアメリカは、他国の追随を許さないほどの地位を確保しているが、その中身を具体的に観察してみると、時代の変化を反映している。プロテスタントとカトリックを人口比で見ると、１９５５年当時プロテスタントは71％、カトリックは24％を占めていたが、２０１４～17年には47％と22％となり、プロテスタントの激減ぶりが目立つ。注目すべきは、両者以外が４％から11％へ、無宗教・特定宗教なしが１％から20％へと激増していることだ。さらにとりわけ注目すべきは、30歳以下の青年層の無宗教・特定宗教なしが33％になっていることである。今後のアメリカの宗教事情を考えると、大きな変動が予想される。

人口に占める割合では、カトリックのほうが減少率は低いが、信者の教会に行く回数、礼拝出席率に関しては逆の現象が生じている。カトリックは１９５５年の75％から２０１４～17年の39％へと大幅に減らしている。プロテスタントは42％から45％へと微増している。つまり、カトリックは移民の増加の影響で人口比では減少が小幅だったが、教会に行く人が減っている。

30歳以下については25％とかなり低くなっている。プロテスタントではそれほどでもなく、同世代は36％となっている（２０１８年ギャラップ調査）。

キリスト教以外の宗教を含めて、宗教組織に所属するアメリカ人の割合は徐々に減少している。教会・シナゴーグ・モスクなどに所属している人は、１９３０年代から90年代まではおよそ70％台を維持していたが、２０００年代に入って下降現象が見られ始め、２０１８年には50％まで低下した。その背景には、なんらかの宗教に愛着や関心をもっていた人が２０００年までは9割いたのが、今日では77％まで低下し、宗教心をもつ人でさえ、特定の教会や礼拝所に所属する人が、ここ20年間で7割から6割に減っていることがあげられる（２０１９年ギャラップ調査）。

宗教模様を２００７年と14年と比較すると、カトリックとプロテスタント教派が信者数を減らしているのに対して、16％から23％へと大幅に増加したのが特定宗教をもたない人たちである。キリスト教以外の宗教を信じる人たちも5％から6％へとわずかながら増えている（内訳はユダヤ教2％、イスラム教1％、仏教・ヒンドゥー教1％弱など）。特定宗教なしとする人は、07年から１０００万人増加し、14年には５６００万人になっていると推定されていた。この数字はカトリックの５１００万人をかなり上回り、福音系教派の合計６２００万人に次ぐ集団となる見込みだ。プロテスタントの多くの教派が衰退しているなかで、福音系はわずかながら増加している（２０１５年ピュー調査）。

## 特定宗教をもたないが宗教は重要

特定宗教をもたない人のなかでは不可知論者（超経験的なものの存在や本質は認識不可能であるとする）や

無神論者が3割を占める。興味深いのは、信奉する特定宗教をもたないとしながらも、宗教は人生において重要とみなす人が同じく3割もいることだ。また宗教は重要ではないとする人が4割いる。特定宗教なしの人たちはすべてが最初からそう考えていたわけではなく、所属していた特定教派を離れた場合が多い。プロテスタントよりカトリックのほうが多くの信者を失っている。

大規模な宗教に関する世論調査を実施したPRRI（公共宗教調査研究所）の二つの報告（2016、17年）では、特定宗教をもたない人についてかなり詳しく述べている。このグループは1972年の5％から2016年には25％まで増大している。「宗教」グループとしては人口比でカトリックを上回り、アメリカで最大となっている。そのなかには無神論者が14％、不可知論者が13％いるほかに「宗教的な人」が16％含まれ、残りの過半数は宗教的ではない世俗的な人である。

特定宗教をもたない人が増えるのは、子どもの時から所属していた宗教組織から離れることが多いからだ。その理由として一番多いのは、宗教的な教えが信じられなくなるからだという。また、同性愛者に対する教えや扱いが相容れないという理由もある。彼らの宗教観は独特で、ほとんどの人が神あるいは崇高な力に関する信念はもち続けている。神については、人が関係をもつ存在か、あるいは人格をもたない力だと過半数の人がいう。半数以上の人は、時には神の存在に疑問をもつが、4割超は神を信じている。

特定宗教をもたない人々に関連して着目しなければならないのは、「スピリチュアル（精神的、霊的）だが宗教的ではない」（SBNR）と主張する人々の存在だ。彼らは自分なりの内面世界の充実を重視するので、さまざまな活動をしている。ヨガ、禅、瞑想、老荘（ろうそう）思想、カバラ（ユダヤ教の神秘思想）、スーフィズム（イスラムの神秘思想）、自己啓発セミナーや癒やし、自分探しなどに関心をもっているという。多くの人に共通しているのは、「ハイヤー・パワー」（より高い力）を信じていることだ。人によって定義が異なるが、神のようなものらしい。このグループの増大の背景には、ニューエイジ運動、つまり１９６０年代の西海岸に始まった西洋と東洋の精神的文化の融合を目指した運動があるという。70年代にはベトナム帰還兵の精神的ダメージを救うために活用された。

この「スピリチュアルだが宗教的ではない」グループの成長は顕著で、アメリカ人の3割近くを占めるに至っており、２０１２年の19％から17年の27％に増加している。これに対して、世間的には信仰心の篤い人々とされる「宗教的かつスピリチュアル」がこの間に59％から48％へと減少している。「宗教的でもスピリチュアルでもない」は2ポイント増の18％、「宗教的だがスピリチュアルではない」は6％で横ばいとなっている（２０１７年ピュー調査）。

最新の宗教事情に関する大規模調査が二つある。一つは、戦争や不況など特別な出来事が起こらず、30歳までに信仰から離れるクリスチャンの割合が現在より高くなり続ける場合、早ければ２０４５年までに、アメリカはクリスチャンが過半数を占める国ではなくなる可能性があるとするもの（２０２２年ピュー調査）。他方は、２０２５年から50年の予想値を示した「世界キリスト教情勢２０２２年」で、クリスチャンの1年当たりの増加率は1・17％で、無神論0・18％と不可知論者０・59％を合わせた無宗教者0・59％の増加率よりも2倍高かったという。また、キリスト教を含む宗教を信じる人全体の増加率は1・27％で、世界人口の増加率を上回っており、世界では宗教を信じる人の割合が増加傾向にあるとした。

# 4

# 4つの集団からなるユダヤ教

★少数派だが影響力の大きい宗教①★

## 高まる政治・経済力

クリスチャンが7割を占める国アメリカだが、先述したように民族・人種の多様化はますます進んでいる。移民と出生率の変化が大きな原因だが、それによって主要な宗教であるプロテスタントとカトリック以外の宗教が成長を続けている。ユダヤ教、モルモン教、イスラム教、ヒンドゥー教の4つである（モルモン教は伝統的なキリスト教の教派ではないが、一応キリスト教として認知されている）。経済力、政治力、文化的活動などをみても、近年目覚ましい進出を果たしている。

瞠目すべきなのが、国政への進出と経済力である。ユダヤ系アメリカ人は以前から有名だが、あらためてその政治力を示すと、第116議会（2019年）での連邦議員34名（上院8、下院26）である。人口比は2％にすぎないのに、上院議席の8％、下院議席の6％を占めており、いかに少ない人口で政治を動かす力を獲得したかがわかる。モルモン教の場合も、人口比は2％弱だが、議員総数10名（上院4、下院6）で、上院議席の4％、下院議席の1・4％を占めている（2019年ピュー調査）。共和党の2012年大統領候補になったミット・ロムニー（元マサチューセッツ州知事）の善戦で、国民の間にあるモルモン教への偏見もかなり弱まったといわれる。一番驚かされたのが、イスラム教とヒンドゥー教の国政進出である。双方とも3名の下院議員を送りこみ、人口比は1％に満たず0・7％の議席しか得ていないが、人口や出生率の伸びからして、着実に勢力を伸ばしていくはずである。これら4宗教組織を合わせても人口比で5％超にすぎないが、今後の人口動態の予想からみると、また主要教派からの他集団への移動を考えても、将来は大きな影響力をもつ宗教組織になるだろう。

ユダヤ教は、キリスト教、イスラム教と並んで世界の3大一神教の一つであり、その中心を占めるといってもよい。しかし、古代から反ユダヤ主義による憎悪や敵意や差別にあいながらも数千年を生き延びてきた。ホロコースト（ドイツのナチスによるユダヤ人の大量虐殺）で600万人を失いながらも、主にイスラエルとアメリカで伝統を維持してきた。世界中からユダヤ人がイスラエルに帰還する運動は続いており、イスラエル人口は2019年6月末で900万人を超えた。そのうちの75％がユダヤ人である。アメリカのユダヤ系は2020年で750万人であり、10年ほど前からイスラエルがアメリカを抜いて世界一ユダヤ人の多い国となっている。

## 「ただのユダヤ人」が一番多い

アメリカのユダヤ系の人口比は2％超で、モルモン教徒より若干多い。アメリカのユダヤ系は5人に1人以上が無宗教の人、無神論者、不可知論者である。年代が若ければ若いほど無宗教の割合が増える。アメリカ人は全体としては神を信じる人が8割だが、ユダヤ系に限ると半分を切る。ユダヤ教があったからこそ数千年の迫害に耐えてきたという印象をもちがちだが、アメリカのユダヤ系はかなり違った人生観をもっているようだ。

アメリカのユダヤ教は4つの主要な集団に分けられる。最新のデータである2017年PRRI（公共宗教調査研究所）調査によると、改革派28％、保守派14％、正統派10％、再建派2％となっている（4集団の名称は他の調査と必ずしも同じではない）。しかし、どの集団に属するかを尋ねられると、「ただのユダヤ人」（Just Jewish）と答えた人がなんと37％もいたという。その他は3％、無回答6％である。2020年のピュー調査では、改革派37％、保守派17％、正統派9％、その他（再建派、ユダヤ再生派を含む）4％、特定所属集団なし32％となっており、分類方法がかなり違う。特定所属集団なしが「ただのユダヤ人」に相当するのかもしれないが、断定はできない。そこで、ユダヤ人に関する世論調査を毎年実施しているAJC（アメリカ・ユダヤ人委員会）の「2017年アメリカ・ユダヤ人世論調査」で確認すると、PRRIとまったく同じ分類を使用しており、回答は正統派9％、保守派16％、再建派2％、改革派31％、「ただのユダヤ人」39％となっていて、それほど大きな違いはない。AJC2019年調査ではユダヤ人のアイデンティティについて聞いている。「ユダヤ人であることは主として宗教上の理由からか、それとも民族・文化上の理由からか」という質問に対して、「主として民族・文化上の理由」と答えた人が6割もいた。つまり、「ただのユダヤ人」以外にも、ユダヤ教をあまり重視しないユダヤ系アメリカ人がかなり多いということだ。正統派には最も伝統的戒律を守る超正統派が含まれる。黒い服装に黒い帽子をかぶり、ニューヨークなどにコミュニティがある。

ちなみに、イスラエルの宗教事情は、ユダヤ教が8割を占め、次いでイスラム教、キリスト教、ドゥルーズ教（イスラム教の一派）、無宗教の順となっている。ユダヤ教は4つの集団、伝統派23％、正統派10％、超正統派8％、世俗派40％に分かれている。ユダヤ人に現在の宗教を聞くと、ほぼ全員がユダヤ教徒と答える。しかし、一方で半分近くが世俗派と答えているのだから、奇妙な宗教観である。またユダヤ人の20％が神の存在を信じていないのだから、なおさらである。

トランプ政権発足後、アメリカの民族・人種的マイノリティへのヘイト・クライム（人種・宗教・性的指向からくる憎悪犯罪）が急増している。とくに顕在化しているのが反ユダヤ主義で、ユダヤ系アメリカ人の人権保護機関である反名誉毀損同盟（ADL）によると、反ユダヤ主義の事件件数がトランプ政権発足の2017年には前年の5割以上も増えたのである。18年は5％ほど減少したものの、増加傾向には変わりない。イギリスではブレグジット（イギリスのEU離脱）が議論され始めてから、ユダヤ系のドイツへの移住が増えているという。

ニューヨークのユダヤ教の礼拝所シナゴーグ

なぜドイツかというと、ドイツ基本法（憲法）116条2項では、1933年から45年の間に政治的、民族的、宗教的理由によって市民権を剥奪された元ドイツ国民とその子孫に、市民権を再申請する権利を認めているからだ。歴史的にはユダヤ人を迫害したことのあるスペインとポルトガルでも、2015年以来、同様の受け入れを実施している。

# 5

# 異端視は薄らいだモルモン教

## ★少数派だが影響力の大きい宗教②★

### 聖書ではなく独自の聖典をもつ

退潮傾向にある多くのキリスト教プロテスタント教派のなかで、末日聖徒イエス・キリスト教会、通称モルモン教は近年成長を続けたが、今日でも現状を維持しながらも、政治的な発言力は一向に衰えていない。他のキリスト教の教派とは異なる背景をもつことから、モルモン教を異端な宗教とみなし、キリスト教と認めない集団もあるが、正式名称にもあるように、教会は自分たちがキリスト教であることを断固として主張する。イエス・キリストを教会の頭として、その贖いを救いの中心に置くことからクリスチャンだと強調する。末日とは、終わりの日、つまりキリストの再臨が迫った時代を意味している。伝統的なキリスト教との大きな違いは、モルモン書（モルモン経）という聖典をもつことだ。ちなみに、モルモン書は原本も考古学的証拠も発見されていないことから、モルモン教徒以外でこれを歴史的文書として扱う学者は皆無に近いという。

モルモン書は、紀元前600年から紀元400年の間にアメリカ大陸に生きたモルモンを含む預言者や先住民の記録であり、復活後のイエスがアメリカを訪れて福音を伝えたことなどが記されている。天使の手助けで土中から黄金の板を掘り出し、特殊な翻訳機で訳して書物にしたのがジョセフ・スミスで、１８３０年にニューヨークでモルモン教を創始したといわれる。信者たちはスミスを、旧約聖書のアブラハムやモーセと同じ意味での預言者として認める。スミスは啓示により地上に神の国を建設するための共同体をつくるが、近隣の住民との軋轢から暴徒に殺害される。後継者のブリガム・ヤングは聖徒を率いて西部に向かい、最終的には１８４７年に現在のユタ州ソルトレーク・シティーにたどり着き、本部としての教会建設を始める。

モルモン教が異端視される原因の一つに一夫多妻制（ポリガミー）がある。ポリガミーは教祖の性的満足のための制度ではなく、聖書の時代を理想とするモルモン教にとって、旧約聖書の族長たちの結婚のありかただという。この制度はモルモン教徒の団結を強化し、神の民をこの世に増やすためのもので、究極的には神の国を建設するための手段であるとする。この教義が１８５２年に正式に発表されて以来、社会の批判を強く浴びることになった。連邦政府までが法律によるポリガミー禁止、実践者に対する公民権の停止、教会財産の没収などの強硬手段に出た。最終的には、１８９０年に廃止された。１８９６年にユタは州に昇格した。

## 目覚ましい政治進出

近年においてはモルモン教に対する偏見が以前よりかなり薄らいでいるのは間違いない。一番それを証明しているのは、モルモン教徒であるミット・ロムニーである。彼は信仰心篤い共和党員として、マサチューセッツ州知事に就任、２００８年大統領予備選での善戦、再出馬した２０１２年には予備選に勝利し、本選挙では敗れたとはいえ共和党大統領候補としてバラク・オバマと争ったこと、２０１９年に連邦上院議員に当選したことなど、政治家として華々しい経歴をもつことができている。ロムニー以前にも、ハリー・リード（民主党、ネバダ州選出）が２００７年に連邦上院の多数党院内総務になっている。これはモルモン教徒にとって史上最高位の政治的役職である。

モルモン教は禁酒・禁煙のみならず、コーヒー・紅茶などのカフェイン入りの飲み物なども摂取禁止だ。収入の10分の1を献金するのも信者の義務である。これらは厳しい規則だが、他の宗教にもあることだし、妊娠中絶・同性愛に関して厳しい教義をもっているのも珍しいことではない。とはいえ、黒人、ユダヤ系などが経験した差別や偏見が時代の変化とともに大きく改善されたのに比べて、モルモン教への社会の目は世論調査でみる限り、十分には払拭されていない部分がまだあるのには驚かされる。

モルモン教徒の大統領候補に投票するかどうかの世論調査をみると（２０１1年ギャラップ調査）、２０１１年でまだ22％が「ノー」と答えている。この数字はなんと１９６７年の17％よりも増えているのだ。同性愛者の大統領候補に投票しない人の32％よりはましだが、ユダヤ系、黒人、女性の大統領候補に投票しない人は10％以下である。この当時、モルモン教に対して好意的な感情をもっている人は38％だが、好意的でない人も31％と少なくない（２０１2年ＡＢＣニュース／ワシントン・ポスト調査、ポーリングリポート・コム／宗教より）。それより数年前では、モルモン教はキリスト教ではないとする人が31％もいるとはいえ、モルモン教に好意的とする人は53％もいる。これは比較的高いとはいえ、イスラム教徒に好意的とする人と同じである（２００７年ピュー調査）。２０１６年の好意度調査でも30％

であるので（NBCニュース／ウォールストリート・ジャーナル調査、ポーリングリポート・コム／宗教より）、モルモン教に対するアメリカ人の偏見はしばらくは続くのかもしれない。

モルモン教徒は主要教派のなかで、自らを強い信仰心をもつとみなす人が74％と最も多い。ユダヤ系の19％と比べると、その信仰心の強さがよくわかる。つまり教義に忠実な人が多いことから、妊娠中絶とLGBTQ（レズビアン、ゲイ、バイセクシュアル、性的違和をもつ人、性自認・性的指向を定めない人。この用語については、さまざまな性的マイノリティを十分に表していないなどの意見がある）についてはいまだ厳しい姿勢を保っている。近親相姦とレイプ以外の妊娠中絶は禁止で、生まれた子は養子に出すことを検討する。男女による結婚は神の定めとされ、それに違反することは背信行為であり、処罰の対象となる。やや規則が改善された点をあげれば、２０１９年４月、同性愛者カップルの子どもにも洗礼を授けられることになった。教会の声明によると、同性婚は重大な違反であるが、同性パートナーと結婚している信者を自動的に教会の規則に違反する背教者として取り扱うことはしないとした。また、ボランティアで国内外に出かける宣教（期間は男子2年、女子18ヵ月）の開始年齢を19歳から18歳に下げ、若者がより多く参加できるよう規則を変更した。このように、モルモン教会による政界への進出では世間の偏見は弱まったとはいえ、道徳・倫理面での教義ではいまだ厳格な要素を残している。

ユタ州ソルトレーク・シティーのモルモン教会本部（BFS Man from Webster, TX, USA, CC BY 2.0, via Wikimedia Commons）

# 6

# 暴力的とみられがちなイスラム教

★少数派だが影響力の大きい宗教 ③★

## アメリカ人としての強い誇り

アメリカ現代史にとって2001年の9・11同時多発テロ事件は、忘れられない大事件だった。これ以降、アメリカ人のイスラム教徒に対する感情はきわめて否定的である。多少は弱まったとしても、いまだに偏見の目でみられてしまう。テロリストが一般のイスラム教徒とは同じではないと理性的には理解していても、あのショックがあまりにも強烈であったので、理性が感情に負けてしまうのだろう。

世論調査の結果にそれがよく表れている。「イスラム教は平和的な宗教である」と55％の人が認めているものの、「暴力を助長する」と答える人が28％もいる（2016年クイニピアク大学調査）。「イスラム教に対しては好意的」とする人は7割近いが「非好意的」と答える人が3割もいる。ただし、これをアメリカのイスラム教と限定すると、「非好意的」が5ポイント減る（2016年NBCニュース／ウォールストリート・ジャーナル調査、ポーリングリポート・コム／宗教より）。

ピュー・リサーチセンターは2017年に大掛かりなアメリカ・イスラム教に関する世論調査を実施している。75％ものイスラム教徒自身が多くの差別があると答えているうえに、アメリカ人がイスラム教を社会の主流の一部とみなしていないという人が62％もいる。こうした否定的な側面があるとはいうものの、世界のイスラム教徒は約18億人、世界人口の24％を占めているのである（キリスト教徒約24億人、33％）。アメリカでは３５０万人、人口比１％にすぎないが、２０４０年にはユダヤ教徒を抜き、２０５０年には８００万人を超え、人口比も２％を超えて、キリスト教に次ぐ宗教集団となる見込みだ。差別や偏見があるにもかかわらず、イスラム教徒は９割以上がアメリカ人であることに誇りをもっている。

テキサス州ヒューストンのイスラム教センター（کشرز, CC BY-SA 3.0, via Wikimedia Commons）

ギャラップの２０１５年調査もアメリカ人の偏見を示している。宗教組織に属する人は、ほとんどのアメリカ人がこの国に住むイスラム教徒に偏見をもっていると認めているが、イスラム教徒がアメリカ国家に忠実であることも認めている。ほとんどのアメリカ人は、９・11事件を起こしたテロ組織アルカイダにイスラム教徒が同情的であるとする意見を否定する。だが、アルカイダの攻撃で崩壊した世界貿易センタービルの跡地グラウンド・ゼロから数ブロックしか離れていない場所に、モスクとイスラム教文化センターを建設する計画が２０１０年に持ち上がったとき、全米で大論争が起こった。イスラム教徒がモスクを建てる権利を認めながらも、6割以上のアメリカ人がその場所でのモスク建設は間違っていると答えたのだ。

この計画は難航した。名称はグラウンド・ゼロ・モスクなどと揶揄されたが、パーク51（コルドバ・ハウスともいう）に落ち着いた。高層マンションに祈りの場のほか、劇場やスポーツ施設を入れることなどが検討されたが、結局は今日では大変わりして、43階建て高級マンション（50戸）の45パーク・プレイスが22年初めに完成した。肝心のイスラム文化センターは、マンションに隣接して15階建てになる予定で、モスクとともに劇場、プール、育児施設などが入るといわれている。マンションの入居者募集の広告にはイスラム文化センターが併設されると示されているので、いずれは完成するだろうが、予定は書いていない。リベラルなユダヤ系人権団体として有名な反名誉毀損同盟（ADL）は、もしも代替地があるなら移転したほうがよいと発表したが、同時多発テロ被害者の遺族や親イスラムの双方から非難されて発言を撤回した。

## 人種分類上のジレンマ

アメリカのイスラム教徒は人種上のジレンマを感じている。中東、北アフリカなどからの移民とその子孫であるアメリカのイスラム教徒は、政府によって白人と分類されている。統計上、イスラム教徒全体の4割が白人である。アメリカの白人の多くはそれを信じていないだろうし、白人とされてきたイスラム教徒自身も納得していない。とはいえ、市民権を取得するうえで白人と分類されたほうが有利であったこともあり、今日まで続いている。アメリカ国勢調査局によれば、欧州、中東、北アフリカの出身者は白人と分類されている。しかしイスラム教徒は、白人はアラブ人のアイデンティティと合致しないと主張している。そして、MENA（ミドル・イースト、ノース・アフリカの頭文字）という新しい人種分類をつくるよう求めてきた。国勢調査局も検討してきたが、2020年調査では採用しないと結論づけた。人種分類の変更は前例がある。インド系は白人と分類されていたが、1980年調査からアジア人となった。この結果、人種的少数派に適応されるアファーマティブ・アクション（積極的差別是正策）の対象となり、社会保障他の面で優位な扱いを受けられることになった。

アメリカのイスラム教徒は、アラブ系に次いでアジア系（28％）、黒人（20％）などからなる。アメリカ黒人のうちイスラム教徒はわずか2％で、8割弱はクリスチャン、2割弱が無宗教である。注目すべきは、半数が他の宗教からの改宗者であり、非黒人の15％をはるかに上回ること、そしてアメリカ生まれのイスラム教団体「ネイション・オブ・イスラム」（NOI）があることだ。NOIは1930年に創始され、2022年現在ではルイス・ファラカンが指導者となっており、黒人イスラム教徒の2％が所属している。1950年代にマルコムXが所属していたことでも有名である。黒人イスラム教徒は、クリスチャンの黒人よりも社会の差別が厳しいと感じている。

# 7

# 移民の急増で伸張するヒンドゥー教

★少数派だが影響力の大きい宗教④★

## 一般に理解されていないので差別される宗教

人口比で1％にも満たない少数派の宗教なので、ふだんはあまり話題にならない。だが、2018年連邦下院選挙で3人も当選し、しかもそのうちの一人が民主党の大統領予備選に立候補するに至り、にわかに注目されるようになった。また、信者数の増加がイスラム教に次いで速い。数だけでなく、所得、学歴などもきわめて高い。その反面、ヒンドゥー教はほとんどアメリカ人には理解されていないことから、偏見や差別の対象になっているのも事実である。

2020年に民主党大統領候補を目指したトゥルシー・ギャバード元下院議員（ハワイ州選出。21年任期終了後に離党、フォックス・ニュースで共和党候補を応援）によると、議員選挙運動を始めたころ、対立候補からヒンドゥー教徒は連邦議員になる資格はない、アメリカ憲法の理念と相容れない、ギャバードに投票するのは悪魔に投票するのと同じだ、などという誹謗・暴言を浴びせられたという。ピュー世論調査（2017年2月）によると、アメリカではヒンドゥー教に対してあまり好意的ではないようだ。アメリカ人の好感度を計ると、ヒンドゥー教徒は58ポイントで、モルモン教徒の54ポイント、イスラム教徒の48ポイントよりやや上という程度で、仏教徒より2ポイント低い。

ヒンドゥー教徒の生活向上や権利・自由などを促進するヒンドゥー・アメリカン財団（HAF）もアメリカ人の理解不足を認めている。そのためにアメリカ人はヒンドゥー教に対してステレオタイプの考えをもっている。ことさらカースト制度や牛崇拝を取り上げ、ヒンドゥー教の広く深い教えを無視しているという。そのために、子どもへのいじめやヘイト・クライムが起こっている。その反面、アメリカではヒンドゥー教の一部でもあるヨガ、菜食主義、アーユルベーダ（インドの古代医学。生理機能のバランスを整え、自然治癒力を高めることを主眼とする。エステティック・サロンなどでも取り入れられている）などが広く愛好されているのである。

## セレブの間では人気

主として移民によってヒンドゥー教徒は急増している。2007年に100万人を超え、7年後には200万人を超え、2019年では250万に達しているという。2050年には500万人に近づき、アメリカ人口の1・2％を占めると推定されている。宗教組織としては、キリスト教、ユダヤ教、イスラム教に次ぐ人口比0・7％（2014年ピュー調査）で、仏教と並ぶ4番目の規模に成長している。最新の2021年PRRI調査によると、ヒンドゥー教が0・8％、仏教とイスラム教はともに0・7％となっている。移民の増加が続く一方、ヒンドゥー教は他の宗教に改宗する人が最も少ないといわれるので、今後も着実な増加傾向を維持していくだろう。

一般アメリカ人のなかにヒンドゥー教に対して否定的な感情をもっている人がいるのは否定しがたいのだが、それを打ち消すような現象として、ハリウッドの有名な俳優や歌手や実業家などに人気が高いということがある。一番顕著な例は、大物女優のジュリア・ロバーツだ。映画の撮影でインドに滞在していた2010年に正式にヒンドゥー教に改宗している。菜食主義は実践していないが、ヨガ・瞑想をしながら、家族とロサンゼルスのヒンドゥー教寺院に定期的に通っている。3人の子どもにはヒンドゥー教の神の名前をつけているという。アメリカで暮らした元ビートルズのメンバー、ジョージ・ハリソンは生前熱心なヒンドゥー教徒で、菜食主義者だった。また、ハレ・クリシュナ運動（1960年代後半にインドからアメリカに入った、ヒンドゥー教の流れをくむ新興宗教。「ハリ神であるクリシュナよ」〈両者ともヒンドゥー教の同じ神の一つ〉という呪文（マントラ）を踊りながら唱える）の強力な支持者で、カウンター・カルチャーに大きな影響を与えた。「ハレ・クリシュナ・マントラ」という曲もつくっている。ハリソンの遺灰はガンジス川にまかれたと噂になるほど、熱烈なヒンドゥー教徒としての生涯を終えた。近年の例としては、ともに世界的有名なコメディアン・俳優のラッセル・ブランド（イギリス籍）とシンガー・ソング・ライターのケイティー・ペリーがインドでヒンドゥー教による結婚式を挙げている。帰国後二人は、右の二の腕の内側にサンスクリット語（梵語）のタトゥーを入れた（2年以内に離婚）。ヒンドゥー教の神秘主義に魅せられて入信した俳優のヒュー・ジャックマンは、結婚指輪にサンスクリット語で誓いの言葉を刻印している。

インド生まれの宗教では、アメリカ人の仏教に対する関心も強い。ハリウッドではアンジェリーナ・ジョリーとブラッド・ピット夫妻、ダライラマを師と仰ぐリチャード・ギアが仏教に改宗していたことは有名だ。また実業界でも、アップルの亡きスティーブ・ジョブズ、その影響を強く受けたフェイスブックのマーク・ザッカーバーグなどはインドの神秘主義に強く魅了されていることもよく知られている。

ジョージア州リルバーンのヒンドゥー教寺院（Lee Coursey from Decatur, GA, CC BY 2.0, via Wikimedia Commons）

## 最も学歴が高い宗教集団

宗教の教義と学歴に何か関係があるのかどうかは不明だが、移民としてはまだ新しく、数が少ないヒンドゥー教徒が、競争社会のアメリカで最高の学歴と所得を得ているなどと信じる人はどれだけいるだろうか。学歴社会アメリカでは中産階級以上の生活をするには大学卒業は必須の条件である。大学卒業率については、常識的にはユダヤ系がトップと思われているのだが、宗教別の大卒・院卒率ではヒンドゥー教が77％でトップ、次にユニテリアン・ユニバーサリスト（67％）、3番目がユダヤ系（59％）である。しかもヒンドゥー教は77％のうち48％が大学院修了であり、この点でもユダヤ系を17ポイントも上回る。アメリカ全体の大学卒業者はわずか27％にすぎないので、いかにヒンドゥー教が超高学歴であるかがわかる。そもそも学歴の高い人たちが移民してくることも原因の一つだろう。ちなみに、仏教は47%、イスラム教39%、モルモン教33%である。教会員数がトップ・クラスのカトリックは26%、南部バプティスト教会は19%と、比較しようがないほど大卒率が低い。ヒンドゥー教の本拠地であるインドでは、成人の平均就学年数はわずか5年余りといわれているので、その差はあまりにも大きい。いかに超エリートのみがアメリカに移民しているかがわかる（2018年ピュー調査）。

学歴と所得はほぼ正比例するのがアメリカ社会である。ヒンドゥー教を信奉するアメリカの大富豪というのは聞いたことはないが、世帯所得の平均で富豪の多いユダヤ系とほぼ並んでいるのは驚きである。世帯所得5万ドル以上でみると、ヒンドゥー教が70%、ユダヤ系が68%だが、10万ドル以上ではユダヤ系が44%、ヒンドゥー教が36%と順位が逆転する。アメリカの政治・経済を支配する、伝統的な聖公会や長老派はわずかながらではあるがヒンドゥー教に後れをとっているのだ。全米平均で5万ドル以上は45%である。モルモン教（49%）とイスラム教（45%）でわずかに平均を上回る。仏教は45%だが、10万ドル以上が少ないので、平均より順位は下になっている（2014年ピュー調査）。このようにヒンドゥー教徒の学歴と所得が高いのは、労働力参加率と高技術職の割合が他のどの民族・人種も上回っているからだ。その結果、日系と並んで生活保護を受ける人の割合が最も低い。ヒンドゥー教徒が今後も急速に増大していくと、近い将来アメリカ政治・経済の支配層の一角を占めることは間違いないだろう。ちなみに、2021年に就任した副大統領のカマラ・ハリスは自身はバプティストだが、インド系移民の母がヒンドゥー教徒なので、子どものときはヒンドゥー教寺院に母と行っていたという。名前のカマラはヒンドゥー教の女神である。アメリカのヒンドゥー教徒にしてみ

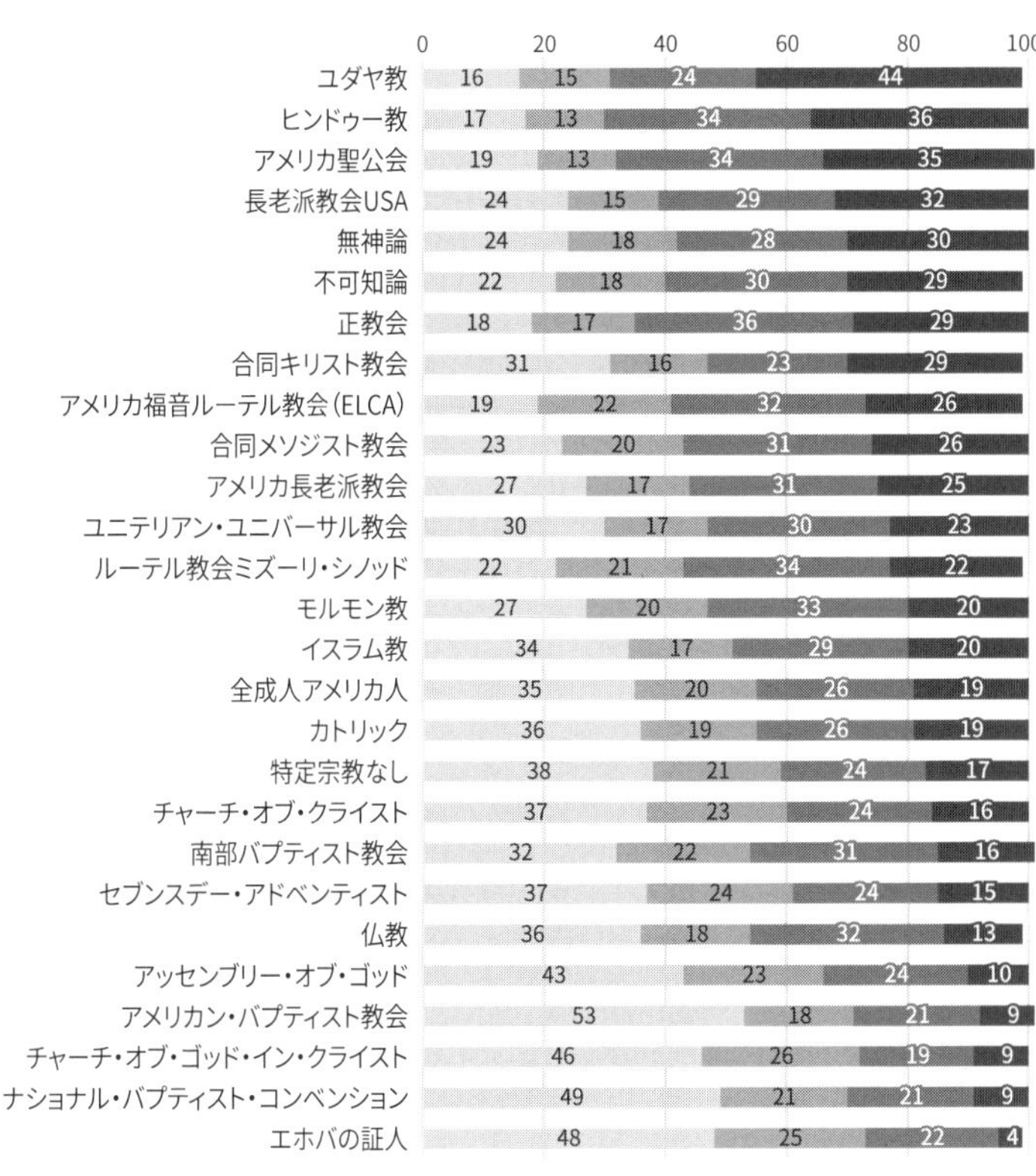

アメリカの宗教組織別の世帯所得別分布（単位：%）
（出典：2016年ピュー調査）

れば、大いに誇りに思っているに違いない。

## 批判されるカースト制度

一般アメリカ人のなかには、ヒンドゥー教に対して否定的な感情をもっている人がかなりいるが、その原因の一つはカースト制度である。バルナ（四種姓・階層）にもとづく身分制度として4つの階層、上からバラモン（神聖な職である司祭）、クシャトリヤ（武力や政治力をもつ王族・戦士）、バイシャ（農業・商業・製造業などにつく一般市民）、シュードラ（上位3階層に奉仕する隷従民である大衆・労働者）などがある。

このバルナに属さないアウト・カーストとして不可触民（アンタッチャブル、パリア）がいる。インド政府は1950年から差別的な不可触民という用語はもちろん、カースト制度自体も禁止している。不可触民はインド政府により「指定カースト」（スケジュールド・カースト）と呼ばれ、就職や入学などで優先的な扱いを受けている。アメリカのアファーマティブ・アクション（積極的な差別是正措置）に似た制度である。指定カーストは約2億人と推定されており、自らを「ダリット」（壊された人々）と呼ぶ。政府はカーストの最下位シュードラを、指定カーストとともに「その他後進階級」と認定し、優遇策の対象に含めている。だが、日常的な差別やヘイト・クライムはなくなっていないといわれる。

とくにアメリカのダリットはインド移民の1・5％と少ないが、社会の最底辺の存在ということで、黒人との共通点がある。キング牧師がインドを訪問した1959年には、黒人の過激組織、ブラック・パンサーをまねてダリット・パンサーが結成されたこともあった。今日のインド系がIT企業で多く働いていることは有名だが、シリコン・バレーの女性ダリットがまとまってカーストによる差別に配慮するようIT企業に要求したこともある。国際的に活動しているカースト撤廃組織、アンベードガル・キング・サークルはグーグル、アップル、マイクロソフトなどの企業にカースト差別に取り組むよう求めた（アンベードガルとはインド独立後の最初の法務大臣で、カースト差別と闘った政治家）。

アメリカに移民したヒンドゥー教徒のカースト間でも差別があるという。主としてダリットが運営する調査機関「イクオリティ・ラボ（平等の実験室）」が、2018年にアメリカで初めての調査結果「アメリカのカースト」を発表した。南アジア出身の1200人を対象にした調査によると、ダリットに限定すると、25％が口頭あるいは肉体的な攻撃を受け、3人に1人が学校で差別、3人に2人が職場での不公平な扱い、4割超が恋愛関係において破談を経験している。40%のダリット、14%のシュードラが祈りの場において歓迎されていないことを感じたという。

アメリカにはインド出身者とその子孫が約250万人いるとされるが、そのうち9割は上位カーストで、ダリットや下位カーストは少数派である。博士号を取得した人でもダリットや下位カーストであることがわかると、相手にされなくなるという。2018年に世界ヒンドゥー会議がシカゴで開かれた際、ダリットの活動家たちがアメリカでの差別を訴えたが、指導者たちからは相手にされず、アメリカにはカースト制度は存在しないと否定された。ヒンドゥー・アメリカン財団（HAF）は、カーストにもとづく差別が今日のインドの多くの地域に存在することを認めながらも、それはヒンドゥー教固有のものではなく、ずっと後になって社会的に形成されたものであると主張する。そして指定カーストが平等、尊厳、正義を否定されてきたことについて、HAFはこう断言する。すべてのヒンドゥー教徒は、そうした悲しい歴史に終止符を打つよう努力すべきだと信じている、と。

2022年に就任したリシ・スナクはイギリス首相で初のヒンドゥー教徒だが、早くもカーストが何かが関心の的になっている。イギリス政府公式の人物紹介はヒンドゥー教徒であることに触れていない。カーストはともかく、アメリカのヒンドゥー教徒にとっては、アメリカ人の認識を改めるうえで好材料となるだろう。

# 8

# 西洋先進国で最も宗教的な国

——★「生活で宗教は重要」とする人は途上国なみの高さ★——

## 9割の人が神を信じる国

アメリカの宗教性の高さが、西洋の先進資本主義国のなかで群を抜いているのはどうしてなのか。世界における経済力や軍事力は相対的に少しずつ低下しつつあるが、アメリカの世界に示すイニシアチブや、積極的な政策提案などの影響力はいまだに無視できない。アメリカが何を考えているのかを知るには、その指導者の精神に深く根づいている歴史的背景も重要だが、その歴史に根づく宗教的要素を理解しておくことも重要である。

西洋先進国はどこでも政教分離が統治の原則であるから、宗教が外交分野で前面に現れることはほとんどない。だがそれでも、それぞれの文化的背景を背負った人間が外交交渉をするのだから、宗教的要素が交渉の舞台でなんらかの作用をすることは十分に考えられる。その意味でも、アメリカの宗教性の強さをヨーロッパの主要国と比較しておく必要がある。

アメリカ人の信仰心の篤さで驚くのは、「神(ゴッド)を信じるか」との質問に89％の人がイエスと答えていることだ（2016年ギャラップ調査）。1944年では96％だった。「神、あるいはユニバーサル・スピリット（宇宙的な霊、普遍的な精神）」という質問でも答えは変わらない。人によってさまざまな神の定義があるだろうが、信じる度合いが戦前とそれほど大きく変わらないのは興味深い（２０２２年同調査では、神を信じるアメリカ人は81％となっている）。ちなみに、ピュー・リサーチがヨーロッパ34ヵ国の宗教事情を調査（２０１８年）した結果によると、神を信じる人の割合が一番高いのはジョージア（旧グルジア）の99％、次がアルメニア95％である。このリストにあてはめると、アメリカは６位となる。先進国のドイツは60％で22位、イギリス58％で25位、フランス56％で26位となる。ここでの「信じる」のなかには「絶対的に」と「確信はないけれど」が含まれるので、アメリカとの単純比較は正確ではない。「絶対的に神を信じる」のみに限ると、イギリスは12％、フランス11％、ドイツ10％と激減する。

ニューヨーク・マンハッタンのローマ・カトリック教会

世界１１４ヵ国での宗教性に関するギャラップ調査（２０１０年）によると、日常生活のなかで宗教が重要と答える人が99％もいるのは発展途上国では珍しくないが、欧米諸国ではイタリアとアメリカが断然多い。イタリア72％（60位）、アメリカ65％（67位）に対して、ドイツは40％（１００位）、フランス30％（１０７位）、イギリス27％（１０９位）だった。ちなみに日本は24％で１１１位である。日本の後に続くのはデンマーク、スウェーデン、エストニアだけだ。２０１８年のピュー調査では、英独仏3国で「宗教がきわめて重要」とする人は10％でしかない。

## 6割の人が聖書を読む国

先述したように、「神を信じる」アメリカ人はそれほど減っていなかったが、「宗教はきわめて重要」とする人は、２０１８年は50％で、20年前から10ポイント低下している。この間にプロテスタントは20ポイント減り、無宗教は16ポイント増えて20％になったのが目立つ。「神は確かに存在する」とする人は、05年の80％から17年には64％とかなり下がっている。「神は多分存在する、あまり疑いはもたない」とする人は８％から倍増している。聖書に関する信頼度も低下している。「聖書は神の実際の言葉」と信じる人は１９８０年には40％だったのが、２０１７年には24％まで減少している。ところが、「聖書は人間が記録した寓話、歴史的・道徳的教え」とする人は、１９７６年の13％から２０１７年には26％まで増えている。「聖書は神の霊感に触発されて書かれた」とする人は、この間2ポイント増えただけで47％である。聖書が神の言葉そのものではないと考える人が増えたとはいえ、聖書には何やら聖なる言葉や教えが書かれていることを認めている人の割合には大きな変化がない。

天地創造説を信じる人と進化論を信じる人では、明らかに前者が減り、後者が増えている。２０１３年ハリス調査によると、天地創造説を信じる人は２００５年39％から13年36％へとわずかに減少したが、進化論を信じる人はこの間42％から47％へと5ポイント増えている。神や天国を信じる人は8％と7ポイント減っている。これだけからは信仰心の減少面しか見えてこない。

一方、２０１７年ギャラップ調査は質問の言葉が異なるので、大変に興味深い結果が出ている。

「過去1万年以内に神は人間を今日ある形に創造した」と信じる人は1981年44％から2017年38％へと減っている。「神の導きとともに人間は進化した」は同期間38％から44％に増加した。そして、「神の関与なしに人間は進化した」は9％から19％へと倍増したものの、ハリス調査での進化論の支持率の半分でしかない。やはり人間の進化には、神の創造とはいわないまでも、何か神がかかわっていると信じたい人が少なくないということかもしれない。

聖書は神の言葉と信じる人は減ってきているとはいえ、頻度はともかくアメリカの6割は聖書を読む。とはいえ、聖書を一度も読んだことがないとする人は、ここ10年で10ポイントも増加して35％になっていることも事実だ。しかし、半数強の人は聖書中心の生活を営んだり、聖書の言葉で人生の豊かさを感じたり、読む回数は多くなくても、聖書の影響力が増してくるのを意識している。聖書によって人生が変わったという人が6割もいることは驚きである（2019年バーナ調査）。

さらに、宗教が日々の諸問題のすべて、あるいはほとんどを解決してくれると信じている人は、いまだに55％もいるのだ。1950年代末には8割、70年代には6割もの人がそう信じていたのである（2017年ギャラップ調査）。アメリカ人が教会や祈りの場に行く一番大きな理由は、教会などに行くと神を近くに感じることができるからだという。8割の人がそう感じている。アメリカの宗教性が少しずつ薄れているのは世論調査などの数字に示されているとはいうものの、西ヨーロッパとの比較においてはわずかなものでしかない。

# 9

# 2000人が礼拝するメガチャーチ

★新しい形の祈りの場①★

## 教派に属さない単立が多い

アメリカ全体では教会や祈りの場に行く人が漸減していることは確かである。しかし、「スピリチュアルだが宗教的ではない」（SBNR）などという新しい精神的な世界を求める人が出現していることから類推できるのは、アメリカ人は現状に満足できないとなれば、それに代わるものを求める傾向が強いということだ。教会に行かなくなったのは、必ずしも信仰心が失われたからではなく、教会の説教がつまらなくなったとか、教会の価値観が自分と合わなくなったとか、個人の信仰以外の要因が原因となっていることもある。人々の満たされない心を引きつけるような工夫を凝らしたのがメガチャーチ、オンライン・チャーチ（インターネット・チャーチ、バーチャル・チャーチなどとも呼ばれる）、ハウス・チャーチなどの新しい形の祈りの場である。

毎週の礼拝出席者が2000人以上維持されている教会をメガチャーチという。1950年代から大型の教会が出現しているが、その実態は十分に把握されていないようだ。信頼すべき研究としては、ハートフォード宗教研究所の2015年レポートがある。約1650教会（カトリック教会を除く）を対象にしたもので、教会別ではどの教派にも所属しない無所属の単立教会が４割を占め、次に南部バプティスト教会が16％、不特定のバプティスト７％、アッセンブリー・オブ・ゴッド６％、単にクリスチャン５％などが続く。神学的には保守的な福音派が圧倒的で７割を超えている。所在地としては、サンベルト地帯にあるカリフォルニア州、テキサス州、フロリダ州、ジョージア州に集中している。運営形態としては、１ヵ所に施設をまとめている教会と異なる複数の敷地をもつ教会がある。

ハートフォードの最新の２０１２年調査によると、毎週の礼拝出席者数（平均）で全米第1位はライフ・チャーチの８万５０００人、２位はチャーチ・オブ・ハイランドの６万人、３位レイクウッド教会４万５０００人、４位クロスロード教会３万５０００人などとなっている（次ページの表参照）。メガチャーチの席数は約１２００（中間値）で、複数の敷地に施設をもつ教会が６割を超え、３割がオンラインで複数施設を結んでいる。

## 影響力はどのくらいか

総合的なネット誌『ニュースマックス』（２０１９年10月）は、教会指導者たちの社会的影響力、つまり知名度や評判、刊行物の売れ行き、出演するテレビ・ラジオ・インターネットの受容度などをもとにして上位50メガチャーチのリストを作成した。

第1位はサドルバック教会（カリフォルニア州レイクフォレスト、南部バプティスト教会）、ハートフォード調査の礼拝出席者数では６位で２万８０００人。指導者のリック・ウォレン牧師は、聖職者の間で最も影響力があるとの評価を受けている。バラク・オバマの大統領就任式（２００９年1月）で名誉あ

主なメガチャーチ（礼拝出席者数順）

| 教会名 | 所在地 | 礼拝出席者平均（人） | 教派 |
|---|---|---|---|
| ライフ・チャーチ | オクラホマ州エドモンド | 85,000 | EC※ |
| チャーチ・オブ・ザ・ハイランズ | アラバマ州バーミンガム | 60,000 | 無所属 |
| レイクウッド教会 | テキサス州ヒューストン | 45,000 | 無所属 |
| クロスロード教会 | オハイオ州シンシナティ | 35,253 | 無所属 |
| クライスト・チャーチ・オブ・ザ・バレー | アリゾナ州ピオリア | 30,482 | クリスチャン |
| サドルバック教会 | カリフォルニア州<br>レイクフォレスト | 28,000 | SBC※ |
| エレベーション教会 | ノースカロライナ州<br>マシューズ | 26,000 | 無所属 |
| サウスイースト・クリスチャン教会 | ケンタッキー州ルイビル | 25,917 | クリスチャン |
| キリスト・フェローシップ教会 | フロリダ州<br>パームビーチガーデンズ | 25,000 | 無所属 |
| ノースポイント・ミニストリーズ | ジョージア州<br>アルファレッタ | 24,273 | 無所属 |
| フェローシップ教会 | テキサス州グレープバイン | 24,162 | SBC |
| ファースト・バプティスト教会 | テネシー州<br>ヘンダーソンビル | 22,980 | SBC |
| セントラル・クリスチャン教会 | ネバダ州ヘンダーソン | 21,055 | クリスチャン |
| マウント・ザイオン・バプティスト教会 | テネシー州ナッシュビル | 21,000 | バプティスト |
| ゲートウェイ教会 | テキサス州サウスレイク | 20,500 | 無所属 |
| ベイサイド教会 | カリフォルニア州<br>ローズビル | 20,000 | EC |
| ドリーム・シティ教会 | アリゾナ州フェニックス | 20,000 | AG※ |
| LCBC 教会 | ペンシルベニア州<br>マンハイム | 19,000 | 無所属 |
| ウッドランズ教会 | テキサス州ウッドランズ | 18,385 | SBC |
| ザ・ロック教会 | カリフォルニア州<br>サンディエゴ | 18,000 | 無所属 |

※ EC ＝福音派契約教会、SBC ＝南部バプティスト教会、AG ＝アッセンブリー・オブ・ゴッド
（出典：ハートフォード宗教研究所調査 2012 年）

る開会の祈禱を任せされたのみならず、選挙中にもオバマと対抗馬ジョン・マケイン候補（アリゾナ州選出上院議員）を教会に招いて公開討論会を開いている。ウォレンは日本でも有名で、主著『人生を導く5つの目的』（尾山清仁訳、パーパス・ドリブン・ジャパン、2012年）は世界中で3200万部以上売れている超ベストセラーである。

第2位はポッターーズ・ハウス（テキサス州ダラス、無所属）、ハートフォード調査の毎週礼拝出席者は25位で1万6000人（ニュースマックスでは3万人）。2022年に引退した。T・D・ジェイクス牧師はプロデューサー、ベストセラー作家、企業家、トークショー司会者など多才を誇っている。スタジアムでの祈禱集会で14万人を集めたこともある。黒人を主とするメガチャーチとしては最大を誇り、インターネットを活用したバーチャル教会の施設を充実させている。全国260ヵ所の刑務所などの矯正施設へ衛星中継による宗教番組を提供しているのも注目される。

単一施設として全米最大の1万6000席をもつメガチャーチ、レイクウッド教会（テキサス州ヒューストン）(ToBeDaniel, CC BY 3.0, via Wikimedia Commons)

第3位は、ハートフォード調査の礼拝出席者数でも第3位のレイクウッド教会。現在は単一の教会施設としての席数は1万6000と全米最大だ。ジョエル・オスティーン牧師は有名なテレビ説教師で、国内はもちろん世界100ヵ国以上で700万人が番組を見ている。

ハートフォード調査で礼拝出席者第1位のライフ・チャーチは第5位に入っており、全米13ヵ所に教会をもつ。オンライン・チャーチも併設しており、少なくとも世界１４０ヵ国から20万人が参加している。インターネット・アプリケーションのダウンロード数はなんと5億回を超えたという。いわゆる聖書アプリは無料で、さまざまな聖書が多くの外国語でも利用できる。オーディオやビデオまで入っている。創立者グレイグ・グローシェルは１９９６年に、ガレージを借りて約40人の信徒でスタートしたというから、その急速な発展は驚くべきものだ。

全米のメガチャーチも拡大している。２０２０年のハートフォード報告によると、週平均の礼拝出席者数は5年前の３８００人から４２００人に増加している。出席者の属性は、72%が白人、56%が女性、56%が大学卒業者だが、人種の多様性は増大している。20%以上が非白人の多人種の教会は２０００年の21%から20年には58%まで伸びている。

近年では外国でもメガチャーチは増えている。毎週の礼拝出席者数の中間値をみると、アメリカが２７５０人に対して外国のメガチャーチでは６０００人である。先進国では想像を絶する規模を誇っているのが韓国・ソウルの汝矣島(ヨイド)純福音教会だ。毎週の礼拝出席者数は48万人で世界一といわれる。主教会の席数は2万５０００席だが、同じ敷地内にある付属施設で4～5万人を収容できる。アフリカのナイジェリアには5万席をもつ教会がある。

# 10

# インターネット利用のオンライン・チャーチ

★新しい形の祈りの場 ②★

## 9・11同時多発テロ以降に増加

近年ではＩｏＴ（モノのインターネット）によって、社会のすべてのものがインターネットでつながろうとしているが、モノだけでなく心や信仰の面でもインターネットが利用されてもおかしくはない。ピュー調査によれば、インターネット利用者の25％である２８００万人のアメリカ人が「サイバーフェイス」（インターネットによる信仰活動）を実行しているという。いろいろな宗教に関するサイトにアクセスして資料を収集したり、礼拝に参加することによって、自宅にいながら信仰を深めたり瞑想にふける人が多くなった。１日あたり３００万人以上がアクセスしているという。９・11同時多発テロ（２００１年）以降、宗教に対する関心が強まり、インターネットによる祈りを受信して精神的な安定を求めるとか、加害者のイスラム教徒に関する資料を集める人が増えた。

また、オンラインを利用して信仰活動をしている人たちの7割近くは、自分の属する宗教に関する情報を集めるために教会にアクセスして理解を深めている。半数くらいの人は他の教会についても調べるという。特定の教会に所属していない人、または近所に適当な教会がないという人は、オンラインで仲間を探して交流することも多い。オンライン利用者は、自分たちの信仰心は他の人よりも強いと答えている。その7割は週に少なくとも1回は礼拝に参加しており、オンラインを利用していない人の2倍である。さらに、8割以上が毎日祈りを捧げたり、瞑想や黙想をしたりするという。一般の人の場合は5割超に留まる。信仰活動にオンラインを利用している人にとって一番大切なものは、一人での祈り、瞑想・黙想だという。こういうと孤高の信仰者のようにみえるかもしれないが、彼らにとって2番目に大切なものは、他人を助けるボランティア活動だという。オンライン利用で信仰活動をしている人は、実際の教会にも出かけて慈善活動などをしているのである。

大手の教会がテレビやラジオを通じて礼拝の様子を生放送で流したり、ビデオやCDにして配布したりすることは以前から行われてきた。テレビを利用する牧師が「テレビ説教師」、エバンジェリカル説教師なら「テレバンジェリスト」などと呼ばれている。インターネット時代では「ポッドキャスト」（インターネットを通してダウンロードできる音声・動画コンテンツ）と「ライブ・ストリーミング」（リアルタイムで配信されるコンテンツ映像を逐次再生する仕組み、テレビの生放送をパソコンやスマートフォンで見るようなもの）が主要なシステムとなっている。そこで台頭してきたのがオンライン・チャーチ（チャーチ・オンライン、インターネット・チャーチ、サイバー・チャーチ、バーチャル・チャーチなども使われる）である。

## 通常の礼拝を併用

呼び方がさまざまあることから想像できるように、オンライン・チャーチはピュー・リサーチ、ギャップでの調査対象になっておらず、宗教専門のPRRIでも取り上げていない。したがって大規模な実態調査は実施されていない。ここでは、宗教サイトや宗教雑誌などで論じられているオンライン・チャーチを紹介する。176のオンライン・チャーチを調査した報告によると、従来の教会が通常の礼拝とは別に、インターネットを利用して宣教活動をしていることが多い。90％がライブ・ストリーミングを利用しているほか、50％がオンデマンド（要求に応じて情報・サービスを提供する）で礼拝を見られるようにしている。最初オンラインで参加した人が関心を強めて、実際の教会の礼拝に出席することも多いという。いろいろな事情から教会での礼拝に出席できない人にとって、パソコンやスマートフォンを通じて信仰心を満たすことができるので、便利であることは間違いない。オンラインでの信仰活動をしている人は、通常の教会にも行くこともあるので、教会員を増やすうえでも役立っている。メガチャーチの多くがオンライン・チャーチを併設しているが、教会に通えない信者の便宜を図っている場合もあれば、礼拝に出席する教会員を増やす目的の場合もある。

代表的なオンライン・チャーチをいくつか紹介すると、メガチャーチでもあるライフ・チャーチ（オクラホマ州エドモンド）が最大とされる。毎週の礼拝には会員7万4000人が視聴している。オンライン専任の説教師や独自の聖書アプリ「ユーバージョン」を開発して、さまざまな宗教活動を行っている。子ども用まである。アプリのダウンロードは外国からを含めて5億回を超えた、とウェブサイトには記されている。サイトにアクセスしてみると、クリスチャン・ロックを演奏している若者たち、参加を勧誘する聖職者たち、無料アプリの紹介など、実に動画としての流れがよい。皆服装がカジュアルで、いわゆる教会の牧師の説教などを連想させるものはない。さすがトップのオンライン・

チャーチと思わせるのは、自分たちは教会のための教会であるとして、教会に参加を呼びかけ、無料のアプリなどさまざまな教材を紹介していることだ。さらに驚くのは、ウェブサイトには30分ごとのプログラムが、番組表のようにリストアップされていることだ。

オンライン・チャーチは多くの点で、伝統的な教会にないものを備えているが、本来の信仰活動を行う教会と違うのではないか、という異論もある。聖書の教えでは、教会とは信者が集まって祈る場であるとしている。たとえば、新約聖書「マタイによる福音書」18章20節でイエスは「二人または三人がわたしの名によって集まるところには、わたしもその中にいるのである」と述べているし、「ヨハネの手紙二」12章には、書きたいことはたくさんあるが、「あなたがたのところに行って親しく話し合いたいものです」とある。個人個人が孤立して、パソコンやスマートフォンを通じてのみの信仰活動では、心を満たすことは難しいということだろう。

# 11

# 本来の祈りの場として復活したハウス・チャーチ

★新しい形の祈りの場 ③★

## イエスの原点に返る運動

オンライン・チャーチと同じくハウス・チャーチ（ホーム・チャーチともいう）も、10年ごとに倍増しているともいわれる。唯一伝統ある世論調査機関では世論調査の対象になっていない。唯一バーナ・グループだけが大規模な調査を実施している。宗教関連のウェブ雑誌やサイトなどでは取り上げている。アメリカ以外の国では、ハウス・チャーチというと正統派のキリスト教会が政府の許可を得られないため、密かに自宅で礼拝が開かれていることを指す。いわば地下教会としてこの名称が使われる。中国ではキリスト教会は公認されているが、あくまでも政府の認める教義のなかでの活動しかできない。警察の取り締まりの危険を冒してまでも、真の信仰活動をするクリスチャンは地下に潜るしかないのだ。

アメリカでは派手になる一方の教会に背を向ける熱心なクリスチャンの一部が、「イエスの原点に返れ」という精神から新しい礼拝の場としてハウス・チャーチをつくったといわれる。メガチャーチへの批判も高まってきた。そもそもキリスト教初期の時代では家庭が教会だったことが、多くの聖句に表れている。たとえば新約聖書「使徒言行録」12章12節には「ペトロは……マリアの家に行った。そこには、大勢の人が集まって祈っていた」とあり、また「フィレモンへの手紙」1章2節にも「……あなたの家の教会」という表現がある。ローマ帝国でキリスト教が弾圧されていた時代には、信徒は家庭に集まっての祈りを捧げていた。教団や教派はまだなかったので、家庭が信仰活動の場であった。キリスト教が公認されてから組織的な運動へと発展して近代に至ったが、近年になって初代教会のように家庭に自由に集まり、聖書を勉強しようという機運が高まった。この動きがハウス・チャーチとなったとされる。

典型的なハウス・チャーチは、個人の家庭、あるいは近所のコミュニティ・センターやコーヒーショップなどが礼拝場となり、20人前後の人が集まり、皆で聖書を読んだり祈ったり、時には歌や演奏があったりする。指導者は必ずしも聖職者とは限らない。家庭での場合は、子どもが親と一緒に礼拝に参加することもある。ときには食べ物をもちよって、食事をしながら話し合うこともある。指導者はボランティアが多いので謝礼は不要で、献金などは貧しい人の支援に使われるという。またいろいろな問題で困っている人の相談に乗っているので、小規模ながらも教会の機能を果たしている。カナダやヨーロッパなどでもハウス・チャーチは増加しており、アメリカでは2025年までにはクリスチャンの30～35%がハウス・チャーチ所属になるのではないかという推定もある。

## 従来の教会より満足感が高い

宗教専門の調査機関バーナ・グループは2005年に5000人超を対象にハウス・チャーチに関

する世論調査を実施した。それによると、アメリカの7000万人以上がなんらかの形でハウス・チャーチを経験したことがあると推定できるとされ、アメリカの宗教事情を大きく変える要素を含んでいる。調査対象者の9%がハウス・チャーチに参加している。10年前はわずか1%だった。また、ハウス・チャーチ参加者の27%が毎週、30%が月に1~3回出席しているという。礼拝に行くという人のうち74%は従来の教会に出席、ハウス・チャーチのみに出席するのは5%で、19%は両方とも出席する。ハウス・チャーチのみに参加するという人には男性が多く、しかも子どもを自宅で教育するホーム・スクーリング（第23章を参照）の実践者で、西部に住む非白人が多い。

ハウス・チャーチに参加する人たちの満足感はどうなのだろうか。バーナ調査によると、参加者の3分の2が完全に満足しているという。従来の教会に満足という人は5割なので、これはかなり高い。精神的にも、6割が完全に満足している。従来の教会では46%なので、これも相当高いといえる。ほとんどのハウス・チャーチは毎週開かれ、月に1回が1割ほどある。礼拝は水曜日と日曜日がほぼ同じ割合で開かれる（27%、25%）。ハウス・チャーチが本来の教会ではないという批判もあるが、従来の教会のみに行く人の6割近くは、ハウス・チャーチがイエス・キリストの求める信仰活動を満たしていることを認めている。否定する人は2割弱である。

こうしたハウス・チャーチの柔軟性は他の教会にもみられる。日曜日の礼拝がキリスト教の伝統だが、アメリカでは水曜日夕方の礼拝が増加している。日曜日の午前11時の礼拝を廃止して水曜日夕方に変更する教会も珍しくない。信者のライフスタイルに合わせて信者の便宜を図っている。教会離れを防ぐのにも役立っている。聖書の定めた安息日を変えることに反対する意見もあるが、少数意見だ。

メガチャーチのような従来型の教会がメイン教会となって、その付属施設としてハウス・チャーチを開き、信者を増やしているケースもある。そこにはメイン教会での礼拝が中継放送されている。これなら、建物の維持費や人件費を抑えながら宣教できるという利点がある。初期の教会も、家庭と神殿での礼拝があったので、このスタイルは昔の姿に戻っているといえる。加えて、人々は神の賜物として互いに教え合う能力を備えているとされる。

インターネットにはハウス・チャーチのつくり方や運営方法についてサイトが多い。成功者の体験談によると、人数は6人前後がよく、各人が食べ物をもちよって団らんの時をもつことも大切だという。新型コロナのパンデミックで多くの人が集まる教会での礼拝が制限され、少人数のハウス・チャーチを選ぶことも増えた。パンデミックが今後も起こるということは、多くの専門家も予想している。そうした予想を受けて、ハウス・チャーチこそ信仰活動のニューノーマルだと主張する人までいる。

# II

# アメリカ史のなかの宗教

# 12

# 新大陸での植民地建設

★信仰の自由を求めて新大陸へ★

## イギリス国教会の植民地開発

コロンブスのアメリカ発見（1492年）以来、スペイン、フランス、オランダなどのヨーロッパ諸国は新大陸に植民地を建設し始めた。当時まだ新興国だったイギリスが恒久的な植民地を建設したのは、1607年、南部のバージニアのジェームズタウンである。女王エリザベス1世が処女であったことからバージニアの名がついたといわれる。

イギリスのアメリカ植民地開発を促進したのはイギリス国教会だ。長年ローマ・カトリックの下にあったが、1534年にヘンリー8世の離婚問題が原因でローマ・カトリックから離脱した。熱心なカトリック教徒であった王の離婚は許されない。最初の妻キャサリンが男子に恵まれなかったために、その侍女アンを新しい妻にするため最初の結婚を無効にするようローマ教皇に求めたが拒否される。そこで最後の手段として、ローマと訣別して自らを首長とするイングランド国教会（イギリス国教会）を1534年に設立した。離婚が自由になったヘンリー8世は、3回目の結婚で男子に恵まれ、その後も離婚・結婚が続き、生涯で6人の妃を迎えている。3人目の妃ジェーンの子はエドワード6世として、1547年に6歳でプロテスタントとして王位に就いた。その後、国教会を改革してプロテスタント的な信仰を確立させる方向を目指す動きがあった。

エドワード6世の後を継いで王に就いたのがキャサリンの娘メアリー1世である。母がスペイン王の娘であるので、メアリーはカトリックとして育った。プロテスタント教会に対する改革をすべて廃止して、カトリック教会への復帰を宣言したので、国内での激しい宗教対立が続いた。ヘンリー8世の2番目の妃アンの娘エリザベス1世が1558年に王位に就くと、またイギリス国教会に戻った。エリザベス1世の治世でスペインの無敵艦隊を撃滅した後、東インド会社が設立されて、海外進出の動きが始まった。1603年になると、メアリー妃の子でスコットランド・スチュワート王朝のジェームズ6世が、ジェームズ1世としてイングランド国王を兼ねることになった。

エリザベス1世の下での国教会には、まだカトリックの要素が残っていたために、それを徹底的に排除・浄化しようとする人々がいた。彼らは嘲笑あるいはバカ正直の意味でピューリタンと呼ばれ、軽蔑されることが多かった。ピューリタンはジェームズ1世に国教会の改革を要求したが、聖書の新しい翻訳だけが認められ、欽定訳聖書が実現し、イギリス国民の信仰の礎となった。しかし、ジェームズ1世が王権神授説を信奉するようになり、ピューリタンの期待した信仰の自由への期待は裏切られた。これは、国王の権力は神から与えられたもので法の上にあるとするもので、批判的なピューリタンやカトリックは弾圧されることになった。

## 信仰と経済的利益を求めたバージニア植民地（ジェームズタウン）

イギリス国教会の改革に限界を感じたピューリタンのなかには、国教会から分離して独自の教会を組織する者、いわゆる分離派が出てきた。国教会に残って内部で改革をするという人々もいて非分離派と呼ばれた。17世紀に入って新大陸への植民が盛んになるにつれ、経済的理由だけでなく宗教的な理由で国を離れる人々も出てきた。イギリスの新大陸植民は、民間会社が国王の特許状を得て行われた。最初の恒久的植民地は、ロンドン会社によってバージニアのジェームズタウンに建設された。

1607年に百数十人がバージニアのジェームズ川をさかのぼったところに入植し、ジェームズタウンと名づけた。入植した多くはジェントリー、つまり下級地主層で最下層の領主で、貴族ではないとはいえイギリスの上流階級を構成していた。一応は国教会の教会員である。特許状には、神を知らない現地の異教徒にキリスト教を広めることが目的の一つになっているが、多くは経済的動機で移住してきた。病気や食料難などから入植後半年あまりで半数になったが、本国からの応援、先住民インディアンの支援を受けたり、タバコの栽培を学んだりして活気を取り戻した。

バージニアに恩恵をもたらしたタバコ栽培の背景には、先住民インディアン族長の娘がキリスト教に改宗し入植者と結婚したことがある。入植当時、ポウアタン族が地域を支配していたので入植地との関係は緊張していた。しかし、ポウアタンの娘ポカホンタス（ディズニー・アニメ映画で同名の作品が1995年に公開された）がイギリス側の人質となり、入植地でしばらく生活が続いた。ポウアタンとの交渉が長引くなかで、ポカホンタスはイギリスの生活に強い関心をもち、宣教師から英語やキリスト教について学んだ。そればかりか、キリスト教に改宗してレベッカという洗礼名まで与えられている。

ジェームズタウン植民地の教会　(Catherine from Brooklyn, NY, CC BY 2.0, via Wikimedia Commons)

1610年に入植した商人のジョン・ロルフは、最初からタバコ栽培を目指してプランテーションを開いていたが、ポカホンタスと知り合い、正式に結婚することになった。父ポウアタンもこれを認めた結果、入植地と先住民との間に友好関係が成立したといわれている。二人はイギリスで大歓迎され、アン王女との謁見まで実現した。しかし、ポカホンタスは体調を壊し帰国を前にして病死した。父ポウアタンも元気を失い、王位を弟に譲ると間もなく死亡した。

弟のオペチャンカナウは入植者に好意を示し、新たな地域への入植を認め、キリスト教教育を許可した。ロンドン会社の有力株主のジョージ・ソープはとりわけ先住民の教育やキリスト教への改宗に熱心で、1620年に入植した。ロンドン会社からはアメリカ初の大学建設などの用地として用意されている広大な土地の管理者に任命された。ここには先住民の学校も建設予定に入っていた。オペチャンカナウにも接触、イギリス風の家をプレゼントして、いずれはキリスト教に改宗してくれるかもしれないと会社に報告までしている。しかし、期待は見事に裏切られ、1622年にオペチャンカナウは入植地に大攻撃をかけ、ソープを含めて350人近くのイギリス人を殺害した。ソープの死体は切断されていたという。その後もインディアンとの争いがあったが、最終的には1644年にポウアタン族はイギリスに滅ぼされた。

バージニア植民地で特筆すべきことは、イギリス国教会が法定教会の地位を確立して、住民が十分の一税を教会に払うことを義務づけられたことと、国教会に属さない人には参政権が与えられなかったことである。さらに、1619年に20人の黒人が、最初は年季奉公人として入植地に入ったことだ。タバコ栽培で使用されたが、有用な労働力であることが判明すると、多数が奴隷として輸入されるようになり、1670年には2000人を数えるまでに急増した。バージニア植民地に入植した人々は、概して本国への利益還元に向けられており、後述するニューイングランドに入植したピューリタンとはかなり異なっていた。

## 信仰の自由を求めたプリマス植民地（ニューイングランド）

ニューイングランドへの移住は、初めは国教会改革への期待を捨てた分離派のピューリタン（後にピルグリム・ファーザーズ）によって行われた。まずはオランダへの移住を図ったが迫害を受けたので、アメリカの新大陸に神の国を建設し、信仰の自由を求めることを決意した。1620年、35人の分離派信徒を中心に102人が帆船メイフラワー号に乗船し、予定地よりはるかに北のケープコッド（現在のマサチューセッツ州東端に位置する半島）沖に到着した。乗船者が分離派信徒のほかに家族などの女性（29人）、職人などの労働者など雑多であったため、仲間割れを防ぐために上陸前にメイフラワー盟約に署名してもらうことになった。41人の男性が次のような誓いを立てた。

「……神の栄光のため、またキリスト教信仰の発展と、わが王ならびにわが国の名誉のため、バージニア北部に最初の植民地を築こうと航海に乗り出したが、ここに、神の御前において、この書類によって厳粛にお互いどうし相互に契約を交わし、自分たちのよき秩序と先に述べた目標を堅持し促

プリマスに上陸するピューリタン

進するために、みずからを政治的な市民団体に結合することにした。……正しく公平な法、命令、規則、憲法や公職を制定し、それらにたいしてわれわれは当然の服従と従順を約束する。……」（大西直樹『ピルグリム・ファーザーズという神話』43頁）。

ケープコッド沖に到着したのが11月半ばで、プリマスを入植地に決めて設営を始めたのが12月末であったため、万全の準備で厳しい冬に対処することができず、冬の間に移住者の半数が死亡した。それに加えて、植民者たちは本国の出資者への債務に苦しんだという。しかし、次の移住者を乗せた船が続き、食料事情なども改善していった。幸運だったのは、バージニア植民地と異なり、先住民インディアンのワムパノアグ族と良好な関係を保ち、トウモロコシ栽培など生きる術の知識を得ることができたことである。1620年冬に入植したが、翌年の秋にはトウモロコシなどの農作物が収穫できるようになり、技術を教えてくれたインディアンに感謝する宴が開かれた。これが後の感謝祭（後年、11月の第4木曜日と制定される）の起源とされるが、インディアンは招待されていないという説もある。

プリマスへの入植者はその後も増えていったが、宗教的な理由以外で送りこまれる人も多くなり、ピューリタンの信仰を維持していくことが難しくなった時期もあった。そこで礼拝を故意に単純化し、祈りと聖書の朗読、講解（聖書の言葉の解説）を中心として、宗教にあまり関心のない人たちを引きつけるよう努力がなされた。植民地の生活は全体として質素を旨として、敬虔な生活が繰り広げられたという。各地区にはタウン・ミーティング（町会議）が設置され、立法機関の役割を果たした。その地区には教会が設立され、人々はそこで公共問題を議決していくという民主的な統治が行われた。財産による投票権の制限、教会員であることなどの制限はあったが、1630年ごろにこうした民主的な制度を実現していたことは驚きである。

1625年にイギリスでチャールズ1世が即位し、29年に議会を解散するという暴挙に出たことから、ピューリタンの新大陸移住が急増し、30年には約2000人がマサチューセッツ湾に上陸した。ここからマサチューセッツ湾植民地の形成が始まった。プリマスの人口は40年代に4000人を超える程度に増えていたが、1691年にはマサチューセッツ湾植民地に吸収されることになった。この時の人口はプリマスが約7500人、マサチューセッツが約5万人といわれる。プリマスの人口があまり増えなかった理由としては、プリマス湾が遠浅で船の往来には適していないこと、内陸の土地も耕作に有利でなかったこと、分離派の宗教的立場が厳格すぎたことなどが指摘されている。

## 神権政治を目指したマサチューセッツ湾植民地（ニューイングランド）

最初は1629年に非分離派のピューリタン50人ほどが、プリマス北のセイラムに上陸した。翌30年に初代総督となるジョン・ウィンスロップ以下1000人が17隻の船団でマサチューセッツ湾に到達した。入植者にはジェントリーが多く、豊かな家族づれであった。ウィンスロップは航海中のアーベラ号船上で、有名な「キリスト教徒の慈悲のひな型」という説教を行った。彼は聖職者ではなく弁護士だったが、初代総督に選出されていたことから、ピューリタンの移住目的を契約理念によって説明し、ニューイングランドを同時に聖句にある「丘の上の町」にたとえて、自分たちが選民であることを強調した。

「全能の神は、至聖〔きわめて知徳に優れた人〕にして思慮深きご摂理によって、人類をかく定め給うた。すなわち、いかなるときも、ある者は富み、ある者は貧しく、また、ある者は高い権威と地位をもち、他の者は卑しい身分で、上にある者に従うのである。……平和の絆において霊の一致を保つことができれば、主はわれらの神となり、われらを神の民として、私たちの間に喜んで住み給うであろう。……われわれは丘の上の町となり、あらゆる人の目がわれわれに注がれると、考えねばならぬ。……われわれは今日……主とかわした契約の条項を守ることを命じられた。……もしわれわれが心をそむけて聞き従わず、誘われて他の神がみ――快楽と利益――を拝み、それに仕えるなら、今日、〔神は〕告げられるであろう。……われわれは必ず滅びるであろうと」（大下尚一・有賀貞他編『史料が語るアメリカ』9～10頁）

「丘の上の町」は新約聖書「マタイによる福音書」の「あなたがたは世の光である。山の上にある町は、隠れることができない」（5章14節）からきている。つまりは、神の意志にかなった社会を建設することは、移住にさいして神から委託された事業であるという認識をもっていた。これはアメリカが世界の模範として存在することを世界に示す言葉として歴史に残っている。

マサチューセッツ湾植民地を開いた
ジョン・ウィンスロップ

ウィンスロップらの移住者の多くは、イギリス国教会から分離しない立場であったが、「丘の上の町」の説教からもわかるように、信仰心の篤い人々だった。聖書の教えにもとづく国家建設を目指したので、おのずと聖職者、教会の権力が強まり、いわゆる神権政治の性格が強かった。それでも1630年に本格的入植が始まったマサチューセッツ湾植民地は、移住者の波に恵まれ、その後の10年間で1万6000～2万人ほどまで人口が増え、ボストン、チャールズタウン、セイラムなど多くの町が発展していった。幸運だったのは、ひどい飢饉や疫病に襲われることがなかったことだ。

## 厳しい戒律の生活

ピューリタン社会の特徴としては、生活は質素で、信仰活動を中心としたものである。教会生活を充実させるために、世俗的な娯楽はいっさい禁止されていた。男女の社交ダンス、トランプ遊び、玉撞き、飲酒などの禁止は当然として、安息日の散歩からペンキ塗りなどの作業までも法律で禁止されていた。そうした厳しい戒律を守るような人間を育てるには、子どものころからの教育が重要である。ピューリタンは教育には異常なほど熱心に取り組んだ。マサチューセッツ湾植民地では、1642年に公立学校を設置する法律が成立している。それ以前でも、教会で寺子屋式の教育が実施されていた。もちろん宗教教育が基礎だが、聖書を読むのに必要な読み書きに重点が置かれていた。17世紀末の白人男性の識字率は3分の2を超えていた。1636年には牧師養成のためにハーバード大学が設置された。実際には、1636年にニューイングランドに来た牧師ジョン・ハーバードが2年で死去した際、遺産の半分と蔵書を大学に寄付したことから、39年に大学がその名前のハーバードを大学名にしただけでなく、創立者と位置づけるまで優遇した。大学設置には他にも多くの人が寄付をしているので、ハーバードだけを特別扱いしたことにはいまだに批判の声がある。

ニューイングランドの植民地と先住民インディアンとの関係は時代によって異なるが、インディアンへの宣教が成功した事例もあることを忘れてはならない。インディアンのための学校を建設したり、ハーバード大学がインディアンにも門戸を開いたりしている。なかでも特筆すべきは、インディアンへの使徒と呼ばれたジョン・エリオットが、1641年からインディアンへの宣教活動を行い、多くの改宗者を得たことである。その最大の武器になったのが、現地語の聖書である。つまり、1661年に英語の聖書をインディアンの言語の一つアルゴンキン語に翻訳し、アルファベット表記にして出版したのである。これが新大陸で印刷された最初の聖書であった。英語の聖書が印刷されるのは、その100年後である。キリスト教に改宗した先住民を「祈るインディアン」と呼ぶが、このような人たちの援助がなかったら、植民地経営は多くの困難を抱えたともいわれている。

アメリカの歴史を語るとき、プリマス植民地から始まることが多い。バージニア植民地のほうが10年以上も早く建設されており、最初のアメリカ植民地であることは間違いない。これに対して、プリマス植民地は大きな発展もなく、マサチューセッツ湾植民地に吸収されているのに、アメリカの歴史では、ピルグリム・ファーザーズがプリマスで自然の厳しさに耐えて神に感謝するという、美しい姿が記憶されている。メイフラワー盟約が社会契約とみなされ、アメリカ合衆国憲法の源になったという指摘さえあり、プリマス植民地からアメリカが始まったかのような歴史的解釈の傾向が今日でも強く残っている。

# 13

# 18世紀中ごろから 大覚醒・信仰復興(リバイバル)

★「神の行商人」説教師の情熱★

## 罪を悔い改める運動

ニューイングランド植民地では神権政治に近い、信仰中心の生活が営まれていたが、世代交代が進むにつれて入植当初の熱烈な信仰心は失われつつあるという傾向まで一部で明らかになった。教会制度はあっても形骸化されることもあり、また回心を体験しない人が多くなった。回心とは罪を悔い改め、イエス・キリストを救い主として受け入れ、新たに神の方向を向くことであり、クリスチャンにとってきわめて重要である。

大覚醒(グレート・アウェイクニング)とは、18世紀中ごろに植民地に広まった信仰復興(リバイバル)のことだが、人々の信仰の自覚を強め、教会の教義や制度を改革するうえで大きな影響を与えた。大覚醒が起こった背景としては、大西洋沿岸から人口が西部へと移動し、その開拓が進んだことがある。人々は教会の少ないこと、まったくないことを感じることが多くなり、孤独を経験することにつながった。そうした潜在的な宗教心を顕在化させたのが、1720年代から始まり30年代、40年代に広まった大覚醒・信仰復興である。

これはプロテスタントの福音主義に特徴的な社会現象とされ、ある地域集団の信仰心が急激に高まったとされる。その中心的な役割を果たした聖職者の一人が、ニューイングランドの会衆派牧師ジョナサン・エドワーズである。1734年にマサチューセッツ西部の町ノーサンプトンで説教を行い、人々に罪を悔い改めることを強く迫り、反省させることにより、心の渇きを覚えていた人々に潤いを与え、翌年にかけて多くの回心体験者を出したと記録されている。

回心体験によって町から不道徳が払拭され、感激と喜びが町にあふれたという。エドワーズは各地での一連の説教で、多くの人々に深い感銘と感動を与えた。有名な説教は41年、ノーサンプトンの隣町エンフィールドで行った「怒れる神の掌中にある罪人」である。これは人々に恐怖心を与えるものだった。その概要は、「罪人たちよ、あなたがたがいかに恐るべき危険な状態にあるかを反省しなさい、全能の神の怒りは、いまや疑いもなく皆さんの大部分を覆っている」というものだった。説教中に、恐怖のあまりに人々は呻いたり叫んだりした。後で自殺者まで出たというが、多くの人々が罪を悔い改めるために新たな教会員になった。彼の説教は、人間が自分の力だけでは自らを救うことはできず、救いは神によってのみもたらされるということを基本とした。このような説教によって、信仰復興は植民地に広がっていった。

多くの回心体験者を出したジョナサン・エドワーズ

## 巡回説教師の役割

エドワーズと並んで信仰復興に貢献したのが、イギリス国教会の説教師ジョージ・ホイットフィールドだ。1739年にアメリカに来て、すべての植民地を回って伝道活動を行った。彼は、人間の堕落した救いようのない状態、言葉で表現できないほどの神の愛、キリストを通じての神の恵みなどを巧みな話術で語った。人々は魂を揺さぶられ、呻き声をあげることも珍しくなかった。多くの聴衆はその場で回心体験を得たという。当時すでに科学者で印刷業者として名をなしていたベンジャミン・フランクリンは、ホイットフィールドの説教に感動し、大金を献金したばかりでなく、彼の説教をすぐパンフレットにして販売した。一種のマスメディアの役割を果たし、大覚醒の広がりに貢献したとされる。

ホイットフィールドは馬に乗って各地を伝道した。6万人の大群衆が詰めかけた大伝道集会もあった。既成の教会で説教をする牧師とは異なる伝道スタイルであることから、巡回説教師とか説教師、伝道師などともいわれた。また、優れた話術から「神の演出家」とか「神の行商人」とまでいわれた。説教師は一般的に、学歴の高い神学部卒の既成教会牧師に比べると、学識面では及ばないことが多い。だが、説教師は自らが回心体験を織り交ぜながら原罪や救済について訴えるので、人々の心を揺さぶり感動させることができる。こうした説教によって、多くの聴衆が回心体験を得ることができた。説教師のなかには、牧師の資格をもたない平信徒までが伝道することがあったという。平信徒が受け身ではなく、自ら積極的に伝道活動を行ったことも、大覚醒の大きな特色であった。だからこそ、アメリカ植民地に広がったのである。

大覚醒はアメリカの反知性主義に結びついている。つまり、大学の神学部を卒業したインテリ牧師が幅をきかせる極端なピューリタン主義の知性主義に対する反動である。インテリ牧師は教会の説教壇で難しい説教をするが、大覚醒を担った多くの説教師は単純素朴な表現で人々の心をつかんだ。伝道者集会は教会を使わせてもらえないので、町の広場や森の空き地などで開かれた。数日間にわたって開かれるキャンプ集会もあった。18世紀に始まった大覚醒は第1次信仰復興と呼ばれ、19世紀前半には第2次、後半には第3次信仰復興が起こった。第1次信仰復興はアメリカ独立革命や奴隷解放運動に影響を与えたといわれる。

## コラム1

### 植民地での魔女裁判と犯罪行為

新大陸の植民地では宗教的背景が色濃く生活に反映されるのは当然である。厳しい自然環境、先住民インディアンとの関係悪化、疫病、不作などから社会不安が起こりやすい。集団パニック、集団ヒステリーなどが起こることもある。その典型例がセイラム魔女裁判である。ニューイングランドでは教育レベルが高いはずなのに、超自然力に対して迷信的な恐怖心をもつことがあった。そして聖書で禁じられているのに魔術を信じる人もいた。旧約聖書「申命記」には「あなたの間に、自分の息子、娘に火の中を通らせる者、占い師、卜者（ぼくしゃ）（占い師）、易者、呪術師、呪文を唱える者、口寄せ（死者の霊を呼び寄せ、その意思を言葉で語る人）、霊媒、死者に伺いを立てる者などがいてはならない。これらのことを行う者をすべて、主はいとわれる。これらのいとうべき行いのゆえに、あなたの神、主はかれらをあなたの前から追い払われるであろう」（18章10〜12節）とある。

魔女とは、悪魔と契約して人々を誘惑し悪魔の手下に引き入れ、超能力によって人々に災いをもたらす者とされる。ごくまれに男性も魔女と扱われることがある。事件の発端は、マサチューセッツ湾植民地のセイラムで2人の少女が突然暴れ出すなどの痙攣発作を起こした。医師は悪魔憑きと診断する。少女たちが最初に魔女と名指ししたのは、南アメリカ先住民の使用人の女性である。牧師である少女の父親はブードゥーの妖術を使ったと判断し、その女性に自白させた。その後にも、豊かな家庭の主婦を含めて他の女性たち5人も魔女と名指しした。このような事例が次々と起こり、１００人以上が告発される。その半数は自分が魔女であると告白し、19人が処刑された。魔女狩りを積極的に進めた牧師や裁判官とがいた一方で、告発の信憑性を問題にした有力者もいた。結局、後者の意見が支持され、セイラムの魔女裁判は1年ほどで終息した。魔女裁判はセイラムのほかでも起こっており、ピューリタンの不寛容を示す代表的な事例といわれることが多い。

ニューイングランドの植民地では、入植者が神との契約を結ぶというきわめて宗教的な行為が生活の前提になっていたので、神に対する逸脱行為が厳しく罰せられるのは当然である。逸脱行為でもとくに性行為に対する罰則が厳しかった。プリマス植民地では次の5つの行為は死刑の刑罰を受ける重罪である。故意の殺人、悪魔と組んで魔法を行うこと、船と住居への放火、同性間性交・レイプ・獣姦、不倫である。性に関して厳しい掟を設けているのは旧約聖書「レビ記」の18章と20章だ。不倫、同性間性交、獣姦（女性も対象になっている）などは、20章10、13、15節などで死刑に処せられると記されている。

魔女裁判

驚くのは、メイフラワー号で苦労して新天地に渡った人々の間でも、不倫で絞首刑になったり、女性が先住民インディアンとの「不潔な行為」でムチ打ち刑（町中を引き回される荷馬車の上で執行）を受けたうえ、衣服に「AD」（アダルタリー、不義・不倫）の記章をつけさせられたりする事例があったことだ。

# 14

# アメリカ革命・建国期の宗教

★預言者・聖人とされたワシントンが導いた国★

## ジョージ・ワシントンの信仰をめぐる神話

アメリカに最も早く入植したバージニアのイギリス国教会員がいるのに、ニューイングランドに入植したピューリタンがアメリカ人の信仰のイメージになっていると信じる傾向が強く残っている。それに加えて、アメリカ人の記憶に強く刻まれているのが、アメリカ革命をめぐる物語である。建国の父祖たちで最も有名なジョージ・ワシントン（大統領在任1789～97年）の信仰をめぐって、神話がいくつか生まれており、しかも正反対の評価さえ生まれている。独立革命の司令官で初代大統領という経歴から、どうしても建国の英雄と神格化されるのはやむをえない。アメリカのモーセといわれていることからわかるように、ワシントンは聖書上の預言者になぞらえられることさえあるのだ。

モーセは、エジプトによって捕囚の身分となっていたイスラエルの民を引き連れて、約束の地カナンへと導いた。同じようにワシントンは、アメリカの民をイギリスの軛（くびき）から解放し、独立と平和を求める国家を樹立する方向に導いた。ワシントンは霊的な指導力をもち、大統領制を宗教色で覆い、大統領職に神聖な雰囲気を与えたといわれる。ワシントンが神格化される原因となった代表的なエピソードがある。独立戦争（1775〜83年）の戦況が厳しくなっていた1777年から翌年にかけての極寒の行軍中、ペンシルベニア植民地バリーフォージュの森のなかで、ワシントンは一人だけで馬を下りて跪き、一心に神に祈りを捧げた。部下の兵士はそっと祈る姿を見ていたが、士気や体力のどん底にあったにもかかわらず、司令官の真摯な祈りから勝利が導かれると確信したといわれる。その後はイギリス軍との戦いに勝利することが多くなったという。これらの勝利が神の加護の賜物だったといわれるようになった。

この時の祈りの姿は、死後になっていくつかの絵画に描かれ、ワシントンの神格化の代表的な表現となった。また、郵便切手にもなったし、連邦議会礼拝堂のステンドグラスのデザインにも採用された。各地に肖像画が掲げられ、記念碑・頌徳碑（徳を称える碑）が建てられ、アメリカ市民の聖者に祭り上げられていった。教科書ではワシントンらの建国の父祖が称えられてきた。今日においても、大統領をはじめとする政治家は、神格化された建国の父祖たちの言葉を演説で引用し、自分の行動や主張が歴史にかなった正しいものであることを強調する。

ワシントンは、宗教の重要性を強く認識しており、公共の道徳、国民の繁栄の礎となると考えていた。最初の大統領就任演説（1789年）では、神の加護を求めた後、以下のように「神の見えざる手」をアメリカ国民の政治的な命運に結びつけていたのが興味深い。この言葉は、アダム・スミスの『国富論』（1776年）で使われた言葉だ。原語に神の記述はないが、邦訳では「神の」を追加したものが定訳。含意としては神の意志を認める気持ちが強く感じられるといわれる。

ジョージ・ワシントン

「この最初の国事行為において、宇宙を支配し、諸国の会議を主宰し、さらにその摂理によってわれわれ人間のすべての欠点を補う全能（オールマイティ・ビーイング）なる神に対して、私の熱烈なる懇願を申し述べないとすれば、それは誠に不適切なことでしょう。……あらゆる公的、私的善行の偉大なる創造主（グレート・オーサー）たる神に対して、このような敬意を表明するにあたり、その中に、私の思いに勝るとも劣らない聴衆の皆様の思いが……言い尽くされていることを確信しています。合衆国国民ほど、人間事象を司る神の見えざる手（インビジブル・ハンド）の存在を認め、畏敬の念を持つように運命づけられた国民はありません。われわれは独立国家としての体裁をなしつつありますが、これまでの一歩一歩の歩みの中に、神の摂理（プロビデンシャル・）の働き（エージェンシー）を読み取ることができるように思われます」（リチャード・V・ピラード他〈堀内一史他訳〉『アメリカの市民宗教と大統領』96頁。フリガナは本書の著者による）

## 神（ゴッド）という表現を使わない

ここで二つのことを指摘したい。まず、信仰心の篤いワシントンではあるが、演説中で神（ゴッド）という表現を一つも使っていない。引用文のように、日本語になおすと神と訳さざるを得ないのだが、原文ではワシントンはゴッドを意味するほかの用語に置き換えている。次に、ワシントンは「見えざる手」をスミスの有名な言葉として使用したのか、または単にメタファーとして使ったのが偶然にスミスの言葉と一致したのか、諸説があってはっきりしない。時系列的には『国富論』を読んでいてもおかしくない。宗教的な意味を含意としていたことは、ゴッドに代わる言葉をいくつも使っているので確かであろう。

大統領在任中から霊的な指導力を認められ、後日にはアメリカのモーセとまで神格化されたワシントンではあるが、実はあまり熱心なクリスチャンではなく、その信仰心は表面的だったという指摘も根強くある。独立戦争前には故郷マウントバーノンのイギリス国教会（独立後は聖公会(エピスコパリアン)と名称が変わる）の教会には通っていたが、独立後は聖餐式（洗礼式と並んで最も重要な儀式。パンとぶどう酒をともに飲食することを通して、会衆がなんらかの意味でキリストとの親密な交わりをもつこと）には参加しなくなった。聖書もあまり読んでいないという。公の演説や文書では、キリスト教信仰の重要性について説くことは多かったが、私信でイエス・キリストという言葉を使用したという記録はない。回心体験もないという。

当時のクリスチャンはイエス・キリストという言葉をあまり使わなかったという説もあるとはいえ、ワシントンが私信で一度も使っていないということから、伝統的なクリスチャンではなかったともいわれる。独立後は聖餐式に出なくなった理由の一つに、独立前にイギリス国王に忠誠を尽くすべきと主張したイギリス国教会のリーダーが、独立後に聖公会の指導者となり、あまり新政府に協力的ではない、とワシントンが判断したことがある。

ワシントンは生涯で神(ゴッド)という言葉を146回使ったという記録があるそうだが、多くの場合、神に代わって摂理(プロビデンス)を使っているとされる。摂理とは一般的に、宇宙と歴史を一定の法則あるいは計画に従って支配すると考えられる神的原理のことを指す。聖書では使われていないが、その教理は聖書的だといわれる。つまり、神が永遠の計画に従って、天地を無より創造し、創造された世界を支配し、その目的に向かって導かれるという聖書の教えを意味するからだという。神は事前に世界の有様を知り、必要な配慮をしているとされる。一方でワシントンは理神論（ディーイズム）の影響を受けているという。「クリスチャン理神論者」とさえ呼ばれている。理神論とは、合理性を旗印とする18世紀啓蒙思想に特徴的な宗教思想である。宗教的事柄を理性のもとに置こうとする努力から生まれたこの思想は、啓示にもとづく超自然的宗教（とくにキリスト教）に対して自然的理性にもとづく自然宗教を唱える。理神論は合理性を重んじ、宗教を道徳に還元する傾向をもち、預言や奇跡を否定する。さらに思想の自由と宗教的寛容を強調する。

一部では、ワシントンはユニテリアンのクリスチャンであったともいわれている。アメリカのユニテリアンは19世紀に入ってから教派に成長するのだが、神のみの神性を主張し、人類愛を唱え社会的改革を強調するという傾向は、ワシントンの考えと重なるといえるだろう。またワシントンは、ニューイングランドで始まった感謝祭を全国で祝うため、1789年11月26日の木曜日を、国家の祝日とした（今日の11月第4木曜日はリンカン大統領が制定）。ワシントンは、神の恩恵に感謝するとともに、諸国の偉大な主である支配者に対して、全国民が祈りを捧げ、国家や人々の罪が許されるよう懇願するよう促したとされる。

## 独立宣言と合衆国憲法にみる宗教

ニューイングランド植民地やバージニア植民地が発展して、アメリカはイギリス本国から独立していく。まずは独立宣言（１７７６年）、次いで合衆国憲法（１７８８年発効、前段階の連合規約は81年に発効）が公布された。多くが熱心なキリスト教徒であった建国期の人々が作成して世界に発表した二つの文書は、アメリカで最も重要な文書とされている。独立の背景からすれば、両文書に宗教的な表現が多くあっても不思議ではない。しかし、両方とも、厳密な意味では世俗的な文書になっている。とはいえ、独立宣言には神意を十分に感じることができる。次の有名な文言にそれがよく表れている。

憲法制定会議での署名、右端の立ち姿はワシントン

「われわれは、次のような真理をごく当たり前のことだと考えている。つまり、すべての人間は創造主（クリエーター）によって平等につくられ、一定の譲り渡すことのできない権利を与えられており、その権利のなかには生命、自由、幸福の追求が含まれている」

旧約聖書「創世記」では神（ゴッド）が人間を創造（クリエイト）したとあるが、ここでは創造主に入れ替えているとはいえ、聖句を彷彿とさせる内容である。しかも権利までもが神から与えられる、つまり神からの贈り物というのであるから、世界の人々はさぞかし驚いたことだろう。

独立宣言の文頭と文末にも神意を感じる文言がある。文頭には「……世界の諸国家の間で、自然の法と自然神（ネイチャーズ・ゴッド）の法によって与えられる独自かつ平等の地位を占めることが必要になる場合がある」とある。文末には「神の摂理（ディバイン・プロビデンス）による保護を強く信じ、われわれの生命、財産、神聖な名誉（セイクリッド・オナー）にかけてこの宣言を支持することを、相互に誓う」（大下尚一、有賀貞他編『史料が語るアメリカ』39〜41頁）とある。

自然神というのは、自然の事物や自然の力を崇拝して神格化したものであり、当時台頭してきたさまざまな宗派からあまり異論なく受け入れられる最大公約数の信仰表現といわれる。独立宣言がアメリカの建国の原理である人権思想を、聖書的な用語によって表現したものといえるだろう。

### 政教分離の原則

合衆国憲法は政治文書であるから、そもそも宗教的内容が盛り込まれるものではないが、なぜか主（ロード）（神（ゴッド）と同義語）が1回だけ使われている。本文最後（第7条）の結論として署名の日付をこう記している。「アメリカ合衆国独立12年目にあたる主の紀元１７８７年の9月17日に……われらはここに署名する」と。原文の「イヤー・オブ・アワ・ロード」を直訳すれば「主の紀元」となるが、アメリカ大使館や斎藤眞訳では「西暦」としている。直訳は鈴木康彦『注釈 アメリカ合衆国憲法』にみられる。宗教保守派のなかには、この表現をもって憲法はキリスト教的な文書であると主張する者がいるという。しかし、この日付の表記を含めて憲法が批准されたわけではないと反論されている。今日でも政府文書や公立大学の学位記に「主の紀元」という表現は使われるべきではない、という政教分離派の意見がある。なぜこの表現が最終文書で使われたのかには諸説あり、はっきりした答えは出ていない。

その他、憲法で宗教に関する表現は次の2点がある。本文の第6条3項には「上院議員および下院議員、各州議会の議員、ならびに合衆国および各州のすべての行政官および裁判官は、宣誓または確約により、この憲法を擁護する義務を負う。合衆国のいかなる官職または信託による公職についても、その資格として宗教上の審査を課せられることはない」とある。憲法修正第1条には「連邦議会は国教を樹立し、あるいは信教上の自由な行為を禁止する法律……を制定してはならない」とある。政教分離と信教の自由の双方を認めているが、ここでいう政教分離とは「政治と宗教の分離」ではなく、「特定の宗教集団や宗派と政治との分離」と解釈されている。

宗教上の審査を課さないのは、クエーカー教徒やユダヤ教徒からの反対を考慮したものとされる。また、宗教上の理由から神に対して宣誓（オース）できない者は、宣誓に代えて確約（アファーメーション）する。聖書あるいは聖典に手をかけて宣誓したくない者は、自分の良心にもとづいて確約することになる。独立を目指す13植民地の多くでは、州政府公認の教会があり、人々は教会税を納めていた。公務員になるには宗教上の資格を要求されていた。たとえば神を信じていなければならないなどがあった。

当時、多数の教会や宗派が存在し、とくに優勢な宗教勢力もなかったので、新政府で特定の宗教制度を公認することは、実際上不可能であった。憲法制定者のなかには無神論者はいないとされているが、結局は宗教という言葉を憲法から排除することが望ましいということになった。前述のように憲法第6条と修正第1条に宗教に関する記述があるとはいえ、憲法全体としては世俗的文書である。

## 新生国家の指導者の信仰

アメリカ大陸に広がる13の植民地は、本国イギリスからの離脱を図るため、1774年にフィラデルフィアで第1次大陸会議を開いた（ジョージア州は欠席）。植民地の人々の権利について統一見解をまとめるためである。会議を開催するにあたって、初日の開会でチャプレン（教会堂以外の施設で礼拝などを執る牧師や司祭などの聖職者）による祈禱が行われた。建国の父祖のほとんどがキリスト教とアメリカの建国との関係を意識していたことから、アメリカの将来を決める会議を祈禱で始めるのは当然だったといわれている。

自由の鐘と独立記念館（ペンシルベニア州フィラデルフィア）（Phil Roeder, CC BY 2.0, via Wikimedia Commons）

翌年の第2次大陸会議でジョージ・ワシントンが植民地軍の総司令官に任命された。ワシントンは、植民地軍がイギリス軍に比べてかなり不利な立場にあるので、神の支援を得ることが絶対に必要だと考えていた。神が味方してくれるためには、チャプレンの存在が欠かせないと考えた。植民地軍は、倫理的で道徳的、かつ道義的で高潔でなければならないとした。兵士の愛国心を高めるだけではなく、脱走を防いだり、酒やギャンブルを節制させたりする必要もあった。チャプレンの報酬は月20ドルとされ、中尉よりやや高い待遇だった。独立革命の間に218人のチャプレンが従軍したが、そのうち25人が死亡している。かなり死亡率の高い、危険な職務だったといえる。

ワシントンが大陸会議で実質的に始めたチャプレン制度は、1789年に開かれた第1回連邦議会に引き継がれた。上院と下院がそれぞれ投票によって適切なチャプレンを選抜することになり、議会の正式な役職として年俸５００ドルで待遇した。議会での開会のたびに祈禱が捧げられる。今日までこの伝統は続いている。

第1回議会では、上院議員が29人、下院議員が66人選出されている。議員の所属する教会をみると、上下両院とも聖公会が圧倒的に多い。上院13人（45％）、下院24人（36％）で、2位の会衆派（上院4人、下院7人）をかなり引き離している。所属教会を明らかにしない不明は5人と20人である。

**閣僚の所属教会では聖公会が最多**

第1次ワシントン政権の閣僚は副大統領を含めて6人である。その所属する教会をみると、やはりワシントンと同じ聖公会（独立前のイギリス国教会）が多い。国務長官代行ジョン・ジェイ（後に連邦最高裁初代長官）、財務長官アレクサンダー・ハミルトン、司法長官エドマンド・ランドルフと半数に上る。ほかには、副大統領ジョン・アダムズは会衆派（組合派）、郵政長官サミュエル・オズグッドは長老派であるが、唯一不明なのは陸軍長官ティモシー・ピケリングである。注目すべきは、ハミルトンは名目的に聖公会に所属しているだけで、本心は理神論者だといわれ、オズグッドもユニテリアンの影響を強く受けていたという。ワシントンと似ているのである。

その他にも注目すべき事例がある。就任後短期間で最高裁長官に転じたジョン・ジェイに代わって国務長官になったトマス・ジェファソン（後に第3代大統領となる）の宗教観である。独立宣言の実質的な起草者であるジェファソンは、独立前にはバージニアのイギリス国教会で役員を務め、独立後も聖

トマス・ジェファソン

公会に所属していた。思想の自由と宗教の自由を意図して起草した「バージニア宗教自由法」が1785年にバージニア州議会で成立した。その冒頭には「全能の神は、人の心を自由なものとしてつくりたもうた」とある。政治と宗教を分離させること、州が教会を公認する制度に反対したことなどから、一部では無神論者とか信仰の敵などと批判された。

ジェファソンの宗教観については、諸説あるのだが、独立宣言で記した自然神、摂理などの言説から理神論に強い影響を受けているとされる。しかし、キリスト教を合理的でないとの見解をもっていたとされるが、自身で「真のクリスチャン」とさえ述べており、またイエス・キリストは偉大な道徳的指導者と尊敬していることから、「クリスチャン理神論者」という評価さえある。大統領になってからも、聖公会の教会礼拝に出ていた。その後、下院議場でのチャプレンによる日曜礼拝に参加していた。「ジェファソンは神の存在を否定したことはなく、また、歴史上の人物としてのイエスを否定したのでもなかった。……ジェファソンはイエスの教えに真に従うことを目指した」（明石紀雄『トマス・ジェファソンと「自由の帝国」の理念』65頁）とされる。現在公表されている歴代大統領の所属教会リストでは、ワシントンは聖公会だが、ジェファソンはリンカンと並んで「特定教会の所属なし」とされている。

# 15

# 宗教的国家への道

★「神に選ばれた民」を強く認識★

## 第2次信仰復興と西部の発展

13章で触れた第1次信仰復興（大覚醒）は独立以前に起こったもので、東部の海岸地方に限られていたが、第2次信仰復興は国家の領土拡大で諸教派が西部に向けて宣教活動を開始した時期に起こったリバイバルである。信仰復興の動きを概観すると、第1次が1730年代から1750年代、第2次が1800年代から1830年代、後述する第3次は1850年代から1900年代、第4次（異論もあるが）は1950〜60年代から1970〜80年代に起こったと一般的にはいわれている。

19世紀に入っても、西部の開拓地はまだ少なく、また人々は分散して住んでいた。教会も少なかったので、野外集会による礼拝が広く行われていた。第1次信仰復興ではイギリスの会衆派や国教会（聖公会）、長老派の聖職者による伝道活動が主であった。アメリカ独立後の第2次信仰復興ではバプティストやメソジストが大きな役割を果たした。同時に、奴隷解放、人種差別、禁酒、貧困、女性参政権などの政治・社会問題に関する運動につながることも多かった。国内の宣教のみならず、海外への伝道が活発になり、ピューリタンの伝統的考えである、自らが神に選ばれた民であることをますます強く意識するようになった。アメリカが「丘の上の町」であること、つまり世界の模範であることを、行動によって世界に示そうとする運動にもつながった。

独立戦争後には多くの移民がアメリカに押し寄せ、フロンティアに向かった。バプティストもメソジストもその動きに乗って各地で宣教を強化した。アメリカ国内で牧師や宣教師を教育していたのが彼らの強みで、人材は豊富だった。独立当初に一大勢力だった聖公会などは、この動きに乗らなかったために指導的地位を失っていった。バプティストとメソジストは、正式な資格をもった牧師以外に素人の説教師に要請し、各地を巡回させ、教会員を獲得していった。説教師は、開拓地では自らが農民となって、地域の人々と生活をともにすることもあった。

第２次信仰復興でのキャンプ・ミーティング
（コネティカット州ハートフォード）

教会の建物が多くないので、野外集会での礼拝が多かった。なかでも大規模のものは、キャンプ・ミーティングと呼ばれた。かなりの遠方の開拓地から多くの人々が食料を持参して、キャンプ場で自炊しながら数日にわたる礼拝に出席するのだ。いくつかの集会場が設置され、夜中まで複数の説教師が会場を回って説教をする。人々は説教を聞きながら、自分の罪を悔い改めて懺悔し、熱心に神を求めるようになるといわれる。地に伏してトランス状態の人もいれば、呻き声を上げたりして回心を体験できた喜びの叫び声が聞こえたという。こういう現象は、神の民に与えられる聖霊による霊的覚醒といわれている。しかも、個人にとどまらず、集団的な規模で広がっていく覚醒の動きだと説明されている。

## 第3次信仰復興と新しい宗教の台頭

第2次信仰復興（1800～1830年代）が終息してから20年ほど経過すると第3次信仰復興（1850～1900年代）が台頭した。その背景はアメリカの経済的発展である。農業中心の経済から工業化や商業化が進み、また大量の移民流入と都市化による農民の都市への移動が大規模に起こった。物質的には空前の繁栄が生まれ、人々は一攫千金の夢にかられた。経済の急成長から社会的なひずみ、経済格差、腐敗や不正、道徳的堕落も発生した。この「金ぴか時代」（1865～90年）には、一般の人々の孤独や不安、渇きの高まりから心の癒やしを求める動きも強まった。こうした内面の需要に応じようとした説教師によるリバイバルが起こった。なかでも、ドワイト・ムーディとビリー・サンデーの活躍が目覚ましかった（第16章参照）。

社会的腐敗や道徳的退廃が顕著になるにつれ、建国時代からあった禁酒思想が大きな社会運動にまで発展した。昔から貧困、犯罪、悪徳の主な原因は飲酒と考えられ、19世紀前半には組織的な禁酒運動が始まったとされるが、金ぴか時代に大きな広がりを見せた。1869年には法律によって禁酒を実現しようとして全国禁酒党が結成された。1874年には女性クリスチャン禁酒連合、1895年には反酒場同盟などが組織化された。メソジスト、バプティスト、長老派が力を入れたが、女性が中心となっていた。

女性クリスチャンが社会運動や職場に進出するようになったのは、19世紀中ごろに教会員の3分の2を占めるようになったことが一つの原因とされる。男性クリスチャンの間では「筋肉的キリスト教（マスキュラー）」の運動が起こってきた。19世紀半ばにイギリスで出現し、すぐアメリカに伝わった。近代スポーツの文明化の効果として社会統制と自己改善をあげ、その実現のために体育とキリスト教を結びつけた。男性の美しい肉体、男らしさ、スポーツの道徳的要素を再評価しようというものである。

筋肉的キリスト教運動は、アメリカではＹＭＣＡ（キリスト教青年会。１８４４年にイギリスで創設、数年でアメリカに広がった）やボーイスカウトなどが活動の中心となった。ムーディもこの運動を説教に取り入れた。男性向けの讃美歌集が出版されたり、男性向けのリバイバル集会が開かれたりした。男性的なスポーツである狩猟を愛したセオドア・ローズベルト大統領（在任１９０１〜09年）は、筋肉的キリスト教を信奉する家庭で育ったといわれる。スポーツマンシップの源流にはこの筋肉的キリスト教が関連しているという。歴史的には、好戦的な愛国心を鼓舞するために利用されたことも否定できない。近代アマチュア・スポーツが西洋の文明化を広める役割を担うようになるにつれ、ＹＭＣＡの筋肉的キリスト教推進者は、20世紀に入ってアジアで国際的スポーツ大会を開くようになった。これは遅れたアジアを文明化するという名目だが、実際はキリスト教伝道に利用したとされる。

この運動の聖書的背景の一つには、新約聖書「コリントの信徒への手紙一」の「知らないのですか。あなたがたの体は、神からいただいた聖霊が宿ってくださる神殿であり、あなたがたはもはや自分自身のものではないのです。あなたがたは、代価を払って買い取られたのです。だから、自分の体で神の栄光を現しなさい」（6章19〜20節）があげられている。

# 16

# 信仰復興とカリスマ的説教師

## ★伝道集会で次々と回心体験する人々★

### 50万人を回心させたフィニー

チャールズ・グランディソン・フィニーは独学で法律を学び弁護士になり、ニューヨークで仕事をしていた。1821年秋のある日、市内を歩いているときに、何かが自分のなかに入るのを感じていた。夕方事務所でひざまずいて祈っていると、何かが入ってくる感情が高まった。これは回心体験なのだが、具体的に何が起こっていたのか、彼自身がこう説明している。

「聖霊が、まるで身も心も満たしてしまうかのように私のなかに降りてきました。極度の興奮が波のように打ち寄せてきたように感じました。確かにそれは透明な波のようであり、それに私は愛を感じとったのです。これ以外の表現はできません。まさに神のささやき声のようでした。巨大な翼で私をあおいでいるようで、今でも、ありありと、そのときのことを想い起こすことができます」（J・C・ブラウァー〈野村文子訳〉『アメリカ建国の精神』118頁）。

フィニーはこれを機に長老派教会（後に組合派に移籍）で神学を学び、牧師になると短期間にアメリカで最も偉大な説教師の一人との評価を得るようになる。当初はニューヨークで活動し数千人を回心させた。のちに西部に行き、オハイオ州のオバリン大学教授、そして学長となり、女子教育にも貢献した。自らが努力の人であったことから、人々には努力して自助自立をするように求めた。また自己を完全へと高めるために、利己心を廃して慈善活動に励み、社会改革に挺身する必要を人々に説いた。人間にはすべて無限の道徳的な向上を図る能力が備わっているので、罪からの解放を望むなら、つまり道徳的に完全の達成を果たしたいなら、努力によって現世でも可能であるとした。リバイバルにしても、これは神の業ではあるが、人間の努力の結果であることを説いた。神の奇跡をただ待つのではなく、自分の努力が必要であると主張した。

彼の神学によれば、神は宇宙の道徳的支配者であり、人間は神の道徳的統治に従わなければならない。代議制による統治機構は神が創設したものであり、投票権をもつ人々は政治に参加し、美徳と幸福を追求しなくてはならないという。熱烈な奴隷廃止論者で、奴隷制を正しく解決できない国には神の審判が下るだろうと説いた。自らに対しては、神の下請け人としての役割を担い、人々を神の世界に導くゲートキーパーとならなければならないとした。生涯に50万人を回心させたといわれるフィニーは、近代リバイバルの父として歴史に残る存在である。

フィニーはアメリカ初のノーベル文学賞受賞の著名作家シンクレア・ルイスの小説『神を求める人』（上・下　竜口直太郎訳、三笠書房、１９５０年）のなかに実名で登場する。またルイスは後述の伝道師ビリー・サンデーをモデルとして小説も書いている。

## 進化論を初めて受け容れたビーチャー

ヘンリー・ウォード・ビーチャーの父の会衆派牧師ライマン・ビーチャーは、有名な社会活動家で道徳運動や禁酒運動、女性参政権運動などで活躍しており、また姉のハリエット・ビーチャー・ストウは奴隷制反対の小説として有名な『アンクル・トムの小屋』の著者である。そのような家庭環境で育ったとはいえ、自身はそれほど優秀な子どもではなかったという。それでも、アマースト大学を卒業後、父が学長を務めるレイン神学校を卒業して、１８３７年にインディアナ州の小さな教会の牧師となった。ビーチャーは会衆派牧師としてだけでなく、影響力の強い宗教新聞（週刊）の発行にもかかわり、神学者にして著述家、説教師として有名になった。

ヘンリー・ウォード・ビーチャー

その説教の仕方は、ユーモア、方言、俗語を交えながら、あるいはその日の会衆と同じ言葉を明瞭かつ単純化して雄弁に話し、人々の心に刻みつけるというもの。文学から政治まで広い知識をもち、当時の社会運動である奴隷制反対や禁酒運動などにも強い影響力を発揮した。有名人であったことから、彼の説教は広く新聞雑誌で紹介され、説教師としては右に出る者がいないといわれるほどの偉大な存在であった。人間に対する神の愛を深く信じていたので、説教の中身も、人間の罪深さとか地獄の存在を疑った。人間の明るい面を説き、人間は楽しみのために生きるのが重要であり、娯楽やレジャーを禁止する禁欲的な教えには異論を唱え、父の教えには必ずしも従わない態度を貫いた。

南北戦争（1861〜65年）の際には、ビーチャーはリンカン大統領の信任を受け、奴隷制を維持する南軍に同情するヨーロッパの国々に派遣され、北軍を支持するよう訴えた。奴隷解放を強く主張するビーチャーによれば、南軍の指導者は最後の審判において、神によって断罪されるだろうという。また、政治的にリベラルな立場から、進化論を強く支持した。ビーチャーは、アメリカで進化論を受け容れた最初の牧師ともいわれており、進化論は神の計画の一部として、完全なものに向かう着実な前進とみていた。

社会改革に強い影響力をもっていたビーチャーは、19世紀後半からアメリカの資本主義が発展し、その弊害が生じていることにも関心をもっていた。それに呼応するように社会的福音（ソーシャル・ゴスペル）の運動が起こり、ビーチャーもその推進者の一人となった。これは罪を純粋に個人的なものとして考えるのではなく、社会や集団の悪を見極めること、つまり国家や会社などの集団的な悔い改めや集団的回心を促す運動である。ビーチャーは神の愛によって人道主義的社会運動を推進し、正義と平等を実現する福祉国家を目指したのだ。こうした社会改革を目指す著名な説教師であったが、女性関係のスキャンダルでも有名で、提訴されたこともある。だが、ビーチャーの説教師としての名声が大きく失墜することはなかったといわれている。

### 知性より情感に訴えたムーディ

第3次信仰復興の中心的な聖職者はドワイト・ムーディである。貧困のために、17歳の時にボストンで靴製造業を営んでいた伯父の世話になった。その条件として、伯父からは会衆派の教会に通うように指示された。そこの日曜学校の牧師が大変に熱心で、ムーディに神の愛について丁寧に説き続けたことから、ムーディは1855年に回心を体験する。以後、靴製造を続けながら熱心な信者となって活動を続け、3年後には自分で日曜学校を設立した。数年後には生涯を神に捧げる決心をして、仕事をやめて伝道活動に専念することになり、南北戦争中には北軍の部隊を慰問して奉仕活動を行った。

ムーディはほとんど無学で神学も学んだことはなく、教会で正式の牧師資格を得たこともないが、人々の心に訴える力をもった説教師として大きな人気を得るようになった。ムーディの成功は、ゴスペル・シンガーのアイラ・サンキーと組んだことによる。サンキーは讃美歌の作曲家でもあり、音楽伝道者ともいえる。二人の出会いは1870年、サンキーがYMCAの聖歌隊の責任者として歌っているのをムーディが聴いて、一目で惚れこんだ。半年後からサンキーはムーディ伝道団専属のゴスペル・シンガー兼オルガン奏者となった。サンキーも日曜学校に通い、若くして回心体験をしており、南北戦争で聖歌隊を務めたこともある。二人は2度にわたってイギリスで伝道活動を行い、各地で多数の回心者を得て大成功を収めている。

ドワイト・ムーディ

神学を正式に学んでいないムーディの説教の中心を占めるのは神の愛であった。キリスト教教義の理論を説くのではなく、知性より情感に訴え、人々の魂を揺り動かす素朴なものだった。ムーディの説教の前座としてサンキーらのゴスペルを聴いた聴衆は、それによって気分が高ぶっている。そこにムーディの熱っぽい説教が加わると、人々は感情の高まりを感じるようになる。音楽を巧みに取り入れたリバイバル集会は、いわばショービジネス化された一種のエンターテイメントのようになったといわれる。サンキーは各都市で600～1000人の大規模な合唱隊を組織したので、音楽の威力は大いに効果を高めた。イギリスでの伝道中、ロンドンだけでも250万人以上がムーディの説教を聞いたといわれる。アメリカではほとんど無名の説教集団が、外国で高い評価を得て、アメリカに帰国するときは世界的な存在になっていた。

カール・マルクスとともに社会主義思想を説いたフリードリヒ・エンゲルスは、イギリスでのムーディらの宗教活動を観察していた。著書『空想より科学へ』の英語版序文でこう述べている。「イギリスのブルジョアは庶民を宗教的気分にひたしておく必要を前から確信していたが……下層社会に対する福音伝道のために、年々数千万の金を引き続いて使った。彼らは自国の宗教機関だけで満足せず、宗教営業の最大の組織者たるブラザー・ジョナサン〔アメリカ〕に援助を求めた。そしてアメリカの宗教復興運動（American revivalism）、ムーディやサンキー等々を輸入した」（エンゲルス〈大内兵衛訳〉『空想より科学へ』岩波書店、1971年、121～122頁）と。ムーディの伝道活動はイギリスの資本家の地位安定に利用されただけではない。アメリカ国内においても、神への誠実な信仰がこの世における成功をもたらすという一面を強調することによって、アメリカのビジネスを活性化する役割も果たした。

ムーディは貧しい人のための慈善活動をする一方で、聖書学院を設立し、出版活動や聖書教育を広めた。特定の教派に所属することはなく、聖書の言葉を文字通りに解釈して信じることの必要性を説き、イエス・キリストの再臨（イエスが再び地上に現れること。第17章を参照）に備えることを強調した。イギリス伝道の際に当時高まっていた終末論（キリスト教で世界の終末におけるキリストの再臨、人類の復活、最後の審判を説く重要な教説）に接して関心を深め、アメリカに関係者を招待して聖書学校で広めたこともある。再臨待望を強調したことから、アメリカにおける根本主義（ファンダメンタリズム）（第20章を参照）の台頭を促すことになったといわれる。

アメリカ政治思想史の古典的名著とされるリチャード・ホーフスタッター『アメリカの反知性主義』（田村哲夫訳、みすず書房、2003年）では、フィニーとムーディを要領よく比較して、次のように紹介している。「ムーディはフィニーとまったく違っていた。フィニーがほとんど威嚇ともいうべき力で聴衆を圧倒したのに対し、ムーディは温和で愛すべき人物だった。地獄の業苦を警告するのではなく、天国行きを約束するきわめて楽天的な人物だったのだ」（93頁）と。

## 学歴のない元野球選手から転身したサンデー

ビリー・サンデーはキリスト教の説教師としてはきわめて異色の経歴をもつ。高校を卒業していないが、プロ野球の選手（シカゴ・ホワイト・ストッキングスほかに所属）としては有名だった。しかしある日突然回心して数年で説教師となり、40年間弱の伝道活動で1億人の人々に説教をしたとされる、伝説的な記録を誇るまでになった人物である（ある歴史家の試算では、実際には約125万人だろうという）。「主のためのビジネスマン」と自称し、都市における伝道集会を「専門的娯楽施設」に変えたとさえいわれている。

１８８６年か87年のある日曜日にシカゴの町をチームメートと散策していたとき、ある教会から流れていたゴスペルの歌声に魅了され、礼拝に出席するようになった。数年後に回心を経験してから酒やギャンブルを断ち、汚い言葉を使わなくなった。アパートの近くにある長老派教会に所属して、クリスチャン選手として野球を続けた。しかし１８９１年に、年俸３５００ドルのプロ野球選手から月給83ドルのＹＭＣＡ事務員に転職することを決め、信仰生活に専念することになった。幸いにも、ＹＭＣＡに関係する有名な説教師の助手のような仕事をもらい、毎晩のように伝道集会の準備をして、間近で師の説教を聞き、説教の方法を学んだ。

間もなく師が伝道師の仕事から教会の牧師に戻ることになり、サンデーが後任を引き受けることになった。当初はアイオワ州やイリノイ州の小さな町で伝道集会を開いていたが、なんといっても元有名プロ野球選手だったことが宣伝効果を発揮し、また説教が堅苦しくなく、上品とはいえない表現を多用するので、短期間で一般大衆の人気を得た。次第に教会堂や町の集会場には収容しきれない人数が集まるようになると、大きな仮設テント小屋などを用意することになった。１９１０年の後半になると、専属スタッフを20人以上抱える伝道集団になるまでに成長していった。

ムーディと同じくサンデーも歌で伝道集会の雰囲気を盛り上げた。前座としてホーマー・ロードヒーバーによる歌とトローンボーン演奏や聖歌隊などを交互に出演させ、会場のムードが最高潮になったときにサンデーが登場するという演出である。舞台の端から端まで使った大げさな身振りで飛んだり跳ねたりしながら、わかりやすい言葉で聖書の教えを説いた。興奮のあまり説教壇に登ったり椅子を投げたり、まるでショーのようだったという。その神学批判も厳しかった。小難しい説教ばかりしているプロテスタント主流派の指導者たちを次のように批判した。聖書の解釈などについて、これみよがしに吹聴する精神的な倒錯者であり嘘つきである。こうした罵倒の言葉は、一般大衆の観衆に大変に受けたとされる（会場の入り口に大きなピエロを配置したこともあるほどだった）。

ビリー・サンデーの説教

サンデーが地方で伝道集会を開くと、その説教は地元の新聞や雑誌で取り上げられた。禁酒運動にも力を入れると同時に、アメリカが第1次世界大戦に参戦するように世論を盛り上げた。人気がピークのころには、月に40回以上の説教を行った。週に20回ということもあったという。収入も莫大なものだった。1910年代をみると、日曜日の説教は1日4回が普通だが、その日収は当時の平均的労働者の月収を上回るというから、いかに高額であるかが想像できる。年収では労働者の70倍以上あったとはいえ、慈善活動を活発に行い、禁酒、女性の参政権、貧困者対策、黒人差別反対などの運動にも支援を続けた。とくに、憲法修正第18条による禁酒法の成立（1919年）には大いに貢献した。

保守的な福音主義者であるサンデーは、根本主義者による進化論反対を支持していた。進化論の是非をめぐる「スコープス裁判」（1925年。第20章を参照）がテネシー州で始まる直前、同州メンフィスで2週間にわたって伝道集会を開いた。進化論などというまがい物の理論は信じない、そんなものは意味のないたわごとだとして、神不在の生物学を非難する説教を展開した。サンデーの人気は第1次世界大戦の終了したころから下降気味になっていたとはいえ、人口20万人の町に25万人の人が押し寄せたという（カート・アンダーセン〈山田美明、山田文訳〉『ファンタジーランド』〈上〉東洋経済新報社、2019年、224頁）。しかし、当時の全国メディアは創造論には懐疑的であり、サンデーなどの熱烈な創造論支持の福音主義者は嘲笑され、無視された。サンデーの説教についても、低い知能レベルの人にとってはためになるより、むしろ害になるのではないかと批判された。サンデーのエンターテイメント化されたリバイバル集会に熱狂した人々は、ラジオや映画が娯楽の中心になっていくにつれ、サンデーから離れていった。宗教性を薄めて娯楽性を強めた「伝道集会」であったから、迎えるべくして迎えた結果といえる。サンデーは、シンクレア・ルイスの小説『エルマー・ガントリー』（上下　三浦新市・三浦富美子訳、角川書店、1960・61年）の映画版『エルマー・ガントリー／魅せられた男』（1960年、監督リチャード・ブルックス、主演バート・ランカスター）のモデルとなっている。映画では巨大なテント小屋でどんな説教がどのような仕草で行われたかがよく描かれている。本人の説教はユーチューブで何本か見ることができる。

コラム2

## 宗教界の頂点に立ったビリー・グラハム

アメリカ史のなかで信仰復興は、第3次までは大方の専門家が存在を認めているが、第4次については諸説に分かれる。とはいえ、20世紀中ごろから1980年代末まで宗教熱の高まりがあり、ビリー・グラハムが大きな影響力を発揮したのは事実だ。南部バプティスト教会に所属、アメリカで最も有名な説教師として歴史に名を残している。

大学キャンパスでのキリスト教普及運動や、ビリー・グラハム伝道協会による伝道活動のなかで、社会の貧困救済や聖書の配布なども実施した。1950年代から活躍し、テレビ、雑誌（1955年にクリスティアニティ・トゥデー誌発刊）、新聞などあらゆるメディアを活用して霊的覚醒を訴えた。グラハムは現代社会の複雑な問題に対して、キリスト教的立場から解決策を打ち出すこともなく、ただ単に神への服従を説いたというのが大方の見方である。しかしその影響力はきわめて大きい。1957年に16週間にわたりニューヨーク市での一連の大伝道集会（クルセイド＝聖戦）を開き、合計で240万人を集め、そのうち6万人以上がキリストに従う決意をしたという。日本にも4回訪れて、日本武道館や東京ドームで伝道集会を開き、毎回、万単位の決心者（イエスを信じると決めた人）を出している。多くの著書が日本語で出版されている。息子も孫も来日して集会を開いている。ビリー・グラハムは生涯に185ヵ国で伝道集会を開き、延べ2億人が直接説教を聞いたといわれる。ラジオ・テレビで視聴した人は20億人を超える。

ビリー・グラハムは歴代大統領と親交を結び、ホワイトハウスの説教師などともいわれた。最初に親しくなったのはリチャード・ニクソン大

ビリー・グラハムとロナルド・レーガン大統領夫妻

統領（在任1969～74年）で、しばしばホワイトハウスに出入りして、ニクソンの信仰上の相談に乗っていた。ニクソンがウォーターゲート事件で窮地に陥ると、ホワイトハウスでニクソンの心の動揺を鎮めるための祈禱会を開くなどした。政治的には、50年代マッカシーズム時代には宗教右派の反共十字軍に参加したりしたが、大統領との親交や共産圏への伝道活動をするようになってからは穏健な立場を維持した。

だが、ニクソンがウォーターゲート事件で大統領執務室での通話を録音したテープが公表されて、その会話の不道徳な内容が明らかになると、グラハムは当惑し遺憾に思わざるを得なかったが、精神的な支えになることはいとわなかった。ニクソンが辞任した後も、二人の関係は続いたという。ニクソンの後に大統領になったジミー・カーター（在任1977～81年）とは同じ南部バプティスト教会所属だが、カーター自ら聖職者なみの宗教知識や篤い信仰心をもっていたので、グラハムとはほとんど関係をもたなかった。また、アメリカで最も尊敬されている説教師といえども、同性愛など道徳・倫理問題では保守的な福音派と同じで、罪深い性倒錯が文明を衰退させると公言したほどである。

息子のフランクリン・グラハムは、父親の後を継いで組織の運営を続けているが、9・11同時多発テロ後のイスラム教は邪悪な宗教という発言、バラク・オバマ大統領（在任2009～17年）はイスラム教徒という発言など、物議をかもすことが多い。またドナルド・トランプ大統領（在任2017～21年）の強力な支持者となり、政治的には保守的な姿勢をとっている。しかし、新型コロナのワクチン接種については、イエスの望んでいることであるとして支持している。

# 17

# 海外伝道と領土的野心

★領土拡大は神から与えられた運命★

## キリストの再臨が背景

18世紀に入って再び盛んになったリバイバル（第2次信仰復興）のなかで、千年王国論（千年至福論）やイエスの再臨などの終末論に関心が高まった。世界の終末の審判が行われる前にキリストが再臨してこの世を統治し、神聖な千年の間祝福を受けることができるというのが千年王国論である。一般的には、イエスの再臨の後、この世の終わりの前に、キリストの義（神の正しさ）と平和に満ちた神聖な千年王国がこの地上に打ち立てられる、とする前千年王国論が、保守的な福音主義者の間に広まった。前千年王国論は、近い将来に再臨を想定する人が多く、急激な変革を待望する人々に支持された。これに対して、再臨は千年王国の後とする後千年王国論があるが、遠い未来に再臨を想定しているため、漸進的な改革を志向する人々に支持された。

キリストの再臨を待望するクリスチャンは、福音を広めることが再臨につながると信じているので、国内のみならず海外での伝道の必要性を強く意識するようになった。そもそも伝道はクリスチャンにとっての義務とされる。また、キリストの福音を知らない異教徒が、死後その無知ゆえに地獄に堕ちるというのはあまりにも不幸と考えるクリスチャンは、福音を伝えるのは自分たちの愛でもあるとした。海外伝道を正当化する聖句もある。「あなたがたは行って、すべての民をわたしの弟子にしなさい。彼らに父と子と聖霊の名によって洗礼［バプテスマ］を授け、あなたがたに命じておいたことをすべて守るように教えなさい。わたしは世の終わりまで、いつもあなたがたと共にいる」（新約聖書「マタイによる福音書」28章19〜20節）。

19世紀初期は国内外への伝道が盛んで、会衆派教会が中心となってアメリカ最初の超教派的な海外伝道団体「アメリカン・ボード（アメリカ海外伝道教会理事会）」が１８１０年に設立された。超教派とはいえ、そもそもはインドへの伝道を決意した神学生の要請があり、マサチューセッツ会衆派教会がこれに応えて実現したものである。その評議委員会の報告書にはこう記されている。「われわれがこの地上での働きのために許された時は短いのである。そのことを心に銘じなければならない。異教世界の人々の霊的な枯渇は心づくしと救済を強く求めている。……われわれは『受けるより与えるほうがさいわいである』という主イエスが言われた言葉を忘れてはならない」（曽根暁彦『アメリカ教会史』145頁）と。１８１２年にインド伝道が４名の若者によって開始された。伝道はその後セイロン（現スリランカ）、ハワイに向かった。１８２０年から始まったハワイでは、聖書をハワイの言語に訳して伝道事業を発展させた。１８３４年には中国、１８５８年には日本への伝道を始めている。日米修好通商条約によって、アメリカ人居住地内の信教と礼拝の自由、踏み絵廃止が明記された。１８７２年には横浜に日本初のプロテスタント教会（超教派）が創立された。

# 第17章

# 海外伝道と領土的野心

## 「明白な運命」に促されて

アメリカの海外伝道を促した思想的背景として「明白な運命(マニフェスト・デスティニー)」の考えがある。1845年にジャーナリストのジョン・オサリバンが提唱したもので、アメリカ大陸の西方への領土拡大は神から与えられた運命であり、自由と民主主義の拡大と同義であるとして、領土拡大を倫理的に正当化した。つまり、テキサス併合、オレゴン領有、ニューメキシコとカリフォルニアの獲得を神の名を使って正当化したのである。領土的野心が海外に向けられた最初の事例は米西戦争である。1898年に、スペインから独立しようとしたキューバを支援するという目的からスペインと武力衝突した。短期間にアメリカはスペインに圧勝し、フィリピン、グアム、プエルトリコ、キューバなどを支配下に置いた。1900年には、フィリピン支配の補給基地としてハワイを併合した。まさにアメリカの帝国主義的な領土拡大である。

ウィリアム・マッキンリー大統領

米西戦争を指揮したのはウィリアム・マッキンリー大統領(在任1897〜1901年)である。母親が熱心なメソジストで、自身も子どものときから日曜学校や伝道野外集会などに参加し、10歳で回心を経験したという敬虔なクリスチャンである。戦争の1年前の一般教書では、恵み深い神がこの国をことのほか祝福し、繁栄させてくださる、と神への感謝を鮮明に表現している。また、マッキンリーは、アメリカは神によって選ばれた国であり、大統領たる自分は、神の意志をこ

マニラのサンチャゴ要塞、米西戦争でスペインに勝利したアメリカは、フィリピンを支配下に置く。

の地上で果たすための道具であると心から信じていたという。

マッキンリーは支配下に置いたフィリピンを今後どうするかについて、神の導きを求めていた。一晩ならずとも祈ったと告白しているが、結局かなり悩んだあげくに次のような結論に達した。「われわれが全島を統治し、フィリピン人を教育し、向上させ、文明化し、キリスト教化し、神の栄光によって、彼らに対してでき得る最善の努力をするしかなかった。彼らはわれわれの同朋であり、キリストは彼らのためにも死んだのだから。それから私は床について安らかに眠った」（ピラード他〈堀内一史他訳〉『アメリカの市民宗教と大統領』163頁）。当時の聖職者たちは、キリスト教が世界に大きく躍進する機が熟したとして、海外伝道に力を入れた。キリスト教国アメリカは、キリスト教のために、そして全世界の人類を発展・向上させるために、積極的に立ち上がらなければならないというわけである。

# 18

# トクビルの見たアメリカの宗教

★物質的な富も求めているクリスチャン★

## アメリカの急成長と宗教の関係

新大陸に神の国を建設しようとしたピューリタンは、自らを移住者というより巡礼者として生活を始め、19世紀には早くも外国に福音を伝えるべく海外伝道を手掛けるまでに発展していった。そのような若い国の急成長の発展には宗教があるのではないか、と観察したのがフランスのアレクシス・ド・トクビルである。多数のアメリカ論があるなかで、トクビルの『アメリカのデモクラシー』（松本礼二訳）ほど今日まで引用されている著作はほかにはない。トクビルはフランス司法省の司法官で、アメリカの刑務所制度を調査するという名目で、１８３１年春から9ヵ月にわたってアメリカ各地を視察した。

信仰復興の全体像を正確に理解していなかったといわれるトクビルだが、ピューリタンの歴史的な事象を目の当たりにして、多くのアメリカの宗教性を観察している。アメリカについて、住民の定住を待つ空白の大陸、しかも無主の地であるという。造物主の御手から人の手に引き渡されたとき、大地は無尽蔵であり、天地創造の最初の日々のように、水と緑の豊かな仙境があり、沃野が果てしなく広がっていたという（『アメリカの

アレクシス・ド・トクビル

デモクラシー』第1巻下、197〜198頁）。こうした神から与えられた大地に入植したピューリタンについては、社会的地位と生活手段を捨てた人々は暮らしや富のために新世界に渡ったのではなく、苦難に身をさらしても一つの理念の勝利を欲したのだという。アメリカ人がすべて確信をもって神を崇敬しているわけではないとしながらも、キリスト教には人の魂を真に動かす最大の力がある。そして、キリスト教がいかに人間に役立ち、自然なものであるかをよく示すものはほかにない。なぜなら、今日キリスト教が最大の力を発揮している国アメリカは同時に最も開化していて、最も自由でもあるからだとする（第1巻下、218頁）。

ヨーロッパのカトリック環境で育ったトクビルにとっては、宗教的であることは自由を損なうことにつながるのが普通なので、アメリカで宗教の自由と精神の自由が親しく結びついていることに驚いている。しかも、聖職者がいかなる公職についていないのも信じがたいことだった（第1巻下、226頁）。

アメリカのクリスチャンが現世の利益も求めているとトクビルはみている。ピューリタンたちは高価な代償を払って新大陸に来て、精神的財産の追求にひたすら打ち込んでいると思われがちだが、同じ熱意をもって物質的富と精神的喜びの双方を追い求め、あの世に天国を追い、この世に繁栄と自由を求めているというのだ（第1巻上、70頁）。アメリカのクリスチャンにとって、現世の利益を求めることはよくあることだという。宗教的人間の唯一の動機が利益にあるわけではないが、宗教にとって利益は重要である。利益を用いて人々を導くことで、大衆の心をとらえるのも宗教の役割であるという。説教師にしても、地上の利益から目を離さず、人々の心をとらえようとしている。その説教を聞いていると、宗教の主要な目的は来世において永遠の至福を得させるためにあるのか、それとも現世の幸福か、しばしばわからなくなる、とトクビルは述べている（第2巻上、219〜221頁）。

## 法体系の宗教性

トクビルにとってもう一つ意外だったのが、宗教の自由を認めながらも習慣と法律にはピューリタンの厳格主義が現存していることだ。たとえば、州によっては安息日の遵守を厳しく強制している。マサチューセッツ州法の「安息日の遵守は公共の利益であり、……人々をして人生の義務について、また人間の陥（おちい）りやすい過誤について反省せしめるものである。それは創造の主にして宇宙を統（す）べる神を、家庭においてまた公の場において崇（あが）めることを可能にし、キリスト教社会の美点にして安らぎである慈善行為に身を捧げることを可能にする」（第1巻上、287頁）を引用しながら、違反者には厳しい罰金刑を科していることを紹介している。

トクビルにいわせると、アメリカ人はあたかも神にのみ従うかのように法を定めている。たとえば、コネティカット州の刑法は聖書の規定を取り入れるという異様な考えにもとづいている。「主にあらざる神を崇める者は死罪に処す」と述べ、「申命記」「出エジプト記」「レビ記」などの旧約聖書に示された規定をそのまま採用している。瀆神（とくしん）（神の神聖を汚すこと）、魔術、姦通、凌辱は死をもって罰せられ、子の親に対する冒瀆にも同じ刑が科される。このようにして野蛮、半開の民の法制が、開かれた精神と穏やかな習俗をもった社会に移植されたのである。これらは、何よりも道徳秩序と社会の風紀の維持を目的にしたものであるという（第1巻上、62～63頁）。

トクビルによれば、法体系のなかに聖句にもとづく罰則があるなど、アメリカに厳格な倫理が影響を与えていることは確かであるが、ピューリタンたちは自ら新世界に、民主的かつ共和的と呼ぶほかない種類のキリスト教を持ち込んでいるという。ここでは政治と宗教は一致しており、決して離れたことがない（第1巻下、212頁）。かといって、聖職者が政治から自発的に距離を置いているように政教分離の要素もあるのだ。だから、ここでの政教分離は政治から宗教的要素をすべて排除することを意味しない。さらにトクビルを驚かせたのが、アメリカ社会を支える、各種の自由な結社（団体）である。政治はもちろん、道徳や宗教も、まず結社がつくられて活動が始まる。諸個人が力を合わせて自由に目的を達成できるのだ（第1巻下、38～39頁）。宗教がアメリカの社会や政治に深くかかわり、宗教組織を強くしているのは、こうした背景があるのではないか、というのがトクビルの結論のようである。

コラム3

## 国民統合のシンボルとしての市民宗教

市民宗教は日本語としてわかりにくい言葉だが、そもそもは18世紀フランスの啓蒙主義思想家ジャン＝ジャック・ルソーが『社会契約論』で最初に使った概念である。１９６０年代後半にアメリカの社会学者ロバート・N・ベラーが、多民族国家アメリカを統合して政治に宗教的次元を与えてきた存在をアメリカ市民宗教（シビル・レリジョン）と呼び、アメリカで広く使われるようになった。

ロバート・N・ベラー
（Aguther, CC BY-SA 4.0, via Wikimedia Commons）

換言すると、市民宗教とは国民の間に広く共通してみられる宗教的志向性のことといえる。国民が集合的なアイデンティティを表現するとき、超越的な存在への言及を含む宗教的な枠組み、あるいは価値体系が用いられるが、それが市民宗教といえる。それは個人の内面はもちろん、政治、社会、文化などの公共領域でも機能する。アメリカの建国そのものが、腐敗したイギリス国教会から逃れて新天地を求めてやってきたピューリタンによって担われたので、国民生活や国家の運営に宗教性は欠かせない。

市民宗教は、多様な背景をもつ人々にとっては、共通の感情や目標として機能するし、連帯感や倫理観の源となってきた。したがって、国家の法に対する畏敬の念を喚起するためにキリスト教に代わる国民統合のシンボルとして活用されることがある。アメリカ憲法の政教分離に反しないかという疑問がもたれることが多いのだが、市民宗教の神はキリスト教のように人々を救済する宗教の神ではなく、超越的な神であり、また社会に秩序を与える機能的な宗教の神である。

卑近な例をあげると、公務員の就任宣誓、紙幣や硬貨に「われわれは神を信じる」の明示、国旗への忠誠の誓いなど、一見政教分離に反するようなことが、アメリカでは当たり前のように行われている。憲法の政教分離原則は、政治と宗教を完全に分離しなければいけないという意味ではないと理解されているのだ。

アメリカを歴史的にみると、建国期の英雄、建国の父といわれるジョージ・ワシントン、国家の分裂を防いだエイブラハム・リンカンは、伝統的な意味でのクリスチャンではないと批判もされたが、アメリカの現人神として、今日でも最も尊敬されている大統領である。二人は特定の教会には属さないが礼拝には出席し、演説をはじめとして言説には聖書的背景が色濃く出ている。これこそまさに市民宗教の実践者といえる。ワシントンは聖者を思わせ、アメリカのモーセとさえいわれる。

アメリカの市民宗教は、国民の宗教分布を反映してユダヤ・キリスト教的な色彩が強いが、それらとは同じではない。市民宗教で言及される神は、国民全体の上に臨む無名の超越者である。たとえばワシントンは、演説で神（ゴッド）を使わずに摂理（プロビデンス）とか偉大な創造者（グレート・オーサー）などを使うことがほとんどである。またリンカンは、演説で聖書の内容を含む道徳や倫理を述べながら、イエスという表現をほとんど使わないにもかかわらず、神への感謝を強く国民に訴え、国民が一斉に祈りや断食をして神に感謝する日を何度も宣言したのである。

# 19

# 南北戦争とリンカンの信仰

★国家統合には宗教的絆が必要★

## 神格化された大統領

アメリカで最も偉大な大統領の一人として神格化されているエイブラハム・リンカン（在職1861～65年）だが、世俗的にいうなら「丸太小屋からホワイトハウスへ」を唱えて大統領選挙を戦って勝利したように、アメリカの立身出世、アメリカン・ドリームの見本でもあった。しかし、自らを語る文章をほとんど残さなかったことから、ベールに包まれた謎の多い人物でもある。貧困のなかでまともな正規の教育をほとんど受けることなく、独学で弁護士資格を取り、州議会から連邦議会を経て大統領にまで上り詰めた。そして戦争という対価を払いながらも、国家の分裂を防ぎ、統一を維持して再スタートを遂げようとした矢先に暗殺されてしまう。自らの子どもを二人も失うという個人的な不幸を含めて、悲劇の大統領であった。

通説では、ケンタッキー州の貧しい開拓農民の父と、私生児で字が書けない無学の母の間に生まれた。父も無学で、ケンタッキーで最も貧しく身分の低い男、流れ者のごくつぶしで、森のなかに丸太小屋を建て、日雇いの仕事でなんとか食べていた。リンカンが7歳の時にインディアナ州に移ったが、ここでの生活は奴隷よりひどいものだったという。辺境には常設の学校らしいものはなく、リンカンは15歳になってやっと字が読めるようになったとされる。各地を回る教師から聖書を利用して読み書きを学習したこともあり、リンカンは聖書との接点は若いときからあった。次に移ったイリノイ州では農場や商店で仕事をした後、自分で製粉や製材の店をもった。やがて、州議会議員となり、独学で弁護士資格を取得して、ついには連邦下院議員（上院議員選挙に出馬するも敗北）、大統領と輝かしい道を歩んだ。

弁護士時代のリンカンの信仰については、特定の教会に所属したことがないというのは確かであり、弁護士事務所の共同経営者によると「大草原の不信心者」だったという。またキリスト教に懐疑的だったとか、無神論者だったという人もいる。しかし、両親は原始（プリミティブ）バプティスト教会（浸礼による洗礼、聖餐式、洗足の3つの儀式を重視する、南部の山間部に多い保守的教派）の熱心な信者であり、リンカン自身も聖書をよく読んでいた。ユニバーサリスト（万民救済論者）という評価もある。結婚してからは人並みに教会に通うようになり、次男を4歳で亡くしてからはとりわけ熱心になっていった。宗教への関心が深まるにつれて、奴隷制度に対して道徳的に許されないとして嫌悪感をもつようになった。父親も強い奴隷制反対論者だった。

初の連邦下院議員選挙（1846年）で、リンカンは不信心者という非難にさらされたが、自分がどのキリスト教会の会員でもないことを認める一方で、聖書の真理を否定したこともなく、特定のキリスト教教派に対して不謹慎な発言をしたこともない、と主張した。1858年に共和党州大会で上院議員候補に指名された後、「分かれたる家」演説で新約聖書「マルコによる福音書」の「家が内輪で争えば、その家は成り立たない」（3章25節）を引用して、奴隷制度をめぐって国が分裂することの危険性を訴えた。対立の民主党候補との間で7回の「リンカン・ダグラス論争」を展開して善戦したが選挙では敗れてしまう。敗北したとはいえ、リンカンは全国的に知名度を上げ、60年大統領選挙での勝利につながったのである。

## 南北戦争は神の裁き

大統領就任演説（1861年3月）では、「恵まれたこの国を見捨てなかった神への確固たる信頼こそが、現在の難題を最も適切な方法で解決できる」と神への信頼を求めた。当時の南北の対立の根本原因である奴隷制度に反対するリンカンの宗教的見解はこうだ。奴隷制度は人間の自由を謳うアメリカ建国の精神や独立宣言に反し、聖書の黄金律の一つ「人にしてもらいたいと思うことは何でも、あなたがたも人にしなさい」（新約聖書「マタイによる福音書」7章12節）というイエスの山上の説教にも反する。奴隷制度の容認は神と神の教えに対する侮辱であり、主イエスを誘惑したサタンより罪深い。南部が奴隷制度を維持するなら、全能者の怒りを招くだろう、と。

就任して間もなく南北戦争（1861～65年）が勃発すると、リンカンは、戦争は奴隷制度を容認してきた罪に対する神の裁きであり、その矛先は南部のみならず北部にも向けられているとした。奴隷解放を支持するリンカンとはいえ、具体策に確信をもっているわけではなかった。当初は黒人をアフリカか中南米に送って植民地を建設するとしていたが、黒人たちはそれを望んでいないとわかり撤回した。どうしたら解放後にその境遇を改善できるのか、黒人の経済的平等は実現できるのか、憲法で

ジェファソン・デイビス南部連合大統領

エイブラハム・リンカン大統領

奴隷制度を認めているので廃止はできないため、奴隷を政府が買い上げて解放するのか、などと思案に暮れていたという。

奴隷州15のうち11州がアメリカ連合国（通称、南部連合）を結成して連邦を離脱した。奴隷解放宣言は、1862年9月に予備宣言が、63年1月に本宣言が発せられている。予備宣言では、南部が100日以内に連邦に復帰しなければ奴隷を解放すると軍司令官として通告した。通告が実施されなかったので、1月1日をもって正式に奴隷解放宣言が発せられた。南部連合に参加しなかった奴隷州は除外された。宣言の末尾で「全能の神の慈悲ある恵みを切望する」と記し、リンカンは神の加護を求めている。全面廃止は、65年の憲法修正第13条の成立で実現した。

戦況が北部優位の状態でリンカン大統領は再選され、1865年3月に第2次就任演説を行った。短い演説で聖句をいくつも下敷きにしており、リンカンの信仰を理解する上でも最高傑作の演説と評価されている。「両者

ゲティスバーグ演説中のリンカン大統領

〔南北〕とも同じ聖書を読み、同じ神に祈り、敵を倒すために神の助けを求めています」としながら、その願いは神に届いていないか、神は南北を罰していると断言する。奴隷制度は神の摂理に反するものなので、神は南北にこの恐ろしい戦争を与えたという。この天罰について「主の裁きはまことで、ことごとく正しい」（旧約聖書「詩編」19章10節）と聖句を引用している。神の裁きを受けながらも、演説の結びで今後の進むべき道を示している。「なんぴとにも悪意をいだかず、すべての人に思いやりを示し、神が示したもう正義を固く信じて、未完の事業を完成させるべく努力しようではありませんか。……正当で恒久的な平和をもたらし、育むべく最善を尽くそうではありませんか」（マリオ・M・クオモ／ハロルド・ホルザー編著〈高橋早苗訳〉『リンカン民主主義論集』201頁）と述べ、南部の人々への敵意をもたずに、戦後の統一国家建設を目指すように国民に呼びかけている。

リンカンで忘れてはならないのが、激戦地ゲティスバーグ（ペンシルベニア州）で1863年に行った、わずか2分間の演説である。国立戦没者墓地の開所式で主賓のハーバード大学総長の長い演説の後、簡単な挨拶をしたリンカンは、それまで公式の場で宗教に触れることはあまりなかったが、ここではアメリカの存在価値と神を結びつけ、国家を統合するために宗教による絆の必要性を主張した。「彼らの死を決して無駄にしないことを固く決意すべきであり、神のもとでこの国に自由を復活させるべきなのです。そして、人民の、人民による、人民のための政治をこの世から消滅させてはならないのです」（『リンカン民主主義論集』284〜285頁）と演説を終えた。当初あまり評判はよくなかったが、後に有名になる「神のもと」と「人民の……」などの表現が再評価されるようになり、今日ではアメリカの理想と使命を最も感動的な言葉で表現した演説としての評価が定着している。

## 常に神に感謝の気持ち

リンカンは自らがクリスチャンであるとは一度も公言していないが、その聖書への畏敬の念と理解は、聖職者にも負けないほどといわれる。聖書は神が人間に贈られた最善の贈り物であり、救い主が世界に与えたすべての善はこの書物を通じて与えられたと語っている。大統領に就任してからは、国民を導いて神への感謝の気持ちを表す国家的行事を何度も宣言している。就任して間もなく「謙卑（けんぴ）（ヒューミリエイション）・祈り・断食の日」を設置した。国民が宗教的厳粛さをもってこの日を祝福すること、神の前で自らを卑しくして神の恵みのために祈ることを求めた。謙卑（謙虚、謙遜のきわみなどとも訳される）とは、新約聖書「フィリピの信徒への手紙」にある「キリストは、神の身分でありながら、神と等しい者であることに固執しようとは思わず、かえって自分を無にして、僕（しもべ）の身分になり、人間と同じ者になられました。人間の姿で現れ、へりくだって、死にいたるまで、それも十字架の死にいたるまで従順でした」（2章6～9節）にもとづく。キリストのへりくだり、従順を見習うようパウロが信徒に説いた句といわれ、讃美歌にもなっている。断食は、神への懺悔と悔い改め、神への真摯な祈願を示すとされる。南北戦争中も、祈りと断食はよく行われた。リンカンは「謙卑・断食・祈りの日」宣言のなかで「国を荒廃させている内乱の悲惨さは、われわれの傲慢の罪に対して科せられた罪ではないか」「われわれは神を忘れているのではないか」とも述べている。これは旧約聖書「詩編」の「あなたのしもべを、傲慢の罪から守ってください。それらが私を支配しませんように」（19章13節、ここのみ新改訳を使用。新共同訳は「驕り」）から来ている。

「謙卑・断食・祈りの日」は現代にも生きている。ペンシルベニア州議会では、２０１０年3月に保守派のクリスチャン議員がリンカンのものとほぼ同じ内容の宣言の決議案を提案して物議をかもしたことがある。リンカンは南北戦争のさなかに宣言を発したが、この議員は新型コロナウイルスの世界的な流行のなかで神のご加護を求めようとしたのだろう。そして、「コロナ禍で世界中の人々が多数亡くなっているのは、われわれの傲慢の罪に対して神が科した罰ではないのか」とまで述べている。「謙卑・断食・祈り」を実践することによって州民は慰めを受けるだろうという。疫病を祈りによって治療するという宗教はどこにでもあるが、リンカンの宣言がそれに似たような形で利用されかかったことには故人もさぞ驚いていることだろう。

ピューリタンの時代からアメリカ人が祝っていた感謝祭を国の祝日にしようとする運動があった。編集者のサラ・ジョセファ・ヘイルの説得を受けたリンカンは、１８６４年に11月第４木曜日を公式に感謝祭として定めることを宣言した。その後、他大統領によって変更されたこともあるが、1941年以降、11月第4木曜日が連邦法定休日となっている。毎年第4木曜日の日付が変わるために、大統領はそのつど宣言を発して法定休日としなければならない。

リンカンの大統領としての評価は実に高い。キリスト以来、最も偉大な人物とさえいわれている。南北戦争という国難のなかにあって苦難に苛まれたことから、罪を贖(あがな)ったキリストと比較されることもある。キリストと同じように、リンカンは自身の血でアメリカを清め、南北の人々に和解をもたらしたからだろうか。とはいえ、リンカンの黒人観はそうしたリンカン像からは想像できないほど冷たいものがある。独立宣言にもあるように、リンカンは白人と黒人の平等を理念として認めているが、両者は同等ではないというのだ。たとえば、肌の色、道徳や知性といった資質が異なっている。そうした身体的な違いがある限り、両者が政治的、社会的に平等な関係で共存するのは難しいという。前述したように、リンカンは当初黒人をアフリカなどに移住させるという案をもっていた。この発想は、神のような存在とされた人物も、白人と黒人の身体的相違を克服できずに、両者は平等でも離れて暮らしたほうが都合がよいという考えにつながった。つまり、その後の南部の「分離すれども平等」という悪しき人種差別思想から訣別できなかったというべきだろう。

## 南北戦争は宗教戦争か

南部と北部の聖職者は同じ聖書を読みながら、奴隷制に関して異なる解釈をしていた。聖書で奴隷を認めている語句はいくつかある。南部の奴隷制度擁護を強く主張した人のなかには聖職者が含まれ、奴隷制度は神の認める善とまで主張したこともある。彼らが根拠とした聖句の代表的なものとしては、旧約聖書「創世記」の「カナンは呪われよ。奴隷の奴隷となり、兄たちに仕えよ」（9章25節）と、同「レビ記」の「あなたの男女の奴隷が、周辺の国々から得た者である場合は、それを奴隷として買うことができる。……それを財産とすることもできる」（25章44～45節）などがある。これらを背景に、南部はこう主張する。クリスチャンではなく、自分たちと異なる人種の人々ならば、奴隷として売買したり、所有したりしてもよいと聖書に書いてある。イエス・キリストも、奴隷制度をひとことも非難していない。奴隷制度が悪ならば、イエスはそう述べているはずだ、と。

こうした主張に対して北部の聖職者は反論する。イエスの最も重要な教えは、新約聖書「マタイによる福音書」にあるように「心を尽くし、……あなたの神である主を愛しなさい。……隣人を自分のように愛しなさい」（22章37～39節）である。イエスが必ずしも具体的に奴隷制度反対を明示しなくても、イエスの教えが奴隷制度を容認していないことは明らかである。クリスチャンが隣人を財産の一部として奴隷にすることは、自分と同じように隣人を愛せよという教えと矛盾している。

南部は再反論する。奴隷を隣人のように愛することは、現実生活ではできない。奴隷の黒人に善を施し、文明に触れさせる努力をしている。黒人は奴隷として白人に仕えるように創造されたのであり、黒人を解放して他のことをさせるのは神の意志に反するとまで主張する。こういう主張を教会で説教として聞いていた南部の敬虔なクリスチャンは、自分が奴隷を所有することは罪ではないと信じることができたのだろう。

南北戦争には、両軍とも大量の従軍チャプレンを動員した。兵士の戦闘意欲を高めて維持するには、チャプレンの存在は欠かせない。独立戦争期にもチャプレンはいたが少数であった。南部は1861年5月にはチャプレン制度を法制化し、大統領が任命した。北部は数カ月遅れて実施した。チャプレンは北軍に約2400人、南軍に1300人が配属された。南軍は数の上では少なかったが、戦争中に15万人が洗礼を受け、なんと10万人が回心したという。1890年には教会や教会員の数が戦前の2倍になったほど、戦争中と戦後の期間に宗教意識は高まった。北部でも10万人が回心したとされる。

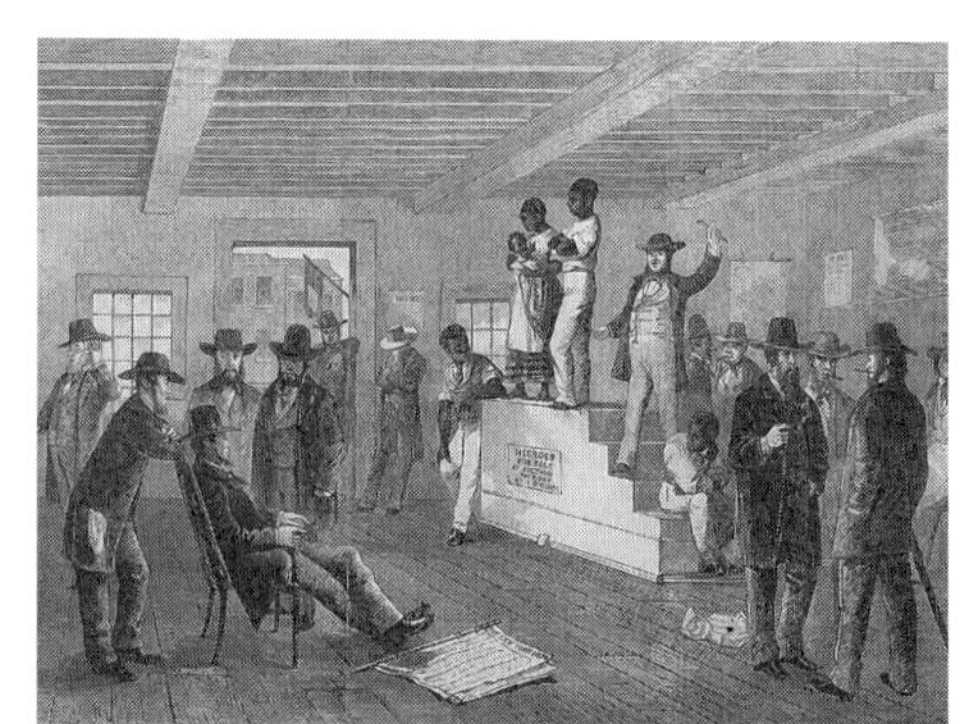

バージニア州での奴隷売買会場

南北戦争の宗教的成果の一つは、南部の黒人クリスチャンが白人教会を離脱して、自らの教会組織を結成したことだ。黒人奴隷は主人の所属するバプティスト教会の礼拝に出席する人も多かった。出席といっても、白人とは別の席である。南部の国教会といわれた南部バプティスト教会（1845年創立）は、奴隷制度をめぐって南北に分裂した。

III

# 宗教大国アメリカの諸相

# 20

# スコープス裁判（モンキー裁判）と反進化論

★今日も続く創造論対進化論の対立①★

## 南北分裂から創造論・進化論の分裂へ

19世紀末、ヨーロッパから聖書に関する新しい思想、つまり聖書の世界観を時には否定的にとらえるような近代主義者（モダニスト）の考えがアメリカに入ってきた。聖書の記述をありのままに信じてきたアメリカの神学者や一般信者は、恐怖を感じるようになった。自分たちの聖書観が侵食されるのではないかという危機感を抱いた保守的な聖職者たちは、聖書の根本的な教義を守るために立ち上がったことから、一般的に根本主義者（ファンダメンタリスト）と呼ばれるようになった。ファンダメンタリストは聖書の言葉をすべて正しいと信じることが原則であり、具体的には次の5つの原則を信じて疑わない。①聖書の無謬性、②キリストの処女懐胎、③十字架によるキリストの代償的贖罪、④キリストの復活、⑤キリストの奇跡の真正性である。

20世紀初めにアメリカの教科書に進化論（生物進化論）が取り上げられるようになると、ファンダメンタリストは大きな危機感を抱き、社会に向かって主張し始めた。ファンダメンタリストらの宗教保守派は、創造論（天地創造説、創世記に記されているように、生物は6日間に創造され、現在まで変化していないと考える）

を維持するため、一番手っ取り早い戦術として、公立学校の生徒にヒトの起源について聖書とは異なることを教える進化論の授業を禁止しようとした。アメリカでの最初の反進化論州法は１９２３年にオクラホマ州で成立し、ヒトの進化について教えることを禁止した。25年にはテネシー州で反進化論法（通称バトラー法）が成立した。これも教育界での反進化論を象徴する法律で、聖書の説明する神による人間の創造を否定する理論や、人間は下等な動物に由来したなどと教えることを禁止したものだ。これに対して北部のリベラル派は裁判で対抗することになった。

## スコープス裁判（モンキー裁判）で強まった反進化論

被告になったジョン・T・スコープス（右）

バトラー法の合憲性を裁判で争うために、アメリカ自由人権協会（ＡＣＬＵ）支援の下で、テネシー州デイトンの高校にフットボール・コーチとして赴任したばかりのジョン・T・スコープス（24歳）が、生物進化論を教えたことにして意図的に逮捕された（裁判後に本当は教えていないと証言している）。こうして始まったスコープス裁判では罰金１００ドル（今日では約１４６０ドルに相当する）の有罪となった。裁判はその後、州最高裁での控訴審

全米から小さな町デイトン（テネシー州）の裁判所に人々が傍聴に来た。

で一審判決が破棄され、控訴も無効とされた。１００ドルの罰金刑が陪審員の勧告を経ていなかったので州法に違反しているというのが理由である。ＡＣＬＵとしては連邦最高裁に事件を持ち込む計画だったが、控訴無効で断念せざるを得なかった。反進化論州法の違憲性は立証できなかったが、新聞・雑誌やラジオの大規模な報道によって、反進化論の州法の愚かさが全米に広まったことで、反進化論の創造論運動はかなり影響を受けたともいわれる。人間とサルは起源は同じか否かも話題になったことから、モンキー裁判などともいわれた。

マスコミの論調では反進化論の愚かさが強調されたものの、南部では創造論を守る風潮が強かったので、裁判の翌年26年にはミシシッピとアーカンソーの両州で反進化論法が成立した。議会で否決されるケースもあったが、南部では進化論教育が制限され、教員も保護者も進化論を載せていない教科書を選ぶ傾向が続いた。

スコープス裁判からおよそ30年間は休戦状態にあったが、チャールズ・ダーウィンの『種の起源』１００年祭のころから進化論側が動き出し、教育界で論争が再燃した。ＡＣＬＵは１９６５年、全米教育連盟（ＮＥＡ、公立の教職員労組、アメリカ最大の労組）のアーカンソー州支部（ＡＥＡ）とともにアーカンソー州の反進化論法に挑戦した。今回はリトルロックの若い新任の生物教員スーザン・エッパーソン（24歳）を支援する形で参加した。

アーカンソー州の反進化論法は、公立学校や公立大学でヒトの進化を教えることを禁止していた。しかし、リトルロック高校の採用した1965年度の生物の教科書には、ダーウィンと進化論が取り上げられていた。もし進化論を教えれば、解雇か罰金を科せられる犯罪行為となる。そこでAEAらは反進化論法の無効を訴える裁判を起こすために、エッパーソンを説得して原告になってもらった。人選にあたっては、科学を信じる熱心なクリスチャンの生物教員であることが条件であったが、エッパーソンは条件にぴったりだったからだ。

1966年に始まった裁判（エッパーソン対アーカンソー州事件）は、最終的には68年に連邦最高裁で原告が勝訴した。最高裁は、反進化論法が特定の宗教教義に反する理論を禁止するのは合衆国憲法修正第1条の政教分離の原則に反する、との判断を下した。修正第1条は宗教に関しては「国教の樹立の禁止」と「信教の自由の保障」という二つの条項が含まれていて、ここでは国教の樹立の禁止条項に反するとされた。その背景には、62年に連邦最高裁が公立学校での礼拝を禁止したこともある（エンゲル対ビターレ事件判決）。公立学校は宗教的に中立であることが求められていたのである。エッパーソン対アーカンソー州事件判決の結果、すべての州の反進化論法が廃止されることになった。判決後には、エッパーソンは夫ともに、友人の仲介でスコープス夫妻と会食したという後日談もある。

# 21

# 「創造科学」という新しい創造論の提案

★今日も続く創造論対進化論の対立②★

## 神学と科学の融合

１９５０年代後半から、アメリカではソ連に対抗するために科学教育の向上が叫ばれるようになった。進化論を教科書に掲載するのに消極的な傾向があったのだが、積極的に掲載するように流れが変わった。これに対して反進化論派による新しい創造論運動では、創造論を科学として学校で教えられるようにと「創造科学」を考えだした。神学と科学の融合を目指したのだ。彼らは旧約聖書「創世記」の記述を否定できないので、地球の歴史をそれに合わせて変えざるを得ない。一般的には地球の誕生は約46億年前といわれるが、これを1万年前以降とする科学的根拠があると主張し、生物の進化などはありえないとする。このヤング・アース派（若い地球派）によると、紀元前４０００〜８０００年の間に、宇宙は何もないところから6日間で創造されたと考える。次に、紀元前３０００年ころから洪水などの天変地異が起こり、その時に地中に埋められた生物が化石となったと主張する。したがって、地球の歴史は浅く、創造以前に生物は存在せず、創造以後に生物の進化はない、ヒトとサルの由来は別であるという。一見すると、聖書から離れているようにみえるが、科学的装いをしながらも創世記の教義を守っているのである。

新しい創造論を考案した保守的クリスチャンたちは、進化論が科学として学校で教えられているなら、新創造論も科学として同等なので、教室で同じ時間だけ生徒が「創造科学」として勉強してもよいはずだと主張して、南部のいくつかの州とカリフォルニア州で公立学校のカリキュラム改革運動を始めた。この運動は「授業時間均等化」と呼ばれた。反進化論裁判を戦ってきたアメリカ自由人権協会（ACLU）はすぐさま提訴、南部の州などで裁判闘争が広がった。1987年にはルイジアナ州の授業時間均等法について、連邦最高裁の違憲判決を勝ち取った。進化論は科学だが、創造論は特定の宗教にもとづいたドグマであり、公立学校の科学の時間にそれを教えることは、合衆国憲法修正第1条に違反すると判断した。

## 「インテリジェント・デザイン論」から有神論的進化論へ

反進化論派は、教室での祈りの禁止に続き、反進化論法と創造科学での敗北にもめげず、創造論に代わって「インテリジェント・デザイン」という意味不明の表現を使って、聖書の言葉を使わないで創造を説明しようとした。創造論をいくら工夫しても科学ではなく宗教的ドグマだと裁判で決めつけられて窮地に陥ったが、最後に行き着いたのは聖書に触れずに創造を説明することだった。1987年のエドワード対アギラード事件判決後はいっそう緻密な理論を構築した。聖書には触れず、創造科学で提唱したヤング・アース説やノアの大洪水にも触れない、一部では進化論さえ認める斬新な理論である。進化のプロセスには知的なデザイン、つまりなんらかの偉大な知性による構想や設計・意図

創造論派にとってダーウィンの進化論は受け入れられない。ダーウィンを猿人に戯画化した絵。

が働いているとした。これを科学的に証明しようとする理論が「インテリジェント・デザイン論」（ＩＤ論）と呼ばれる。

その基本となっているのが、生命の起源を自然の原因によって説明することは現在のところ不可能であり、また物質とエネルギーが何ものにも導かれることなく生命システムを組成することはありえないという考えである。ＩＤ論には神は登場しないが、宇宙や生命を設計し創造したとされる「偉大な知性」が「神」と解釈できる。創造の行為がどうして起こったかは、神という言葉が使えないので不可知論（一般的に究極的実在や神といったものは人知では知りえないとする立場）の立場を取り、地球上の生命は高度な知性をもった地球外生物によって生み出されるという説も紹介される。

ＩＤ論を学校で教えられるようにする運動は、テキサス州やカリフォルニア州の宗教保守派の団体によって進められたが、２０００年代初めにペンシルベニア州のドーバー学区で具体化した。進化論を教えるときにはＩＤ論について解説する文章を音読することを義務づけたのだ。これに対して10人以上の保護者が、ＡＣＬＵなどの支援を得て、ＩＤ論は創造論であり、それを教師に強制するのは違憲であると提訴した。05年の連邦地裁判決は、ＩＤ論は特定の宗教の促進を禁止する憲法修正第１条に違反する、ＩＤ論は科学ではなく、創造論と切り離すことはできない、したがって宗教的な原形を保っているので公立学校で教えることはできないとした。また、教師に科学的な進化論を否定することを強要してＩＤ論を教えさせることはできない、ＩＤ論は永久にドーバー学区から追放されなければならないとした。教育委員会のＩＤ論派の全員が裁判中に教育委員の選挙で落選し、反ＩＤ論派に入れ替わったため、地裁判決の控訴はなかった。

ＩＤ論派のなかには少数ながら穏健派がいて、ヒトとサルが共通の祖先をもつという考えを受容れる人もいれば、有神論的進化論を支持する人もいる。有神論的進化論とは、進化論を認めつつも、進化の過程は神によって導かれたという考え方だ。

カトリックの考え方はローマ教皇によって多少の違いがあるが、原則としてＩＤ論を受け入れていない。進化論については、部分的に認めた教皇もいれば、進化論はすべてに答えていないが信仰と共存できるとした人もいる。神は生物を自然の法則に従って進化できるように創造したとする教皇もいる。つまり、生物学的な意味でのヒトは進化の過程で生まれたとしても、それを導き、魂を創造して人間たらしめたのは神であるということになる。有神論的進化論とほぼ同じである。

コラム5

## 4割の人が進化論を信じない科学大国アメリカ

敬虔なクリスチャンで聖書を生活の糧とする人々が、聖書の記述を科学的に証明しようとしている国で、創造論が根強く残っていることは十分に想像できる。２０１９年ギャラップ調査によると40％のアメリカ人が進化論を否定しているのだ。１９８０年代初めからみると、47％から38％まで10ポイント近い変化がある。進化論を認めるも、進化の過程には神の導きがあるとする有神論的進化論支持者が33％で、ここ30年間余り、大した変化は見られない。着実に伸びているのが自然選択（自然淘汰ともいう）による進化論の支持者で、９％から22％へと約2・5倍も増えている。

調査機関と時期による違いもある。２０１９年ピュー調査によると、10人のうち８人が人間やその他の生き物は時代を経て進化してきたと認めるが、そのうちの48％が進化の途中で神あるいは大いなる力の導きがあったと信じる。進化を信じる人は33％である。同機関の13年調査では、10人のうち６人が人間などの進化を認めるが、神あるいは至高の存在が進化を導き、今日存在するような形に人間を創造したとする。自然選択による進化論支持は33％だった。13年ハリス調査では、創造論支持36％、進化論支持47％だった。

宗派・教派別の違いを19年ピュー調査でみると、白人プロテスタント主流教会派では進化論の支持30％、神の導き53％、創造論16％、白人福音派では進化論４％、神の導き53％、創造論38％、黒人プロテスタントは進化論６％（14年ピュー調査では17％）、神の導き66％、創造論27％、カトリックでは進化論30％、神の導き56％、創造論13％となっている。

## コラム５

# ４割の人が進化論を信じない科学大国アメリカ

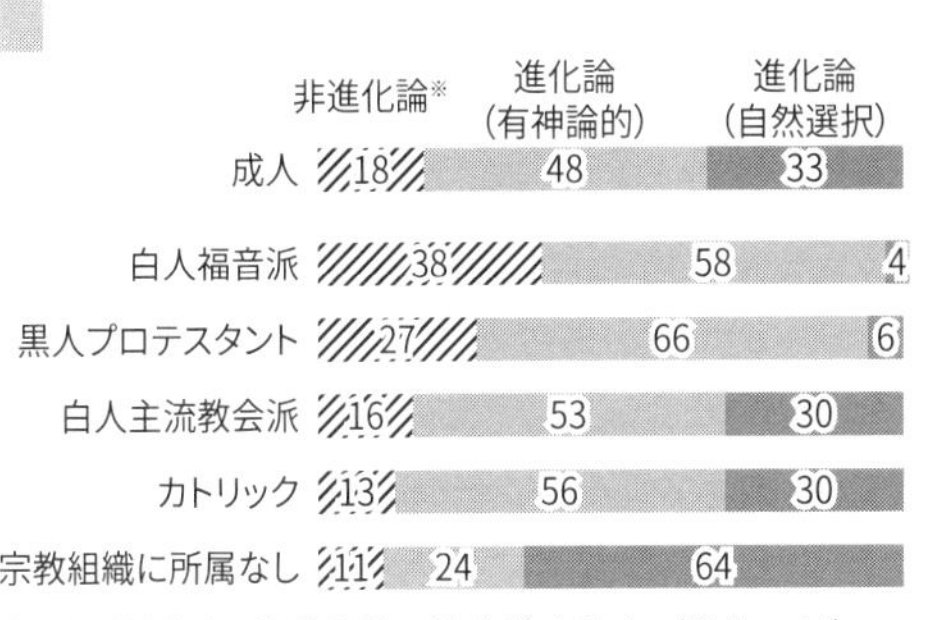


宗派・教派別の非進化論・進化論支持率（単位：％）
※「人は今日の姿でずっと存在してきた」とする立場。
（出典：2018年ピュー調査）

学歴別ではどうなっているか。19年ギャラップ調査でみると、非大卒者の創造論支持は48％とかなり高く、大卒者23％の2倍である。神の導きは30％対40％だが、進化論は16％対33％でかなりの開きがある。

ヨーロッパではどうなっているのか。チャールズ・ダーウィンが誕生したイギリスの最新調査では、進化論支持は71％、創造論はわずか9％である（２０１７年ユーガブ調査）。10年ほど前では進化論支持48％、創造論22％（06年ＢＢＣ調査）だったので、世俗化が急速に進んだということだろう。ヨーロッパ主要国の平均では進化論支持40％、創造論20％、有神論的進化論21％となっており、創造論支持が一番高いスイスでも21・８％にすぎず、かなり進化論が強い（02年ＩＨＡ－ＧｆＫ調査）。東欧・中欧は社会主義国であったこともあり、圧倒的に進化論支持が強く、最高のチェコは83％、最低のアルメニアでさえ34％である（19年ピュー調査）。世界におけるアメリカの科学大国としての地位は揺るぎないとはいえ、宗教面では他の先進国とは比較できないほどの保守性が残っている不思議な国である。ときに宗教大国とさえ表現されることがあるほどである。

# 22

# テーマパーク化した創造論

★今日も続く創造論対進化論の対立③★

## 「博物館」で生命の誕生を展示

アメリカ人の宗教心が人口動態の変化や時代の変化によって、少しずつ弱まりつつあるのは否定できないが、進化論と創造論の対立は厳然として存在する。反進化論派は、公立学校のカリキュラムで聖書について直接教えることはできないので、なんとか創造論を理科や生物の授業に取り入れて生徒に教えたいと努力してきたが、創造科学論もインテリジェント・デザイン論も違憲判決を受けてしまった（私立校は判決に影響されない）。信仰心の篤い保守的クリスチャンは学校以外の場所で教えるために博物館などを建設した。近年では、ディズニーランドの展示技術を取り入れたテーマパークさえ出現している。大人も子どもも、クリスチャンも非クリスチャンも、展示物を通して楽しみながら聖書の世界を学べるという。その代表的なものを紹介する。

**創造・地球の歴史博物館　1992年（カリフォルニア州）**

創造科学の父といわれるヘンリー・モリスらが、創造科学を公立学校のカリキュラムに組み込むための運動基地として創設した創造調査研究所（ＩＣＲ、１９７２年創設）が母体となり、92年にカリフォルニア州サンティーの研究所内にオープンした。建物はノアの箱舟を思わせる。地球が聖書の記述どおりに創造されたことを示す展示が主となっている。洪水、氷河時代、バベルの塔などを学ぶ。地球とその生命は６０００年から1万年前に6日間で突然創造されたという。展示の最後には、キリスト紹介のなかで再臨が近いことも示されている。この博物館は、ＩＣＲが２００７年にテキサス州ダラスに移転する際に売却された。

**創造博物館　２００７年（ケンタッキー州）**

保守的なキリスト教団体の「アンサーズ・イン・ジェネシス（答えは「創世記」に）」が、２００７年にケンタッキー州ピーターズバーグに設立した。宇宙の成立や生物の誕生を旧約聖書「創世記」にもとづいて説明しようというもの。一番奇妙なのは、恐竜がアダムとエバ（イブ）のエデンの園で生息している展示である。一般的には地球は約46億年前に誕生したとされているが、ここでは６０００年前と説明されている。いわゆるヤング・アース論だ。ノアの大洪水は４３００年前に起こり、グランドキャニオンなどがつくられたという。

総工費33億円をかけて、フロリダ州のユニバーサルスタジオのスタッフが製作した本物のように動いて声を出す巨大な恐竜のレプリカをはじめとした展示物、座席が動いたり匂いや水しぶきをあげたりしてノアの洪水を体感できる特殊効果を駆使した４Ｄシアターなど、まるでテーマパークに来たような楽しみ方ができる。２０１８年までには来場者が３５０万人にも上ったという。

## 箱舟との遭遇館　2016年（ケンタッキー州）

創造博物館と同じく、保守的なキリスト教団体「アンサーズ・イン・ジェネシス」が、2016年にケンタッキー州ウィリアムズタウンに設立した。「創世記」6章にあるノアの箱舟の実物大を模した建物で、長さ155メートル、幅26メートル、高さ16メートルという世界最大級の木造建築となっている。総工費110億ドル、最初の1年間で160万人が来場したという大規模なテーマパークである。館内では、ノアとその家族、収容された動物（恐竜も含む）などが船内でどう過ごしたかに関する展示やアトラクションがある。

館内は3つの階からなり、各階の高さは5・5メートルで、全体で132区画の展示スペースがある。2階には恐竜をはじめ多くの動物の模型が展示してある。3階では、大洪水の最中にどんなことが起こっていたかを示す展示がある。ノアがどのように7000もの動物や鳥を箱舟で世話したかをはじめ、ノアの箱舟が事実であることを科学的に説明しようとしている。展示物のなかには、聖書博物館の創設者であるグリーン家のコレクションがある。ちなみに、三重県四日市市にも、アンサーズ・イン・ジェネシスから寄贈された化石などを展示するノアの箱船記念館がある。

箱舟との遭遇館（Cimerondagert, CC BY-SA 4.0, via Wikimedia Commons）

### ICR科学と地球の歴史発見センター　2019年（テキサス州）

創造調査研究所（ICR）がカリフォルニア州サンティーで設立した創造・地球の歴史博物館を処分して、さらに高度の施設をつくるためにテキサス州ダラスに最先端技術の粋を集めた展示館を建設した。プラネタリウム、3D（立体映像）による展示物、動いて声を出す実物大の恐竜、ノアの洪水を説明するグランドキャニオン、氷河期のマンモス、ホログラム（光線をあてて立体像を再現する）を利用したイエス・キリスト再臨の立体的展示などによって、聖書の記述が科学的であり、聖書と科学が共存できることを訴えている。

恐竜などの動物模型は、アニマトロニクス、つまり動物や人間の動きをするロボットを電子工学で制御する技術によって、本物のようにみえる。大洪水の跡を示すグランドキャニオンの模型も、正確な縮尺でデザインされている。大洪水の後、地球の環境が大きく変わり氷河期が来たとされる。「創世記」には氷河期が来たという記述はないが、ヤング・アース論によりこれを聖書的に説明しようとする氷河期劇場がある。マンモスの模型だけでなく、ビデオによる解説もある。

創造論者のヤング・アース派は、ノアの箱舟に乗っていたとされる動物のうちで恐竜とマンモス（ケナガマンモス）を自説の正統性を示すために利用するのが好きのようだ。聖書には恐竜という言葉はないが、それが含むと思われる大型動物は登場しているという。恐竜が大洪水の後に死滅したとするヤング・アース派は、新たな化石の発見などによって、人間が恐竜と同じ時代にいたという科学的証拠を説明できると主張する。マンモスは、ノアの洪水の後に来たとされる氷河期が終わるころに突然凍死したという。シベリアの永久凍土などでマンモスの死体が発見されているが、胃の中身などから判断して、突然死が起こったと、この展示館の科学者は考えている。

## 聖書博物館　２０１７年（首都ワシントン）

　これまで紹介した博物館などの展示施設は、教室で創造論を教えることができないので、テーマパークの娯楽的要素などを取り入れて、創世記の述べている自然の形成や生物の誕生、その後の変化などを可能な限り科学的な装いを施して展示している。敬虔なクリスチャンとその子どもたちに聖書の記述の正しさを理解してもらう、しかも楽しみながら理解してもらうことが展示の中心になっている。一方、この聖書博物館は首都ワシントンの中心地にあるナショナル・モールのすぐ近くにあり、テーマパークの娯楽施設とは違って、いわゆる博物館となっている。設立者は富裕な実業家として有名なスティーブ／ジャッキー・グリーン夫妻。芸術品・工芸品・趣味教室のチェーン店として知られるホビー・ロビーの経営者である。

　グリーン夫妻を一躍有名にしたのは、医療保険改革法（オバマケア）が雇用主に求めていた避妊薬の保険提供義務を連邦最高裁で除外させたことだ（２０１５年）。福音派のクリスチャンであるグリーン夫妻は、信教の自由に反するとして、宗教的理由から避妊薬を保険適用から除外するよう求めていたのが認められたのだ。最高裁は、従業員の少ない同族企業や株式の非公開企業に限り、信仰上の理由で適用除外ができると判断を下した。オバマケアは当初から、避妊を禁止しているカトリック教会などの宗教団体に限り、避妊を保険の適用対象からはずしていた。

　総工費５３０億円といわれる８階建ての館内には劇場ホールのほか、聖書に関連する４万点以上の貴重な資料が展示されている。粘土板からデジタル版まで、あらゆる聖書が世界中から集められている。とくにマルティン・ルターの聖書、欽定訳（ジェームズ王訳）聖書など、歴史的価値の高い聖書や古文書が数千点はあるとされる。設立の趣旨は、文学、美術から建築、教育、科学までの世界文化と現代文明に対して聖書が与えてきた影響を探るとなっている。壮大な目標である。それだけに文化的に価値の高い歴史的展示物があるが、盗品や偽物が発見されて問題になったことがある。中世の福音書の筆写本が盗品とわかり、本来の所有者アテネ大学に返還されることになった。また、１８００年前に書かれたとされるヘブライ語の聖書からなる死海文書16点の断片が、すべて偽物であることも判明した。密輸品と指摘された展示物が数千点もあり、司法省から高額の罰金を科されたこともあった。

聖書博物館（Farragutful, CC BY-SA 4.0, via Wikimedia Commons）

聖書博物館の展示物（Fishermade, CC BY-SA 4.0, via Wikimedia Commons）

設立者によると、展示内容は特定の宗派・教派に属さないものとしているが、福音派の傾向が強いことが指摘されている。グリーン家が創造博物館、箱舟との遭遇館などに展示物の提供や財政支援をしていることからも明らかである。グリーン夫妻は、何よりも「繁栄の福音（プロスペリティ・ゴスペル）」（健康と富の福音ともいわれる）の提唱者としても有名で、福音派のリーダーにもなっている。これは、永遠の命だけではなく、今生きている世界で経済的福音や健康面での祝福といった現世の利益も神の恵みによって与えられている、とする信仰である。

旧約聖書「申命記」（7章12〜14節）では、神に従うことによって物質的繁栄が約束されるとあるのだが、繁栄の福音は多くの場合、過度の献金を求めるため、健全な信仰を育てる立場にある教会の活動を妨げ、永遠の救いという信仰の本質から人間を遠ざける可能性があるとして批判もある。繁栄の福音を実践する6団体が2011年に不正財務を指摘され、連邦議会の調査を受けたこともある。これら免税団体は、信者からの多額の献金で飛行機や豪邸、宝石などを購入し、贅沢三昧の生活をしていた。多額の献金をすればあなた自身も繁栄すると教えられた信者から訴えられたのは当然の成り行きである。敬虔なクリスチャンには信じがたい事件である。なぜなら、新約聖書「マタイによる福音書」の6章24節では、神と富の両方に仕えることはできないと述べているし、19章24節では「金持ちが神の国に入るよりも、らくだが針の穴を通る方がまだ易しい」と述べているからだ。こうした教えを心の糧としている人にとっては、繁栄の福音は納得しがたいのである。

# 23

# ホーム・スクーリング

★公教育に否定的な宗教保守派①★

## 親が自宅で子どもに教える

歴史的に見るなら、アメリカの学校は聖書を読むための施設といってもよいものだったので、教室から宗教を追い出すことはそもそも無理があるという意見がある。しかし、政教分離の原則によって1960年代に公立学校で祈りが禁止された（エンゲル対ビターレ事件判決）、翌年には聖書の朗読も違憲とされた（アビントン対シェンプ事件判決）。その一方で、19世紀末から教室で実施されているアメリカ国家と国旗に対する忠誠の誓いは、「神の下の……国家に忠誠を誓う」という文言を含むのに今日まで生き残っている。信仰心の篤いクリスチャンの親たちは、神を追い出した学校では子どもを教育させたくないとして「ホーム・スクーリング」をしたり、自分たちの目標を実現するために「チャーター・スクール」をつくったり、キリスト教系の学校へ転校させることができる「教育バウチャー（クーポン）」を立案したり、違憲判決の出ないような制度をつくってきた。こうした多様な教育方法を確保するのを「スクール・チョイス（学校選択）」というが、その支持率は7割を超えている（2022年リアルクリアポリティクス調査）。近年では、紙幣や硬貨にも記されている国のモットー「われわれは神を信じる」や、聖句「十戒」を校内に掲示させる州も現れている。十戒の掲示はかつて違憲とされたことがある。

学校で宗教的な教育をしてくれないなら家庭で教えるという親がいても当然である。聖書でも親に子どもを教育するよう求めている。「今日わたしが命じるこれらの言葉を心に留め、子供たちに繰り返し教え……語り聞かせなさい」（旧約聖書「申命記」6章6〜7節）。子どもに対しても「わが子よ、父の諭しに聞き従え。母の教えをおろそかにするな」（旧約聖書「箴言」1章8節）と命じている。そのほか、教育の原点が親と家庭にあることを示す聖句はいくつもある。

台所で母親から洗剤などの表示について学ぶ少女（Jason Kasper from Harrisburg, USA, CC BY-SA 2.0, via Wikimedia Commons）

アメリカでは全州でホーム・スクーリングが認められており、今日ではおよそ500万人の子どもが参加しているという。小・中・高のすべてが対象になっており、州や地方自治体のさまざま規則のもとで運営されている。もちろん大学にも進学できる。ホーム・スクーリングをしている親がすべて信仰心の篤い人ではないが、教会に所属する人や政治的に保守的な人が多い。

1983年以来、ホーム・スクーリングの運動を進めてきた全米最大の教育団体「ホーム・スクール法律擁護協会」（HSLDA）の創設者マイケル・ファリスは、宗教右派の団体の幹部として有名な人物である。HSLDAは10万世帯を会員として擁し、多くの教材を提供している。この他にも、信

ホーム・スクーリングを卒業した者が進学するパトリック・ヘンリー大学（バージニア州パーセルビル）(DebateLord, CC BY-SA 2.5, via Wikimedia Commons)

仰にもとづくホーム・スクーリングを指導する宗教系の団体まである。ファリスはまた、ホーム・スクールの卒業者が進学できるパトリック・ヘンリー大学を２０００年に創立し、神の国アメリカを建設するためのクリスチャン戦士を育てる、徹底したキリスト教教育を施している。ブッシュ（子）政権のホワイトハウス・インターンに学生を何人も派遣して話題になった。ファリスはさらに、ＬＧＢＴＱ（第33章を参照）攻撃の急先鋒となっている宗教右派シンクタンクの「自由防衛同盟」（ＡＦＤ）を１９９３年に立ち上げている。とくに近年、州議会で反トランスジェンダー立法を主導している団体として有名である。

## 全米で広く実施されている

ホーム・スクーリングは、１９６０年代、70年代に公教育に不満をもつ人々が始めたスクール・チョイス運動の一つだ。その背景には学力低下、校内暴力など教育環境の悪化があった。「連邦教育省全米教育統計センター」（ＮＣＥＳ）の２０１７年調査によると、親がホーム・スクーリングを選んだ理由は、①学校の安全への不安（暴力や薬物）、②道徳教育の強化、③教育指導の不満、④宗教的教えの実施の順に多い。しかし２０２０年以降、新型コロナウイルスの感染拡大で学校閉鎖や休校、遠隔授業が広まるに従い、家庭での教育を選ぶ親が急増した。すべての就学年齢（一般的にはＫ－12、幼稚園1年と小・中・高12年の合計13年間を指す）のホーム・スクーリング割合は、2019年の5％から翌20年には10％と倍増している（2020年ギャラップ調査）。NCES調査では、ホーム・スクーリングに関する人種的分布は、白人が70％、ヒスパニック15％、黒人8％、アジア系4％、親の学歴では専門学校卒30％、大卒24％、高卒20％となっている。

民間調査機関の「全米家庭教育調査研究所」（NHERI）の2021年発表によると、500万人の子どもが家庭で教育を受けている。インターネットの政治サイトであるリアルクリアポリティクスの22年調査によると、40％の世帯がホーム・スクーリングやバーチャル・スクーリング（一種のオンライン教育）を考慮中だという。通学による公立学校はすべてが無料だが、ホーム・スクーリングなどは教材など自己負担である。それなのに、白人よりも黒人、ヒスパニック、アジア系のほうが希望者の割合が多いのは、宗教的理由ではなく、人種差別の増加への配慮があるようだ。

全米50州で実施されているユニークな教育制度とはいうものの、州によってはほとんど放任というところもあり、一定の規則は必要という意見もある。親の支配権の強調、女性の服従、子どもの孤独、人種分離、白人優越主義といった批判があることも確かだ。ホーム・スクーリングは、学力の向上などの積極的な側面があることも認められているが、何よりも公教育が強調している公民教育が十分に行われていないので、ますます多様性を求めるアメリカの民主主義にとって、マイナスの側面もあるのではないかという指摘もある。

# 24

# チャーター・スクールと教育バウチャー

★公教育に否定的な宗教保守派②★

## 保護者などが自由に設立するチャーター・スクール

自分のコミュニティにある公立学校の環境がよくないので、保護者、教員、団体、企業（営利目的のエジソン・ラーニング社が有名。30州以上で500校近くを「経営」している）などが新しい公立学校をつくるという制度だ。1991年にミネソタ州セントポールで初めて認可された制度で、学校を中退した生徒を対象にしたもの。今日では44州で実施されている。特定のカリキュラムをもった学校を州の公費で運営するので、設置者は教育行政を管轄する役所に申請をして認可（チャーター）を受ける一種の公立学校である。教育成果を定期的に報告し、一定の成果をあげないと認可を取り消される。校舎などの施設は設置者が用意するが、補助金制度も州によってはある。

連邦教育省全米教育統計センター（NCES）の2020年調査によると、チャーター・スクール数は2000年の2000校弱から18年7400校へ、生徒数は45万から330万へと急増している。全米の公立学校数に占める比率では2%から7・5%へと3倍以上も増加している。生徒の人種比率はヒスパニック33%、白人32%、黒人26%である。チャーター・

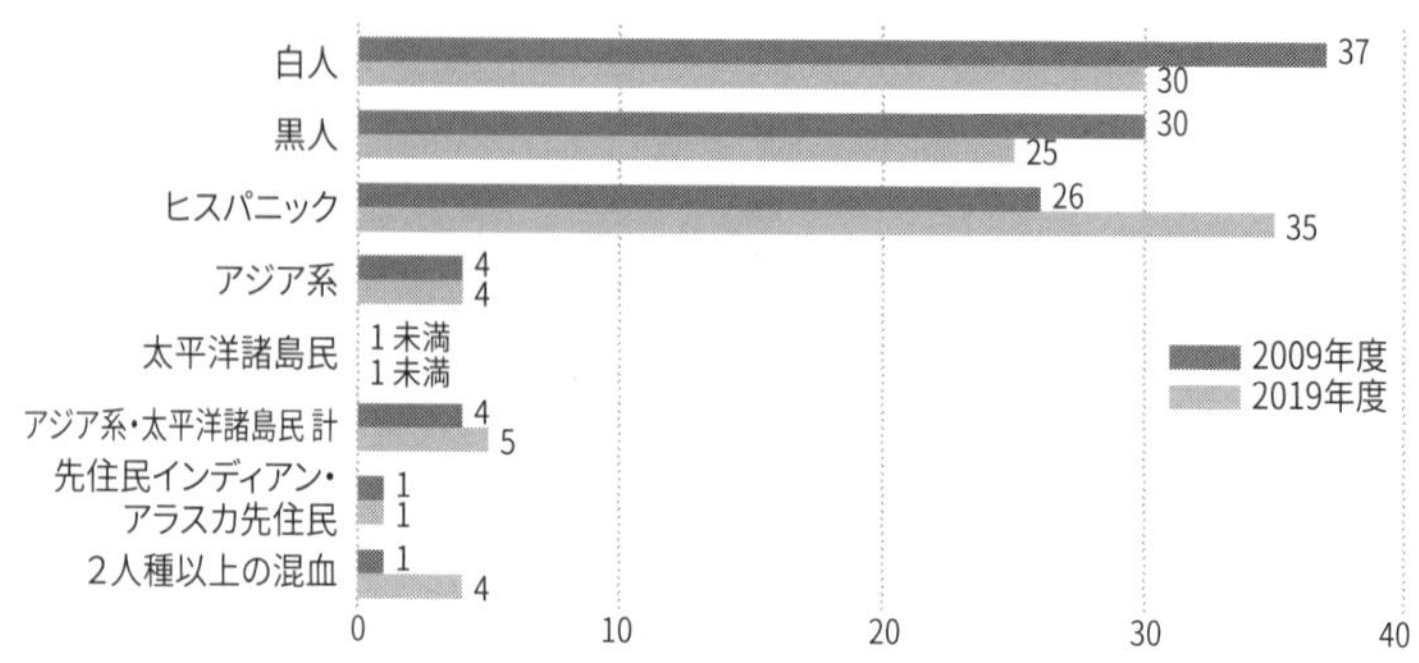


民族・人種別チャーター・スクール在籍者数の変化（単位：%）
（出典：連邦教育省全米教育統計センター）

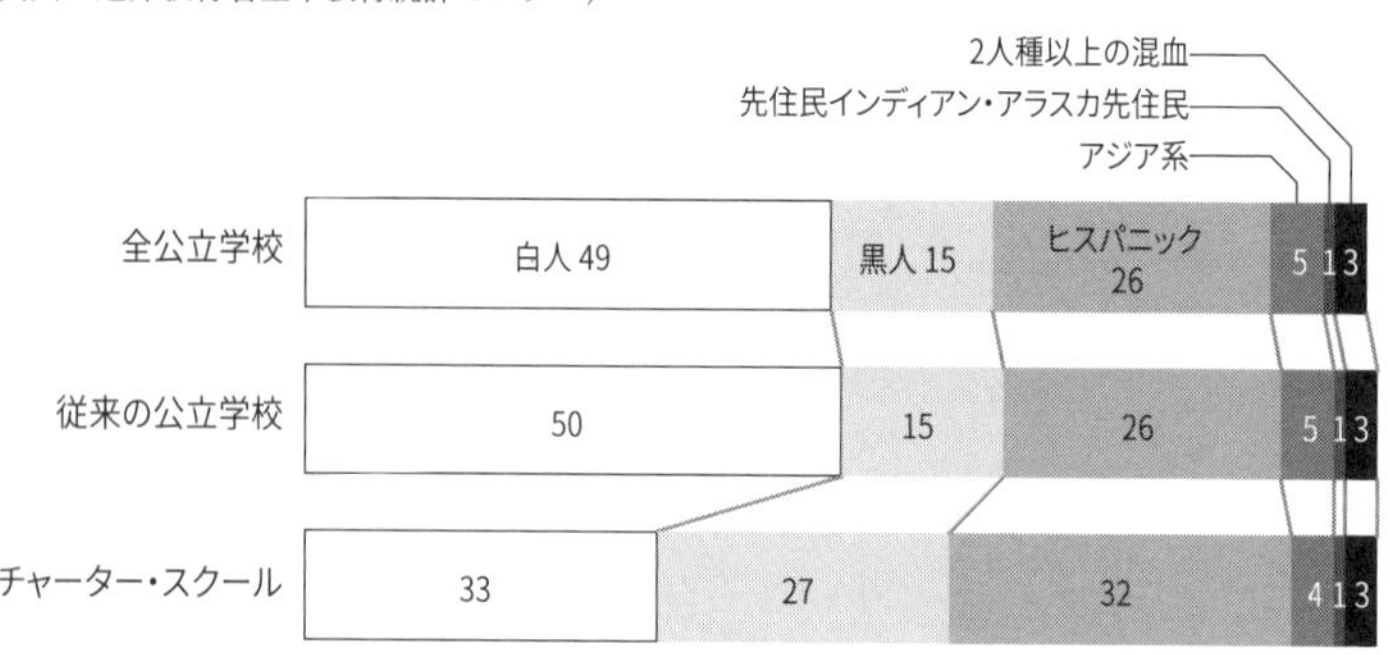


公立初等中等学校の入学時（2015 年秋）における生徒の民族・人種別割合（単位：%）
※　太平洋諸島民は 1 % 未満のため図に表れていない。四捨五入の関係で全公立学校は合計が 100 % にならない。
（出典：連邦教育省全米教育統計センター 2019 年報告）

スクールには公費が支出されるので、数が増加すれば、本来の公教育予算に影響が出ることもある。

宗教保守派が宗教系のチャーター・スクールを設置するのではないかという可能性が高まっている。２０２０年に最高裁は公教育について新しい判断を示した。「州は私学教育に補助金を支出する必要はないが、私学を補助するなら、宗教系であるという理由だけで私学を補助の対象外にすることはできない」（エスピノザ対モンタナ事件判決）というのだ。現在でも教会を校舎として使っているチャーター・スクールがあるし、宗教系私学が経営難からチャーター・スクールに衣替えした事例がある。政教分離原則からカリキュラムが宗教的であるなら、認可は下りないとされてきたが、この判決によって、宗教団体がある程度の宗教的カリキュラムをもったチャーター・スクールの設置が可能になるのではないかとリベラル派は危惧している。

## 私学に転校させる教育バウチャー

アメリカの保守派は、政治・宗教を問わず、教育に関して政府支出をできるだけ民間に向ける、つまり公教育の民営化の方向を目指している。そこで一番力を入れているのが、多くの州に「教育バウチャー」制度を確立することだ。これは公立学校に在籍する生徒（小・中・高校）が私立学校に転校して学費などに利用できる補助金あるいは育英資金をクーポンの形で支給する制度である。公教育の民営化を狙う保守派は１９７０年代から行動を起こしていたが、実現したのは90年のウィスコンシン州ミルウォーキーで、宗教系の学校は除かれた。公金の民間への流出となるのですぐさま訴訟が起こったが、最高裁は合憲判決を出した。当時、宗教右派で最強を誇ったクリスチャン連合は、州議会を動かして宗教系への転校も含めることに成功したが、違憲判決に終わっている。

今日では、16州と首都ワシントンで教育バウチャーは実施されており、推定で約25万人の生徒が受給対象となっている。貧しさゆえに教育環境の悪い公立学校に通わざるを得ない優秀な生徒を環境のよい私立学校に行かせるというのが支持派の主張である。カリフォルニアのように宗教系への転校が許されている州もある。州によって金額などは異なるが、年４０００ドルから８０００ドルが多

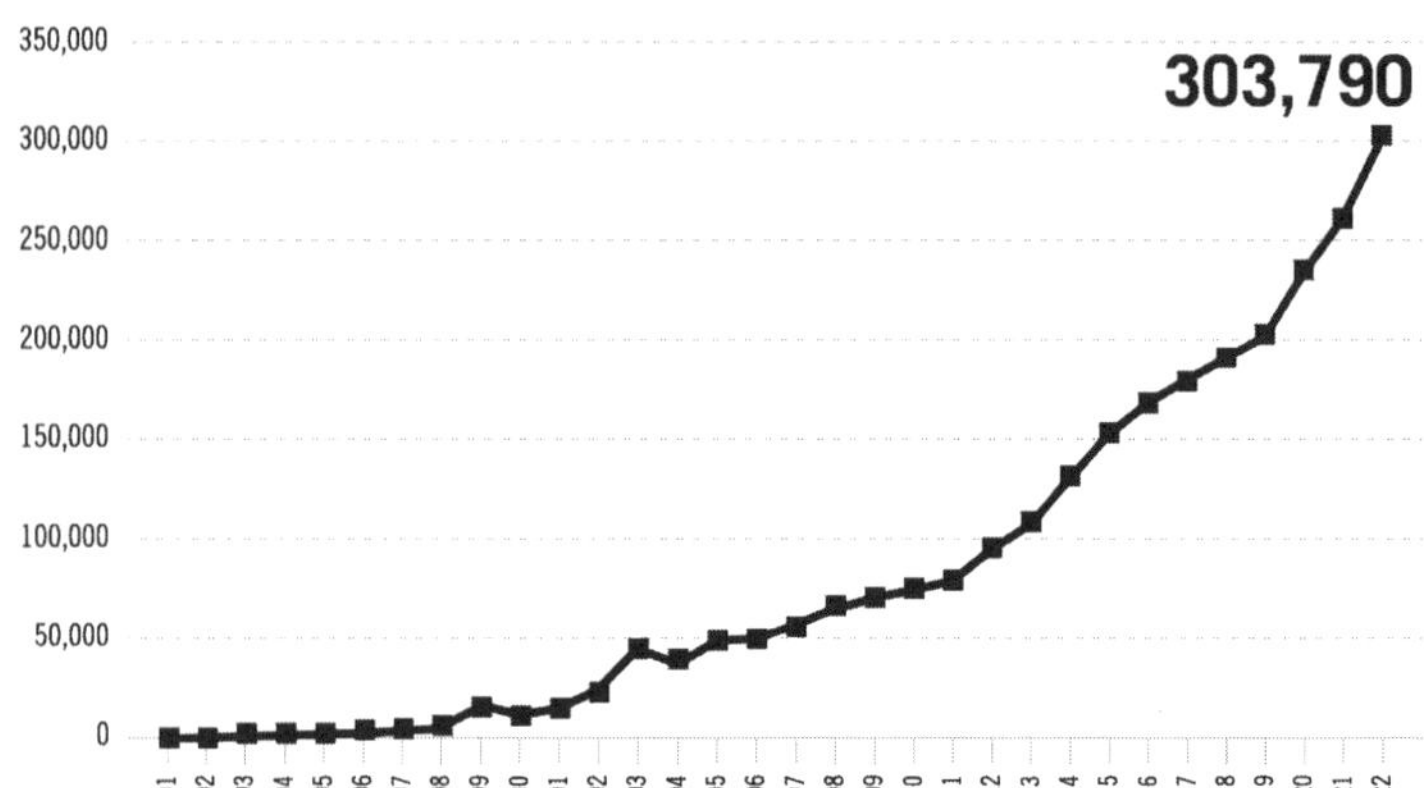


急増する教育バウチャー利用者数（各学年度末）
（出典：“Fast Facts on School Choice,” EdChoice）

い。首都ワシントンの高校生１万２０００ドルが最高額である。支給対象となる世帯の年収制限もいろいろだが、ノースカロライナ州の場合、４人家族で年収４万６４３５ドル以下で、受給額４２００ドルとなる。この州での教育バウチャーの対象は４５６校、生徒１万２０００人超の規模で、４８００万ドルの税金が私学に流れている。転校先が特定のクリスチャン学校に集中している州もある。いくつかの世論調査をみると、宗教系かどうかに関係なく、政府が税金を使って生徒を私立に行かせることに反対するのは50～55％くらいで、リベラル派がもつ公教育の民営化への危機感はあまり理解されていないようだ。

　公立学校が宗教教育とは無縁であるべきことは憲法上は明らかであるが、その憲法の解釈を変更していく過程は政治運動にも通じることだ。また、連邦政府や地方自治体の教育予算にしても、税金で賄っている以上、特定の宗教あるいはその団体に利益を与えることは許されないはずだが、それも侵食されようとしている。たとえば、

「われわれは神を信じる」は国のモットーとして1956年以来、紙幣や硬貨にも記されており、国民にも親しまれている。そこを利用して政教分離を軽視し、これを公立学校に掲示する運動を支持するムードも州によっては強まっている。キリスト教ナショナリズム（第27章を参照）を掲げる宗教保守派が南部を中心とする州議会に働きかけ、このモットーの掲示を義務づける法案を20州近くで成立させた。2021年成立のテキサス州では、モットーに加えて星条旗と州旗を一緒に飾らなければならない。もっと過激なのは、「十戒」（シナイ山で神からモーセに与えられた10の掟。旧約聖書「出エジプト記」20章3～17節）の掲示を義務づけたノースカロライナ州である。1980年最高裁判決で違憲判決が出ているが、2021年以降、保守派が優勢となった最高裁はこれを覆すかもしれない。公教育はますます危機状態になるのではないかと危惧されている。

2022年6月、最高裁は公教育と宗教に関する二つの判決を続けて出した。一つは教育バウチャーについて、もう一つはスポーツと祈りについてだ。メイン州は授業料補助の支給について、私立学校の生徒にも認めていたが、宗教系は除外していた。しかし、最高裁はこれを違憲と判断した。信教の自由原則において宗教を差別することは許されないとした。また、ワシントン州の公立高校のフットボール・コーチが試合後に部員たちと祈りを捧げたため停職となったのは、信教の自由の侵害に当たるとの判断を示した。

# 25

# 宗教とは縁が切れない大統領

★政教分離の実態①★

## 大統領就任式の宗教的特徴

歴史的にみると、ワシントンやリンカンのみならず多くの大統領に対して、アメリカ国民はあたかも聖人とか預言者であるかのような尊敬の念を抱いてきた。首都ワシントンもアメリカの聖地といわれる。ワシントン・モールには聖人ともアメリカのモーセともいわれるワシントンの記念塔、預言者といわれたリンカンの記念堂、就任式の会場となる連邦議会議事堂が一直線に並んでいる。式当日以外にもワシントン大聖堂（聖公会所属）での祈禱会もある。

聖地で行われる、特別な存在である大統領の就任式の式次第は、壮大な宗教的儀式のようになっている。上院議員の開会宣言、聖職者による祈禱、聖歌隊や著名な歌手、演奏家などによるパフォーマンスがある。具体的には、祈りには初めに神の臨在を嘆願する祈禱（インボケーション）と儀式を締めくくる祝禱（ベネディクション）がある。一番のハイライトは就任宣誓と就任演説である。聖書に左手を載せ、右手を挙げて最高裁長官の前で行う。憲法2条1節の文言に従って、職務を忠実に遂行し憲法を擁護することを厳粛に誓うことが義務づけられている。そして最後に「神のご加護」と述

聖書に手を置いて宣誓するジョー・バイデン大統領

べるのが慣例となっている。宣誓終了後に正式に大統領に就任する。続く就任演説には必ず聖句が引用されるのが慣例である。

政教分離の原則をもつ国であるから、就任宣誓は神に誓うわけではないのに、「神のご加護」を含めるのは憲法違反とする訴訟が何度もあったが、すべて却下されて慣例として使われている。憲法にはもちろん示されていないし、宗教的意味をもつと思う人もいる。そこで憲法では「宣誓あるいは確約をしなければならない」と選択できることを明示してある。実際、フランクリン・ピアスが唯一、確約を使っている（1853年）。聖書の代わりに法律文書を使った例が2件ある。聖書を2冊使った例もいくつかある（直近ではトランプ大統領）。

もう少し具体的に大統領就任式を説明するために、ジョー・バイデン大統領の式典を見てみよう。バイデンは史上2人目のカトリック大統領である。初のジョン・F・ケネディのときは宗教が大きな問題になったが、宗教の多様性が進んだこともあり、バイデンの場合はそれほどではなかった。聖職者としては、祈禱にはカトリック、祝禱には黒人メソジストが起用された。聖歌隊には黒人カトリック教会のゴスペル聖歌隊が登場し、開会宣言には女性の上院議員が起用された。アーティストとしては、男性共和党員のカントリー歌手、国歌独唱には白人女性、第2の国歌ともいわれる「わが祖国」をヒスパニック女性（歌詞の一部はスペイン語）、聖句を多用した黒人女性による詩の朗読など、実に多様な演出が施されていた。宣誓に使われた聖書はバイデン家伝来の家宝ともいわれる大型の聖書である。厚さ5インチ（12・5センチ）もあり、それをもつジル夫人は重そうな表情であった。127年前に出版されたもので、表紙はかなり傷んでいるようにみえた。

就任演説はコロナ禍に見舞われた国民を鼓舞するものだった。トランプ時代に分断が深刻化したアメリカの結束、民主主義の力、民主主義の貴重さと危うさなどを強調し、明るい将来を期待して次の聖句を引用した。「泣きながら夜を過ごす人にも、喜びの歌と共に朝を迎えさせてくださる」（旧約聖書「詩編」30章6節）。この言葉の前半には「ひととき、お怒りになっても、命を得させることを御旨（みむね）としてくださる」という神に感謝を捧げるよう求める言葉がある。

## 大統領の宗教的な活動

首都ワシントンが聖地であるとされるように、大統領の執務するホワイトハウスは国家の祭壇で、大統領は礼拝堂付きの牧師といわれたこともある。歴代の大統領が聖者の位を与えられるなら、現職の大統領は市民宗教（国民の間に広く共通してみられる宗教的志向性。詳しくはコラム3を参照）の儀式を担い、国民の愛国心を鼓舞しているといえる。時には聖書の言葉を引いて、時にはアメリカが神の特別な祝福のもとにあり、世界に秩序をもたらす特別な国であると訴えたこともある。大統領がある意味で神的な存在であるとみなされるとするなら、そこには大統領の高い倫理性や道徳性、宗教心が期待される。古代エジプトで奴隷状態にあったイスラエルの民が預言者モーセに導かれて約束の地カナン（パレスチナ）に到達した。このことをアメリカ人は自らにあてはめ、腐敗したイギリスから新大陸の約束の地に渡り、神の国を建設しようとした。そうした歴史を背負った大統領には信仰心が欠かせない。宗教心が薄れつつあるという今日のアメリカでさえ、大統領が信仰心をもつことが重要とする人は半数を超える。加えて、大統領が道徳的・倫理的な生活を送ることが大切とする人は6割を超えている（2021年ピュー調査）。

ほとんどの大統領が特定の教派に所属している。一番多いのは聖公会で11人（ワシントン、ブッシュ〈父〉など）、次が長老派8人（アイゼンハワー、レーガンなど）、バプティストとユニテリアンが各4人となっている。かつては教会に所属していたが、ただクリスチャンとするのは4人（トランプ、オバマなど）。その他さまざまな組織があるが、無神論者と公言する大統領は1人もいない。宗教組織に所属したことがない例としてリンカンとジェファソンが有名だが、信仰心は強くもっている。歴史的にはプロテスタント主流教会が優位だったが、カトリックでも2人目の大統領が誕生している。国民は大統領の宗教について寛大になっている。カトリックでもよいとする人は95%であり、ユダヤ教についても94%が認めている。とはいえ、イスラム教と無神論を認めるのは60%台であり、社会主義者についてはは47%とかなり低い。

政教分離の原則に反しない範囲ではあるが、大統領は宗教的役割を担っている。ホワイトハウスのなかに宗教活動を担当する部署を設けることは、アイゼンハワーの時代から盛んになった。近年ではブッシュ（子）政権が「信仰にもとづくイニシアチブ」（FBI）を使って宗教保守派の育成を図った。補助金などを助成し社会活動に参加させ、そのなかで宗教団体が利益を得るという仕組みだ。リベラルなオバマも同様な組織「信仰にもとづく近隣パートナーシップ」（FBNP）を設置して、宗教左派と呼ばれる人を含むリベラルな聖職者を中心にして、貧困・社会振興対策など社会問題に取り組む団体に助成を行った。トランプはブッシュと同じ組織をつくり保守的な福音派に運営を任せた。バイデンはオバマと同じ名称の組織を設置して、コロナ対策や人種差別の問題に取り組んでいる。

## 対外関係に影響を与える宗教

アメリカはもはや世界の警察官の役割を果たしていないといわれているが、世界各国の人権状況と信教の自由を調査して、二つの報告書を毎年発表している。一つは「人権報告書」で、カーター大統領（在任1977〜81年）の強い信仰心がもとになっている。カーターは国務省内に人権担当の部局を設け、担当の国務次官補を置いた。対外援助を相手国の人権状況と連動させ、人権侵害が認められる国にはさまざまな圧力をかけた。報告書は約200の国と地域についてアメリカ大使館や領事館が調査した人権状況を議会に提出するもので、ウェブサイトには世界各国から毎年100万人以上がアクセスしている。バイデン政権でも、中国やミャンマー、ロシア、北朝鮮の人権抑圧を詳しく述べている。日本は極端な人権抑圧国ではないと思うが、刑務所、報道の自由、難民、差別他について指摘を受けている。

カーターの信仰の影響がみられる人権外交の考え方は、皮肉なことに宗教保守派に引き継がれて1998年に国際信教の自由法をもたらし、「国際信教の自由報告書」を議会に提出することになった。その背景としては、90年代に世界各地でクリスチャンが迫害されているという主張が宗教保守派から高まったことがある。熱心な南部バプティストでもあるビル・クリントン大統領（在任1993〜20

01年）は法案署名の際に、信教の自由をアメリカの外交政策の中心にすえるとともに、表現の自由、結社の自由、その他の人権を重視していくのは自分の信念であることを強調した。この報告書も人権報告書と同じく、約200の国と地域を対象としている。国務省に専門部署を設置して、担当大使を任命している。バイデン政権では史上初めてイスラム教徒を大使に起用した。人権状況を監視するのが「世界の警察官」とするなら、こちらは「世界の宗教警察官」の役割を果たしているといえるかもしれない。

大統領が深くかかわる大規模な祈禱が二つある。100ヵ国以上の聖職者や著名人も参加する「全米朝食祈禱会」（2月の第1木曜日）と、ホワイトハウスや各地で開かれる「国民祈禱日」（5月の第1木曜日）である。前者は1953年にキリスト教団体と連邦議会が開いたものにドワイト・アイゼンハワー大統領が出席したのが始まりである。大統領朝食祈禱会（1970年に名称変更）と呼ばれた当初の趣旨は、ビジネス界を含めたアメリカの指導者や聖職者が一堂に会して互いに励まし合い、大統領を支援し、互いに祈り合うことを目的としていた。大統領がスピーチするのが恒例で、外国の指導者や著名人が広く招待される。議会の上下両院代表が共同議長となり、今日では首都ワシントンのホテルに3000〜4000人が集まる。

全米朝食祈禱会で演説するバラク・オバマ大統領（2009年2月）

祈りを捧げる会とはいえ、オバマのように聖句を利用して政策の支持を求めることがある。「多くを与えられた者は、多くが求められ、多く任された者は、更に多く要求される」（新約聖書「ルカによる福音書」12章48節）を引用して、富裕層に現状以上の負担を求めたことがある。トランプにいたっては、自分が弾劾裁判で無罪になったことを1面トップで報じる新聞2紙を掲げて顰蹙（ひんしゅく）を買っただけでなく、スピーチでも政敵は不正直で堕落している、神は自分の側にある、などと政争の場にした言説に多くの人が唖然としたこともある。2021年の大統領朝食祈禱会はコロナ禍のためオンラインで開催された。就任直後のバイデン大統領はビデオ・スピーチで参加した。連邦議会議事堂襲撃というアメリカの将来を暗くする事件に触れながらも、聖句を引用しながら、信仰に立って暗闇のなかから光のなかへと道をたどっていかなければならないと、信仰の力を訴えた。

国民祈禱日は、1775年の大陸会議で祈りが捧げられたことから始まり、1952年から国の年間行事として定められた。毎年大統領が布告を出して催す国家的行事となっている。州や地方レベルでも行われ、宗教組織はそれぞれが祈禱会を開く。大統領によってもさまざまな形で開かれた。ブッシュ（子）は毎年ホワイトハウスに関係者を招いてイベントを行った。オバマは布告を出すだけで、式典は開かないことが多かった。トランプは家族だけで教会に行ったり、2017年にはホワイトハウスに関係者を招待して政治活動を行ったこともある。宗教保守派の要請に応えて、トランプは「ジョンソン修正条項」（教会を含む宗教団体が政治活動をした場合、免税措置を無効とする規則）を緩和する「言論の自由と信教の自由を促進する大統領令」に署名したのである。伝統的な福音派はこれを歓迎するが、教会の政治化を懸念する教会も多い。バイデンの布告には神という言葉がないとして保守派から批判を浴びた。地球変動やコロナ渦について強調しているが、神に対する感謝の言葉が一つもないという批判であった。

# 26

# 連邦議会と宗教の多様性

★政教分離の実態②★

## 連邦議員の88%がクリスチャン

アメリカが多様な宗教を抱えているように、アメリカの議会も、連邦から地方議会にいたるまで、実に多様な宗教模様をみせている。連邦議会の上院100人、下院435人の議員（加えて議決権のない代表が6人）のほとんどが、さまざま宗教組織に所属している。2023年1月に始まった118議会をみると、87・8%がクリスチャン、ユダヤ教6・2%、少数宗派として仏教2人、イスラム教3人、ヒンドゥー教2人という構成になっている。クリスチャンをさらに詳しくみると、プロテスタント56・7%、カトリック27・7%、モルモン教1・7%である。プロテスタントの内訳は、バプティスト12・5%、メソジスト5・8%、聖公会（アングリカンを含む）4・1%、長老派4・7%、ルター派4・1%などである（2023年ピュー調査）。

近年の特徴は、単にプロテスタントとかクリスチャンとするだけで、特定の宗派・教派を明らかにしない事例が増えている。今回の調査では96人、18%にもなった（一般国民では無所属は26%）。このように特定の宗教組織に所属していない「無所属」の議員は唯一キルステン・シネマ上院議員（アリゾナ州選出、

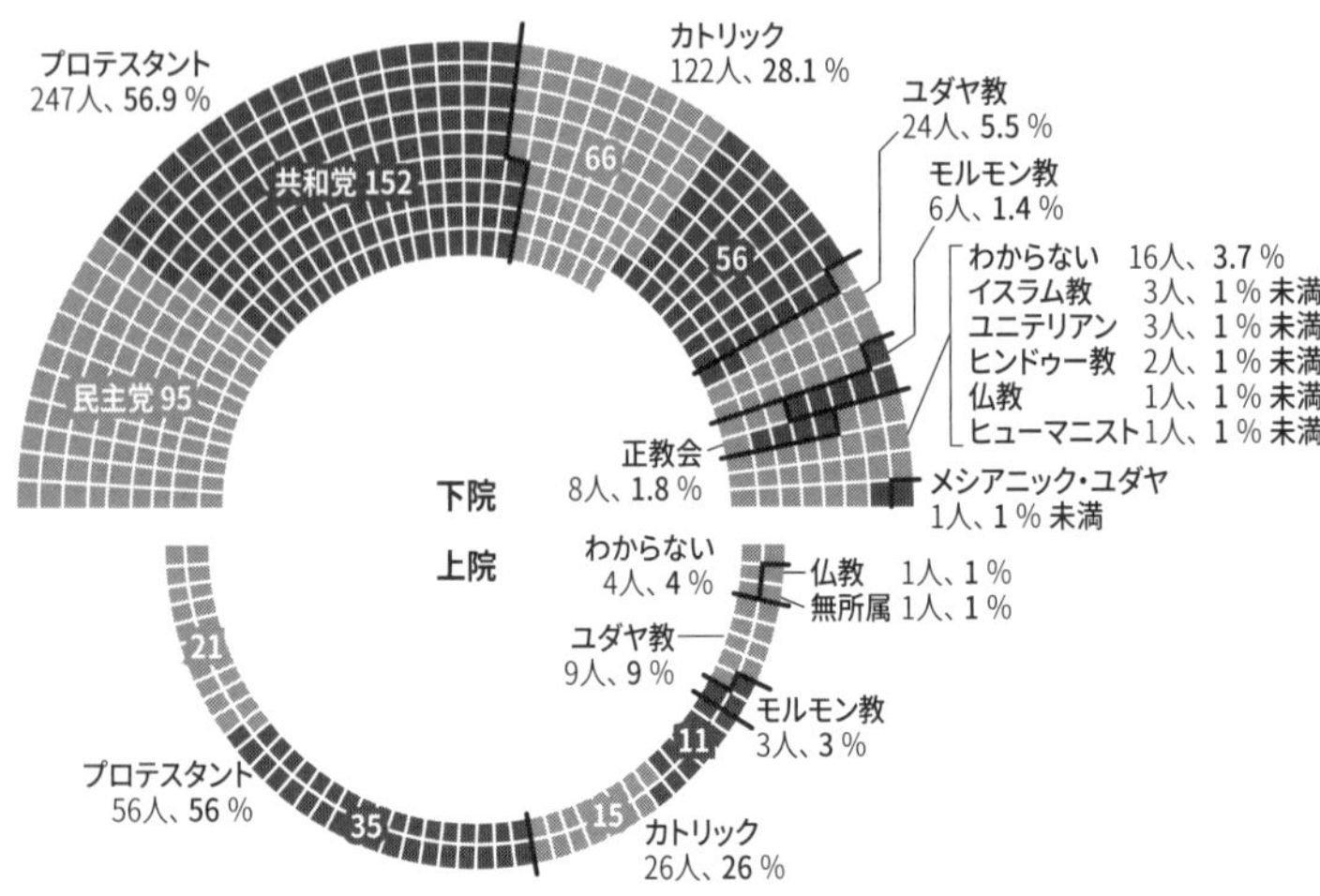

第118議会議員の所属宗教（出典：2023年ピュー調査）

民主党）だが、憲法に手を置いて宣誓し、宗教組織に属してはいないが、無神論者ではないと強調する（元モルモンで、バイセクシュアル〈両性愛者〉であることを公言した議員は上院では初めて）。「その他」の分類を選んだジャレッド・ホフマン下院議員（カリフォルニア州選出、民主党）はヒューマニストと公表しているが、無神論者ではないと断っている。一般社会では無神論者は珍しくないが、連邦議員で無神論者を公言する人はいない。「わからない・答えない」が18人いるが、一般国民では2％とごくわずかである。ピュー調査が議員の宗教所属を調査し始めた111議会では、単にプロテスタントとかクリスチャンとしたのは、39人、7％だったので、かなりの増加となっている。一般国民の間ではこのような増加はみられないという。

こうした分布をアメリカの成人人口における比率と比較すると興味深い違いが出てくる。クリスチャンの人口比は63％だが、議会での比率は87・8％と、人口比より20ポイント以上も高い。プロテスタントに限定すると、人口比40％に対して議会56・7％と、その差は少し縮まる。さらにその内訳をみると、聖公会（アングリカンを含む）は人口比1％しかいないのに、議会では4・1％と4倍の差がある。バプティストは、人口比11％に対して議会では12・5％とやや高い。ユダヤ教も差が大きく、人口比2％に対して議会では6・2％と3倍も高くなっている。ユダヤ系の潜在的な政治力の強さを示す指標といってよいだろう。議員の宗教を1960年から今日までの長期的傾向にみると、カトリックは100人から148人へと増加しているのに対して、プロテスタントは398人から303人と減少し、両者の違いを顕著に示している。ユダヤ教は12人から33人と3倍増である。特定宗教組織に所属していない人は人口比では29％もいるのに、議員では0・2％、前述の通り1人しかいない。

メイジー・ケイコ・ヒロノ上院議員

### 少数派宗教の台頭

アメリカでは年々、宗教への関心が薄くなっていることは統計数字に表れているが、議会における近年の宗教的多様性は顕在化している。イスラム教徒が初当選したのは2006年で、現在は女性2人と男性1人の3人である。日本人にとって興味深いのは仏教徒だろう。一人は日系でハワイ州選出のメイジー・ケイコ・ヒロノ上院議員（民主党）。もう一人は黒人で創価学会インターナショナル所属、ジョージア州

イスラム教徒のイルハン・オマル下院議員、かつてなら議場でヒジャーブのようなかぶりものは禁止されていた。(Gage Skidmore from Surprise, AZ, United States of America, CC BY-SA 2.0, via Wikimedia Commons)

ハンク・ジョンソン下院議員

選出のハンク・ジョンソン下院議員(民主党)である。ヒロノ議員はアメリカ史上初の女性アジア系上院議員だが、宣誓の際には聖典は何ももっていなかった。ハワイからはヒンドゥー教の女性下院議員が民主党の大統領予備選に出馬したこともある。

連邦議会にはドレスコード(服装規定)がある。下院では1837年に議場での帽子を禁止している。しかし社会の多様性に鑑みて、2019年に宗教的なかぶりものが許されるようになった。イスラム教の女性が頭髪を隠すのに使用しているヒジャーブ、ユダヤ教のキッパ(ユダヤ教の男性がかぶる小さな帽子)、シーク教徒(ヒンドゥー教から派生)のターバンなどの使用が解禁となった。宗教と関係のないかぶりものは許可されていない。上院もほぼ同じである。ヒジャーブについては、2018年選挙でイスラム教徒女性として初めて当選したイルハン・オマル下院議員(ミネソタ州選出、民主党)が民主党幹部に働きかけて実現した。ちなみに、本会議場での男性の服装はスーツにネクタイとなっているが、女性の場合は適切な服装とあるだけで、上着は求められていないし、ブラウスやドレスがノースリーブではいけないという規定もなかった。しかし、議場で肩を出すようなノースリーブが適切な服装なのかどうかという議論になったこともある。

上下両院の議員はすべて宣誓する。憲法6条3項により、宣誓または確約によって憲法を擁護する義務を負っているからだ。大統領・副大統領は最高裁長官を前に1人ずつ宣誓するが、下院議員は議場で全員が起立して議長に向かって宣誓する。議長が宣誓文を読み上げ、議員は「アイ・ドゥー」と一斉に応える。議長は議員在職年数の一番長い議員の前で宣誓する。上院議員は副大統領（上院議長を兼務）の前で個別に宣誓文の全文を発声して宣誓する。聖書を手にする人も多い。両院とも公式の宣誓儀式では写真撮影が禁止されているが、後日トゥーショットや家族一緒で撮影の機会がある。州や市町村の地方議会議員も、裁判官などの行政官を含めて同じような宣誓をする。

# 27

# 議事堂襲撃事件と宗教勢力

―★キリスト教ナショナリズムを信奉する暴力的極右団体の信仰心★―

連邦議会議事堂襲撃という「クーデター未遂事件」

２０２１年1月6日、アメリカの最高の意思決定機関である連邦議会に選挙で敗北した大統領の支持者が乱入し、議会機能を一時的にも停止させてしまった。議事堂が襲撃されたのは米英戦争（１８１２～１８１５年）中に首都ワシントンが焼き討ちにあって以来のことである。この日、大統領選挙で勝利したジョー・バイデン次期大統領が正式に就任するために、各州の選挙人の投票結果を認定し、集計する作業が上下両院合同会議で進められていた。

一般投票で敗北したドナルド・トランプ大統領らは選挙には不正があったとして裁判闘争や集会で訴えてきたが、いよいよ議会で正式に手続きが終わる日に、熱烈なトランプ支持者らが憲法で定められた民主的な議会手続きを妨害して、新大統領の誕生を阻止するという、いわば一種の「クーデター」を起こそうとして失敗したといえそうだ。当日集会に参加したトランプ支持者には、たんに選挙でトランプが負けたのはおかしいと思った熱烈な支持者から、暴力的で過激な極右団体で議事堂に乱入することを計画していた勢力までさまざまである。数千人

議事堂周辺にはトランプ支持者3000人以上が集まり、一部が議事堂内に乱入した。(Tyler Merbler from USA, CC BY 2.0, via Wikimedia Commons)

の群衆のうち、議事堂に乱入したのは800人超ともいわれる。目立ったのは戦闘服のような格好で集団行動をとっていたように見えるいくつかのグループである。狂信的なトランプ支持者のプラウド・ボーイ、オース・キーパー、スリー・パーセンターなどの極右・民兵集団だ。一般の参加者はMAGA（アメリカを再び偉大にする）ハットをかぶっている人が多かった。

多くのメディアで暴徒が議事堂に乱入して議場を占拠するシーンなどが主に紹介されたが、議事堂周辺に集まった群衆のなかにはクリスチャン、聖職者さえも多数いたことを忘れてはならない。暴徒化した過激派のなかにも、クリスチャンは少なくなく、神に祈りを捧げながら議事堂に突入していた。多くの群衆に共通していたのは、白人優越主義とキリスト教ナショナリズムだった。暴力を行使してまで選挙結果をひっくり返そうとするクリスチャンとはどんな信仰をもっているのだろうか。

### トランプ支持のキリスト教ナショナリズム

これまで宗教右派の政治・社会活動については、教育、女性の権利、性的マイノリティなどに関連して紹介してきたが、キリスト教ナショナリズムはもっと過激で、政

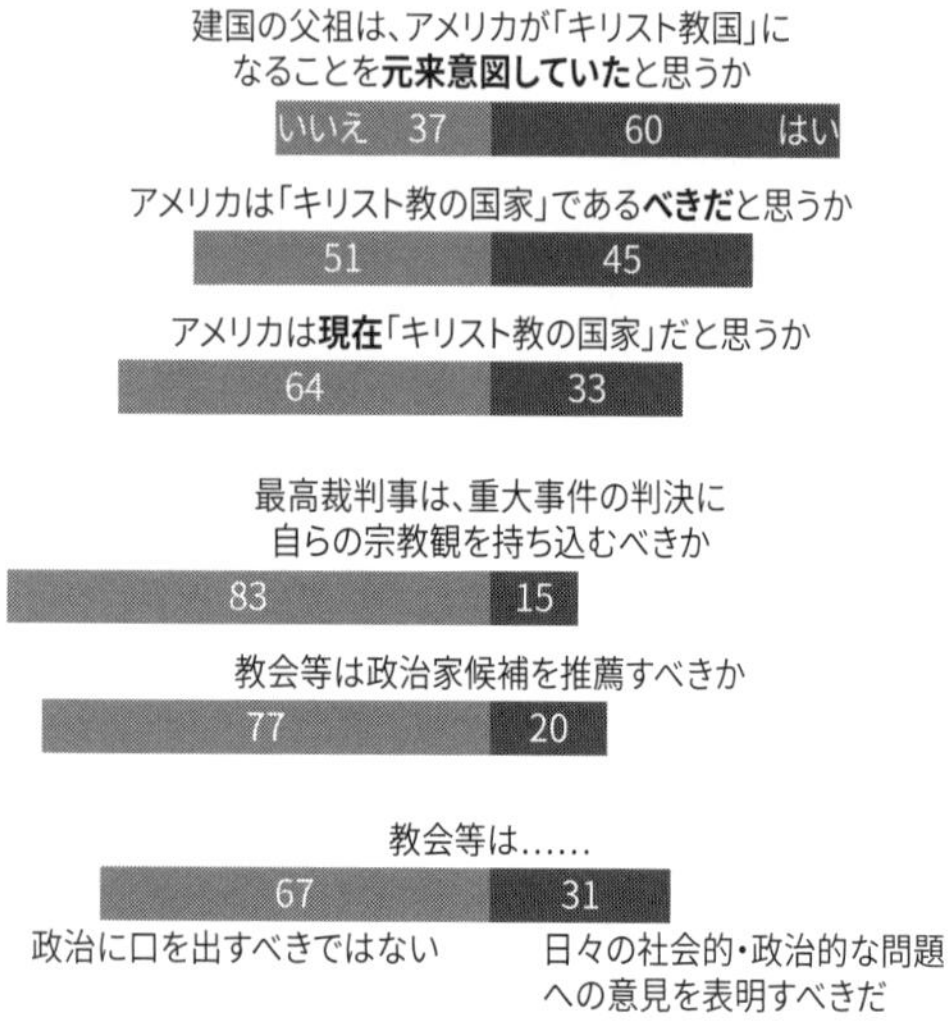

|  | いいえ | はい |
|---|---|---|
| 建国の父祖は、アメリカが「キリスト教国」になることを**元来意図していた**と思うか | 37 | 60 |
| アメリカは「キリスト教の国家」である**べきだ**と思うか | 51 | 45 |
| アメリカは**現在**「キリスト教の国家」だと思うか | 64 | 33 |
| 最高裁判事は、重大事件の判決に自らの宗教観を持ち込むべきか | 83 | 15 |
| 教会等は政治家候補を推薦すべきか | 77 | 20 |

| 教会等は…… | 政治に口を出すべきではない | 日々の社会的・政治的な問題への意見を表明すべきだ |
|---|---|---|
| | 67 | 31 |

政治と宗教に関するアメリカ成人の態度
（出典：2022年ピュー調査）

教分離の壁を壊し、極端にいうと神権政治を取り入れようとする方向を目指しているといえる。まだ少数派だが、端的にいうなら、キリスト教ナショナリズムは保守的な白人男性クリスチャンが社会のすべてを決定することを望んでいる。教育や政治をすべてキリスト教化して、女性、非白人、ＬＧＢＴＱなどが獲得した諸権利を縮小し、いずれは剥奪するという民主主義否定の論理をもっている。民族的、人種的、宗教的、文化的多様性の増大は、アメリカにとっては大きな脅威となるので、阻止しなければならない、と主張するのだ。神がわれわれに恩恵を与えてくれるために、あらゆる手段を使っても阻止しなければならないという。

その歴史観もユニークである。アメリカの建国はキリスト教の原則にもとづいており、キリスト教による法と国家の運営をすべきである。建国の父祖たちはみな白人男性で、キリスト教の国家建設を意図していた。神の下にある国アメリカは世界でも特別な場所であるだけではなく、キリストが再臨する場所でもあるという。今日の極端なキリスト教ナショナリズムの原形となったのは、１９４２年に反ユダヤ主義団体として設立されたキリスト教ナショナリスト十字軍といわれる。キリスト教ナショナリズムの父といわれる牧師のジェラルド・L・K・スミスは、この団体を基礎にしてキリスト教ナショナリスト党を結成し、44年と48年に大統領選挙に出馬している。泡沫候補には違いないが、ユダヤ人と黒人の排斥、反移民、ナチズム信奉、反共、政教分離の壁の破壊などの主張がキリスト教の名において広まる機会となった。スミスは60年代に、アーカンソー州ユーレカ・スプリングスにキリスト教ギャラリー、博物館、野外劇場を建設し、劇場ではキリスト受難劇を上演した。なかでも、ビル6階相当の高さの巨大なイエス・キリスト像を建てたことでも有名。ディズニーランド風のキリスト教の聖地を建設したともいわれている。

キリスト教右派の思想は80年代、90年代に大きな政治的影響力をもつようになった。ジェリー・ファルウェルは80年にモラル・マジョリティ（道徳的多数派）を設立、テレビ説教師・伝道師として大学を創設したり、政治活動でも大活躍した。89年に設立されたクリスチャン連合では、パット・ロバートソンがテレバンジェリスト（福音派(エバンジェリカル)のテレビ説教師）として衛星通信を使った世界的な布教活動を始めた。テレビ番組は今日でも健在である。二人とも共和党保守派にとっては、重要な集票マシンとして欠かせないカリスマ的宗教指導者だった。こうしたアメリカの保守的な宗教的背景のなかで、キリスト教ナショナリズムが目立ち始めたのは２００１年の９・11同時多発テロ事件以降といわれる。

白人優越主義者の右派はイスラム教原理主義者のテロとの戦いを聖戦とみなし、過激な行動に出るようになった。加えて、黒人大統領オバマの誕生がいっそうキリスト教ナショナリズムの活発化を促した。中央組織があるわけでもないのに、同調者が増加した要因のなかで決定的なのは、トランプ大統領による社会分裂を深めるような政治姿勢である。妊娠中絶に反対する最高裁判事を任命することを選挙公約にしたことから、保守的な福音派から絶大の支持をえた。陰謀論を信じる過激な集団も全国的に広がった。

## 議事堂襲撃の宗教的背景

２０２１年１月６日に集まった数千人のトランプ支持者は、政治・社会運動の団体が動員した人、極右団体や民兵組織などの過激派、無所属の一般市民などが多いとされるが、伝統的キリスト教組織には属さないクリスチャンも少なくなかったという。特定教派に属さないクリスチャンの増加は近年の顕著な傾向である。地方の小さな教会の聖職者、独立独歩のクリスチャン、「ローンレンジャー・クリスチャン」とか「キリストの使者」と名乗る者もいた。西部にある「カウボーイ教会」からは聖職者としての教育を受けていない説教師なども参加した。伝統的な主流教会や福音派教会などとは無縁の、普段は見えない存在のトランプ支持のクリスチャンが全国から集まったかのようだ。群衆がもっている旗や横断幕をみると、星条旗はともかくトランプ支持を表すものが圧倒的に多い。南軍旗（南部連合旗）が議事堂内に持ち込まれたのは史上初のことだ。

まとまりのあるクリスチャン集団としては「エリコの行進」（旧約聖書「ヨシュア記」６章に由来）があ

る。組織したのはのトランプ支持者の保険セールスマンで、次の4年間もトランプ大統領がホワイトハウスを維持するのは神の意志だという。福音派のクリスチャンとして、聖書にあるように、城塞を1日1周、連続7日回り、一斉に角笛を鳴らして勝ち鬨の声を上げると城壁が崩れたという聖句を、議事堂でも実現しようとして集まった。祈りの抗議集会なのに議事堂に乱入した者もいた。他にも、少数のグループがあちこちで祈っている姿や、身長よりも高い大きな木製やポリ塩化ビニル製の十字架に祈りを捧げる人、イエスの肖像画にMAGAハットを上塗りしたような大きな額入りの肖像画、マリアの肖像画を持ち込んでいる者もいる。注目すべきは、キリスト教旗（カバー袖画像参照）のほかに、イエスの魚旗、松の木旗などが登場していることだ。前者は、単純な魚のマークだけのもの、その中にイエスなどの文字を入れたものがある。なぜ魚かというと、ギリシャ語の魚という単語が「イエス」「キリスト」「神の子」「救い主」の各頭文字を並べたものだからだという。後者は白地に緑の松が描かれ、上部に「天へのアピール」という文字が入る。植民地時代から使われている。「イエスは救う」の文字を縦・横にクロスさせたのぼりや旗もある。この言葉は街中でも、ネオンサインとしてビルの壁にかかっていることが多い。

イエスの絵にMAGAハットを描き足して抗議集会に参加する人（Tyler Merbler, CC BY 2.0, via Flickr）

「イエスは救う」のプラカードを掲げる人もいた。
(Tyler Merbler from USA, CC BY 2.0, via Wikimedia Commons)

プラカード、サイン、横断幕のなかには「トランプは大統領、キリストは王」「救世主／大統領」「アメリカを再び神聖にする」「恐れを乗り越える信仰」「私はあなたと共にある——神」などが見られた。「神はアメリカを救うためにトランプを選んだ」にいたっては、トランプがカルトの教祖であるかのような扱いである。祈りに続いた讃美歌や愛国歌が合唱された。南北戦争で北軍の行進曲だった「リパブリック讃歌」、第二次大戦中に広まって第二の国歌とまでいわれる「ゴッド・ブレス・アメリカ」（1918年、アービング・バーリン作曲）が歌われた。トランプ大統領の岩盤支持層のなかには、トランプとイエスを同一視して、独特な信仰心を吐露する者がいる。「イエスに祈るためにワシントンに来た」という者、「悪魔の策略に対抗して立つことができるように、神の武具を身に着けなさい」（新約聖書「エフェソの信徒への手紙」6章11節）に従って、神に祈りながら議事堂に突入した者、突入する前に「神よ、これは正しい行動ですか、必要な行動ですか」と問うと、神が背中を押しているのを感じたので実行したという者もいる。「神と真実は自分の側にある。神の恵みによって議事堂に入ることができた」「神の命令によって攻撃した」などは、暴力を正当化するために信仰を利用しているのだろう。

暴力的な過激集団として有名なプラウド・ボーイにしても、行進前に膝をついて、勇気と力を与えてくれるよう神に祈りを捧げている。神の召命があってワシントンに来て、「イエスの血に嘆願する」ために議事堂に入ったとする者もいる。専門家によると、この言葉は聖書にはなく、異端の宗教指導者が広めた教えだという。神秘的な響きをもっていることから、難局を乗り切るために、より強いイエスの力を求めているとされる。上院議場の議長席から正式な祈りを提案したQアノン（民主党やハリウッドの指導者らがディープステート〈闇の政府〉を組織して社会を支配しようとしているといった陰謀論を広めている極右団体とされる）のシャーマンといわれるジェイコブ・チャンスリーは、「キリストを愛する愛国者によって、この神聖な議場を満たすことができたことを神に感謝する。政府内の裏切り者を追い出すことを許してくれた神に感謝する」と述べた。

### 大統領が問題のスピーチをした「セイブ・アメリカ」集会

議事堂襲撃事件の日、トランプ支持者グループの「アメリカ・ファーストを求める女性たち」などが企画した「セイブ・アメリカ（アメリカを救え）」集会は、ホワイトハウス近くのエリプス公園で開かれ、大統領の個人的な霊的アドバイザーからホワイトハウスの宗教顧問となったポーラ・ホワイト師の祈りで始まった。代表的な宗教右派指導者として、大統領選挙結果について「神の力で権力者が公正な行動をするよう祈ります」、つまり議会が選挙結果を覆すよう求めるとともに、神が「聖なる大胆さ」（キリスト教ナショナリズムでよく使われる）を与えてくれるよう祈り、参加者にはトランプの後

トランプ大統領の宗教顧問ポーラ・ホワイト師（Kamau360, CC BY-SA 3.0, via Wikimedia Commons）

衛になるよう求めた。

ホワイトは世界平和統一家庭連合（旧統一教会）との関係が深いといわれ、２０１７年のニューヨークでの教団の集会、21年の韓国での「朝鮮半島平和のための祈禱集会」などで重要な役割を果たしている。後者での開会の祈禱では、教団の韓鶴子（ハン・ハクジャ）総裁を最大級の尊称「マザー・ムーン」と呼び、その平和活動を高く評価した。伝統的なキリスト教とは異なる解釈をする教団をホワイトの立場で賛美することには批判の声もあった（とはいえ、アメリカ人の元教団幹部によると、ブッシュ親子、レーガンなどの歴代大統領が韓国での集会に招かれ、１００万ドルのスピーチ料が支払われている前例があるといわれている）。教団教祖の文鮮明（ムン・ソンミョン）師の死後、内部分裂で追われた七男の文亨進（ムン・ヒョンジン）師が15年、ペンシルベニア州でサンクチュアリ教会（世界平和統一聖殿）を創設、武力行使を認める教義を公言し、トランプ大統領の熱烈な支持団体となっている。Ｑアノン支持の極右団体の一翼として、議事堂前の抗議集会に参加している。「ヨハネの黙示録」でイエスが鉄の杖で国民を治める（12章5節）とあるが、これを銃と独自の解釈をして教義の中心におき、神は銃による統治を求めていると自己流の解釈をする。自ら弾帯で装飾した王冠をかぶり、集団結婚式を含めて儀式にはＡＲ－15などの銃器の携帯を求めている。

この集会で大統領は「死ぬ気で戦おう」とか「議事堂まで行進しよう」などと群衆を煽る一方で、

選挙結果を覆すことに賛成していないマイク・ペンス副大統領を批判した。議会下院公聴会でのペンス側近二人の証言によると、当日、首を吊られる危機のなかで信仰の篤いペンスこそアメリカの民主主義を守り、聖句にあるような勇気ある行動をしたという。法律顧問によると、その朝スタッフとの祈りの後、ペンスは大統領の指示を無視して議場で憲法にのっとる議事を進めた。暴徒の侵入後は議場から避難して、暴動鎮圧後に議事を再開して次期大統領を正式に認定した。まさに、王に逆らって獅子(ライオン)の洞窟に閉じ込められたダニエル（ユダヤ人の預言者）が天使の助けで無事だったこと、それを知った王が自らの過ちを認めたという聖句（旧約聖書「ダニエル書」6章）が実現したという。首席補佐官は議会審議の終了後、ペンスに聖句をショートメールで送った。「わたしは、戦いを立派に戦い抜き、決められた道を走りとおし、信仰を守り抜きました」（新約聖書「テモテへの手紙二」4章7節）。ペンスの心境をおもんぱかった句に違いない。

世論調査では、議事堂襲撃事件は白人優越主義者の責任であるとする人は全体では62％だが、白人福音主義者では43％にすぎず、非白人プロテスタント78％と比較して、あまりにも違いすぎる（21年1月、ＰＲＲＩ調査）。真の愛国者が救国のために暴力に頼ることに賛成する人は全体では18％だが、白人福音主義者は26％で一番高い（21年10月、同調査）。トランプ大統領の岩盤支持者が圧倒的に多い教派であることをよく示している。憂慮すべき傾向としては、近い将来に市民が武装蜂起する可能性があるかもしれないとする有権者が28％もいることだ（22年7月、シカゴ大学調査）。議事堂襲撃事件の全容解明には、もっと宗教的な側面からの分析が必要だろう。

# Ⅳ

# 「戦争と平和」をめぐる宗教

# 28

# ヒロシマ・ナガサキとアメリカのキリスト教

★原爆投下の非人道性への賛否★

## 原爆投下の世論調査

太平洋戦争の末期、日本は本土の都市の多くが米軍による無差別の大規模空襲にさらされ、沖縄での地上戦は終了しており、敗色が濃厚だった。無条件降伏に応じない日本のとどめを刺すかのように、アメリカは8月6日は広島に、8月9日は長崎に原子爆弾を投下した。日本は連合国軍への無条件降伏を受け入れ、8月15日に戦争は終わった。アメリカは、原爆による無差別の大規模攻撃を、この戦争でアメリカ人と日本人の無駄な犠牲者を出さないための措置といって正当化した。

キリスト教国アメリカの国民はこうした残虐行為にどう反応したか、世論調査をみてみよう。戦勝ムード期から年月が経過してからの数字には変化が見られる。調査機関による違いも多少あるが、反応の変化は興味深い。

**❖1945年8月26日のギャラップ調査**

原爆投下は正しかった　85％
投下すべきではなかった　10％
わからない　5％

### ❖1945年12月のフォーチュン誌調査

原爆投下は正しかった　54％
日本が降伏するまでもっと大量の原爆を落とすべきだった　23％
落とすべきではなかった　5％

終戦から50年ほどたつと、アメリカ人の気持ちに変化が現れる。平和思想の普及とか原爆の威力や被爆者の様子が理解されたことが原因ではないかと思われるが、正しかったとする人がかなり減少する。

### ❖1994年ギャラップ調査

原爆投下には賛成　55％
原爆投下には反対　38％

終戦から50年経過して、賛成が30ポイント減り、反対が28ポイント増えたのは、日本人、とくに被爆者、その関係者にとって少しは救いとなるのかもしれないが、かといってアメリカ人の謝罪の気持ちが高まったとはいえない。

**❖1994年ギャラップ調査**

原爆投下に謝罪は不必要　71％
どちらともいえない　3％
わからない　3％
日本に謝罪すべき　23％

21世紀に入って、原爆投下賛成の50％台はあまり変わらない調査もあれば、多少の変化がみられるものも出てきた。

**❖2015年ピュー調査**

原爆投下は正当化できる　56％
原爆投下は正当化できない　34％

**❖2015年ユーガブ（イギリスの調査機関）調査**

原爆投下は正しい決定　45％
原爆投下は誤った決定　25％
わからない　26％
（イギリス人を対象にした調査では、41％対28％で誤った決定と答える人のほうが多かった）

### ❖２０１６年ＣＢＳ調査（バラク・オバマ大統領の広島訪問直前）

原爆投下を支持する　43％
原爆投下を支持しない　44％

アメリカ人の原爆投下に対する自己正当化の背景には、日本による真珠湾攻撃があるとされる。これを「だまし討ち」とみなし、原爆投下はそれに対する報復と考えられているという。１９９６年ＮＨＫ日米世論調査によると、アメリカ人の７割が日本の真珠湾攻撃は間違っていると答えている（日本人は5割弱）。

ちなみに、日本人は原爆投下をどう考えているだろうか。２００１年日本世論調査会調査（中国新聞7月16日付け）によると、「原爆投下は非人道的行為で許せない」は42％弱、「戦争を終わらせるためには仕方がなかった」35％、「もう忘れるべき」13％弱という結果だった。これを16年前の調査結果と比較すると、それぞれ３ポイント弱低下、６ポイント弱上昇、１ポイント強低下と、原爆投下にやや寛容になっているのが興味深い。

### 爆撃を祝福した従軍チャプレンたち

広島と長崎に原爆を投下した爆撃機はテニアン島基地（現アメリカ領北マリアナ諸島）から出撃した。ここには従軍チャプレンがいて、爆撃に飛び立つごとに飛行士の無事と任務の成功を神に祈っていた。広島に原爆を投下したエノラ・ゲイの飛行士にはプロテスタントのチャプレン、ウィリアム・ダウニー、長崎に原爆を投下したボックスカーの飛行士にはカトリックのチャプレン、ジョージ・ザベルカが担当した。原爆投下がどれほど非人道的な大量殺人になるかを知りながら、なんの疑いをもたずに神のご加護を求めたのである。

ダウニー牧師は、神に飛行の護衛、無事の帰還を祈りながら、兵士を励ました。ダウニーは終戦後、原爆攻撃を神の名で清めたことを激しく悔いたという。市民を攻撃してはならないという正戦論（コラム6を参照）を学びながら、当時は頭に浮かんでこなかった。市民への無差別攻撃は、道徳に反し、キリスト教の教えとも相容れないと後悔した。そして原爆投下で精神的トラウマを抱く兵士のカウンセラーとなり、いかなる核兵器にも反対する絶対平和主義の道を歩むことになった。

ザベルカ司祭も当初、原爆投下に何も疑問を抱かずに正しいと考えていた。しかし終戦とともに日本に進駐して、原爆の威力の凄まじさを目の当たりにして、深く後悔することになる。自分は洗脳されていて、軍や教会から爆撃が必要なものといわれ、それを信じて疑わなかった。戦争は信仰に照らして名誉ある行いだと兵士に教えてきたが、冷静になって考えれば、イエスの教えとは正反対だった。暴力を排するイエスの手に無理やり機関銃をもたせたようなものだったと自省する。チャプレンを引退する前年のクリスマスに、イエスの本当の教えである非暴力を求める福音活動に入ると宣言した。そこで原爆投下と無差別の大規模空襲に向かう兵士とその任務に神のご加護を求めて祈ったことを懺悔した。そして巡礼の旅に出るようになった。１９８４年には広島・長崎を訪問し、原爆記念日の慰霊行事に参加、自らと自らの教会が犯した過ちを被爆者に謝罪し、許しを乞うた。

## 原爆投下直後の教会の反応

軍部で原爆投下について賛否があったように、キリスト教会でも意見が分かれた。たとえば、きわめて保守的な教義をもつ南部バプティスト教会では、原爆投下は正戦論の考えからすれば肯定できるというのが一般的だった。20人の聖職者たちが「非道な残虐行為」として非難声明を出している一方で、投下前に南部バプティスト神学校長が「原爆の保有はアメリカ人の道徳的美徳の向上に必要」と発言したり、「神は原爆を使って日本を懲らしめるかもしれない。クリスチャンは核兵器による滅亡を恐れる必要はない」などという極論が出たりもしていた。

リベラルなプロテスタントの代表的な雑誌『クリスチャン・センチュリー』は、投下直後の1945年8月25日号で「アメリカによる原爆の非道」という論説を掲載した。民間人の殺傷は不道徳だとして、「原爆はキリスト教に一撃を加えたといってもよい。アメリカの教会としては、自らの信仰と政府による非人道的かつ無謀な行為から一線を画さなければならない」と強く非難した。翌年3月には、リベラルなキリスト教会連合協議会（FCC）の進歩的な聖職者や学者二十余名からなる委員会が「核戦争とキリスト教信仰」という声明を発表し、結論として「深い懺悔」を表明し、広島・長崎への警告なしの原爆投下は、道徳的に弁解の余地はないとした。ここでも事前の警告なしで、非戦闘員への無差別大量殺戮が聖書の教えに反することが重視されたという。これに対して保守派は、民間人の爆撃を必要悪として正当化した。なかには、神による歴史の終焉の前兆ととらえた者もいた。

カトリック教会はというと、代表的なカトリックのオピニオン誌『コモンウィール』は投下直後に、非人道性を非難し、「ヒロシマとナガサキはアメリカの罪と恥の代名詞である」と宣明した。当時のローマ教皇ピウス12世は、無差別に破壊する戦争行為はすべての神と人類に対する犯罪というバチカンの伝統的立場を以前から表明していたが、原爆投下そのものを非難したという報道はなかった。とはいえ、2020年に公開されたピウス12世関連の機密文書には、教皇は45年10月、当時の連合国遠征軍最高司令官ドワイト・アイゼンハワーと会談、原爆投下は戦争犯罪の可能性があると指摘したと記されている。バチカンの日刊紙『オッセルバトレ・ロマノ』は8月6日付けで「この戦争は破滅的な結末をもたらした」と原爆投下を断罪し、大量破壊兵器が後世の人々に使われることを懸念した。カトリックのなかには、カトリックが多く住む長崎への原爆投下で浦上天主堂などを破壊し、少なくとも7000人の信者が犠牲となったことに、強い後悔の念をもった人がいた。

プロテスタント、カトリック、その他の教派を問わず、一般の国民は当初、原爆の威力の凄まじさと残虐性などを理解していなかったので、その後の日本降伏で戦争が終わったという戦勝気分に沸いていたのは当然である。当時の教会指導者としては、たとえ聖書の教えに反するところがあったとしても、原爆投下を非難ばかりしては、勝利感に満ちた国民感情を害すると同時に、多数の戦争犠牲者の遺族にも顔向けができないという気持ちになったのではないか、といった複雑な見方も聖職者の間にはあった。全米の多くの教会では戦勝を祝福する行事が行われた。カトリックは「勝利ミサ」を催した。たとえばニューヨークのセントパトリック教会では4000人もの信者が集まり、平和と英雄たちに祈りを捧げた。戦勝を祝うなかで、戦争を終わらせた手段、つまり原爆の投下について議論することはきわめて少なかった。

戦争を指導したアメリカの最高指導者である大統領が、原爆投下を神の意志であるかのような発言をしているのだから、一般国民が勝利の手段の残酷さとか非人道性とかを議論することは期待できない。ハリー・トルーマン大統領は長崎への原爆投下直後に、ポツダム会談の内容を語る8月9日のラジオ放送でこう述べている。「われわれは原爆が敵の手ではなく、われわれの手にあったことを神に感謝する。原爆の使用について、神ご自身の方法と目的について、われわれを導いてくださるようにと祈っている」（バージニア大学ミラー・センターでの大統領スピーチ）。これを聞いた一般のクリスチャンの多くは、原爆投下は道徳的に正当化できると思っても仕方がないのではないかとされた。

原爆投下を決断したハリー・トルーマン大統領

トルーマンは、アメリカ・キリスト教連合協議会から非難の電報を受け取ると、日本人の真珠湾の奇襲、捕虜の殺害に憤りを示し、「けだものの日本人にわかる言葉は爆撃しかない。きわめて残念なことだが、これが真実である」と返信している。原爆投下が正当な報復行為であり、日本の降伏を迫る手段であるとの認識を示した。トルーマンは広島投下の直後に原爆投下の事実を発表している。宗教的な説明はしていないが、「原爆は日本人を全滅から救済するため」と正当化した。それればかりか、原子力の平和利用についてまで説明しているのである。

コラム6

## 戦争を正当化するキリスト教の正戦論(ジャスト・ウォー)

原爆の使用を正当化する神学的背景としては、戦争には正しい戦争があり、そのためには殺人も許されるという考えがある。初期キリスト教の教父といわれるアウグスティヌス（354～430年）は、キリスト教において戦争と暴力を場合によっては是認するという思想を形成した。これをさらに発展させたのがトマス・アクィナス（1225頃～1274年）で、正しい戦争であるための3つの条件を提示した。①正当な権威──戦争を行う際の全権は君主の権威によらなければならない。②正当な理由──攻撃される側に、しかるべき原因がなければならない。③正当な意図──戦争は善を助長し、悪を避けるといった意図のもとで遂行されなければならない。今日では、一般的に理解されている正戦論は、次の点を満たしているかが検討されるという。戦争に侵略の抑止という正当な理由があること、それが最終的な手段であること、戦闘で勝利の見通しがあること、非戦闘員を攻撃しないこと、戦闘を限定し必要以上の攻撃をしないことなどである。

正戦論をどう解釈するか、戦争に賛成するか反対するかなどは宗派・教派によって異なるが、アメリカは敵国を攻撃する際には正戦論の裏付けを考慮するという。たとえば、ブッシュ政権がイラクを攻撃するにあたっても、攻撃の目的は正当であるとして踏み切っている。2011年にカリフォルニア州バンデンバーグ空軍基地で、核ミサイル発射担当の将校がチャプレンから正戦論の講義を受けていたことが発覚したことがある。それまで20年以上にわたり、核の倫理と核兵器というテーマで、正戦論にもとづくカリキュラムがつくられていた。日本への無差別攻撃の大規模空襲や原爆投下の正当化についても教えられていた。

　正戦論が戦争を肯定する手段に使われている、と批判する非暴力・平和主義の教会もある。イエスは戦争について直接触れていないが、非暴力主義を示唆する言葉はいくつかある。「敵を愛し、あなたが憎む者に親切にしなさい」（「ルカによる福音書」6章27節）「剣を納めなさい。剣を取るものは皆、剣で滅びる」（「マタイによる福音書」26章52節）などが使われる。これに対して一部の右派的な福音派は、キリスト教はそもそも平和の宗教ではない、神は自らを戦争の男としているという。真珠湾がなければ原爆投下はなかった、アメリカの大義は正当、謝罪は必要ないとする。大量殺人については、神は怒りのあまりアッシリア人を一夜にして18万5０００人も殺害している（旧約聖書「列王記下」19章35節）。この数字は広島・長崎の犠牲者より少ない、とまで主張する。正戦論に照らして原爆投下を正当化するアメリカ人が少なくないのは否定できない。ここでは、非戦闘員である一般市民が無差別爆撃で大量に犠牲になっていても、原爆投下は正しかった、やむをえなかったとされている。正戦論の是非は、２００１年の９・11同時多発テロへの対抗措置として、アメリカによるアフガン空爆以降、再び深刻な問題となっている。さらに、人類絶滅の危機を起こしかねない核兵器の拡散時代にあっては、戦争がまったく異なる質をもっているので、従来の議論を乗り越えていかなければならない。

　ちなみに、正戦と聖戦（ホーリー・ウォー）が混同されることが多いが、まったく別物である。聖戦は、神の名において行われる積極的な戦争、善と悪の戦い、つまり宗教戦争を意味している。これに対して正戦は、どちらかといえば防衛的なニュアンスをもっているので、聖戦とは区別されている。

# 29

# 戦争に反対する信仰

★非戦闘業務で兵役免除★

## 反戦思想としての良心的兵役拒否

クリスチャンには初代教会のころから、自らの信仰心から人との争いや戦争に反対する者がいたが、国家によって処罰されることも多かった。しかし、キリスト教が広く浸透して、その精神が理解されるようになるにつれて、その強い信念である信仰による戦争反対、兵役拒否が理解されるようになっていった。

歴史的にみて顕著な例が、1756年英仏戦争の際のペンシルベニアでの措置である。本格的な戦争に備えてペンシルベニア植民地は軍隊を組織することになった。法案審議にあたって、当時イギリスから移住してきた多くのクエーカー教徒（キリスト友会、フレンズ派。第31章を参照）が、宗教的見地から銃を取ることができないと訴え、軍隊内で戦闘を伴わない非戦闘の代替作業につくことができるようになった。

憲法修正第1条（1791年確定）の審議に際しては、信教上の自由な行為を禁止する法律を制定することができなかったが、兵役拒否のことも議論されたが採用されなかった。南北戦争が始まって、連邦政府（北部）は徴兵法を制定し（1863年）、300ドル（2020年のドル価では約6400ドル）払えば兵役を免除されるという規定をつくった。64年には限定的だが、良心的兵役拒否（コンシエンシャス・オブジェクション）（CO。コンチとも表現される）を認めるようになった。所属する宗教組織が武器を取ることを禁じている場合のみ、軍隊内での非戦闘業務につくことが許されるようになった。第1次世界大戦になると、良心的兵役拒否は多少進展した。1916年国防法は宗教的信念を前提にして、非戦闘業務につくことを条件に良心的兵役拒否を認めた。翌年の選抜徴兵法もこれを継承したが、戦争を否定する特定の宗教団体（第30章の歴史的平和教会を参照）に対象を限定した。非戦闘業務をも拒否する者は処罰された。

第2次世界大戦にさいして、アメリカは選抜訓練徴兵法（1941年制定、47年失効）を制定し、良心的兵役拒否の申請条件を緩和した。宗派・教派を問わず、「宗教的教育・信念」を理由に良心的兵役拒否の申請ができるようになった。さらに、軍隊内の非戦闘業務につくのを拒否して、軍隊外の代替作業につくことも可能となった。これは「民間公共奉仕作業（シビリアン・パブリック・サービス）」（CPS）と呼ばれ、国家にとって重要な業務を大統領が定め、民間団体によって管理させる。大戦中に約1万2600人が対象となった。少なくとも86の宗派・教派の若者が参加し、なかでも多かったのがメノナイト（アーミッシュを含む。第30章を参照）で、4600人以上で全体の38％を占めた。次いでブレザレン（第32章を参照）、クエーカー、メソジストが続いた。

大統領の指定する国家的に重要な業務とはいえ、管理するのは民間団体なので、違反者が出た場合は軍法会議ではなく、国の司法制度にもとづいて処分が行われた。軍隊内の非戦闘業務としては、病院、衛生兵など医療業務が多かった。軍隊外の仕事としては、精神病院でのケア、山林保全・植林・土壌改良などの自然環境保存事業に従事することが多かった。このCPSは、1930年代のニューディール時代の失業対策として始まった民間資源保存隊（ＣＣＣ）をまねたもので、当時山間地に建設されたバラック・キャンプ場が再利用された。基本的な経費は軍の予算が使われたが、運営費や生活費、事務管理費などの業務管理を任された宗教団体が負担することも多かった。ブレザレンのように、月２・５ドル（２０１９年のドル価では約43ドル）の手当てを支給することもあった。

## 伝統的な宗教的信念の力

戦後は、１９４８年選抜徴兵法、１９６７年軍事選抜徴兵法などにより、従来どおりに宗教的理由から良心的兵役拒否を扱っていたが、１９７３年にベトナム戦争の終戦とともに徴兵制度が廃止された。80年からは選抜徴兵登録制度が発足し、18歳から25歳までのアメリカ国籍をもつ男性は登録が義務づけられた。ベトナム戦争においては、良心的兵役拒否をめぐる裁判闘争が行われた。そのうちの興味深い判決を紹介する。

宗教的理由から良心的兵役拒否を申請する者は多いが、信教の自由を定めた憲法修正第1条を武器に勝利した例がある。軍が宗教的理由を根拠に良心的兵役拒否を認めるのは、国家の宗教に対する中立性を求める憲法修正第1条に反するとして、国家を訴え勝訴したのが１９６５年シーガー最高裁判決である。原告のシーガーは、自分の信条一般には宗教的基礎はないが、反戦に関する信条は宗教的特徴をもっていると主張。裁判所は「宗教的教育・信念」を広く解釈し、良心的兵役拒否は伝統的な宗教のバックグラウンドをもった人のみに適用されるものではないとして、この主張を認めた。

１９７０年のウェルシュ判決では、戦争に反対する理由が、道徳的かつ倫理的信念に起因して、宗教的見解と同じような位置を占めている、つまり伝統的な宗教的信念のもつ力強さをもっている場合は、良心的兵役拒否が認められる、と最高裁は判断した。１９７５年ジレット判決では、すべての戦争ではなく不正義の戦争にのみ反対するのでは、良心的兵役拒否は認められないとされた。原告は、宗教的理由がないと良心的兵役拒否が認められないというのは信教の自由を保障する憲法修正第1条に反すると訴えたが、人道主義的な理由からベトナム戦争に反対するのは徴兵猶予に値しないとされた。

良心的兵役拒否は宗教的信念であれ、そのほかの信念であれ、しょせんは銃を取って国のために戦うことを拒否するというネガティブな印象をもたれることが多い。しかし、銃は取らないが軍隊内で非戦闘の役務を積極的に引き受けた愛国者もいる。良心的兵役拒否者でありながら国家から名誉勲章を受けた人がいるのだ。有名な例が、映画にもなったセブンスデー・アドベンティスト（安息日再臨派、新興キリスト教派の一つ）のデスモンド・T・ドスである。沖縄戦の激戦を描いた『ハクソー・リッジ』（２０１６年公開、メル・ギブソン監督）は、ドスが衛生兵として従軍し、果敢な行動で多くの負傷兵の命を救った実話を再現している。良心的兵役拒否者としてはアメリカ史上初めての叙勲である。名誉勲章というのは、戦闘員の犠牲的殊勲に対して、議会の名において大統領が親授する最高の勲章といわれる。ベトナム戦争でも２人が良心的兵役拒否者として衛生兵に志願、多くの兵士の命を救ったが、２人とも戦場で命を落としている。

映画『ハクソー・リッジ』の実在した主人公デスモンド・T・ドス、良心的兵役拒否者だが衛生兵として従軍した。

# 30

# 歴史的平和教会とアーミッシュの反戦思想

★殺されることも辞さない堅固な信仰★

## 聖書の教えに忠実

代表的な平和教会としてはメノナイト、クエーカー、ブレザレンがある。概略すると、メノナイトは16世紀ヨーロッパ各地で、クエーカーは17世紀イングランドで、ブレザレンは18世紀ドイツで結成された。たとえ正当防衛であっても暴力の否定、無抵抗による抵抗、教会と国家の結びつきを否定する点が共通であった。歴史的にみて、この三つの教会は兵役拒否の権利を法制化するうえで貢献した。

教会と国家の分離を主張するのは、「皇帝のものは皇帝に、神のものは神に返しなさい」（新約聖書「マルコによる福音書」12章17節）、殺人をはじめあらゆる暴力を否定するのは、十戒の一つ「殺してはならない」（旧約聖書「出エジプト記」20章13節ほか）という聖書の教えなどを根拠にしている。無抵抗の思想は「敵を愛し、自分を迫害する者のために祈りなさい」（新約聖書「マタイによる福音書」5章44節）などによる。平和主義を求める聖書の教えは多数あるが、これらを遵守する教会は各地で異端視され迫害されたので、アメリカに移住する者が多かった。平和を求める教会は数々あるが、1935年カンザス州で歴史的平和教会会議が開かれて以来、これらの3教会を「歴史的平和教会」と呼ぶことが定着した。

メノナイトは16世紀スイスで起こったアナバプティスト（再洗礼派）運動を起源とするグループの総称である。メノナイトは平和主義を唱え、宣誓や兵役を拒否、公職にもつかない。アーミッシュは17世紀末にヨーロッパでのメノナイトを離脱し、宗教的迫害を逃れて18世紀中ごろからアメリカ・ペンシルベニアに移住を始めた。当時のペンシルベニアはクエーカー（第31章を参照）を含めて宗教的に寛容で自身もクエーカー教徒であるウィリアム・ペンの統治下であったので、ヨーロッパで宗教迫害を受けた人たちが移住していた。本章ではアメリカにおけるメノナイトの代表としてのアーミッシュを紹介する。

## 徹底した平和主義・非暴力主義

現代のアーミッシュは、1960年にオールド・オーダーとニュー・オーダーに分かれて、前者は保守派、後者は進歩派とされる。保守派は現代文明を原則的に受け入れず、移民当時の服装や生活習慣を維持、電気や自動車を使わない。進歩派といえども、質素な服装、車を使わないなどは変わりないが、男女関係の古い習慣を嫌い、信仰活動の点でもっと福音運動を取り入れるようにしている。農機具なども近代的なものを使用している。信仰活動は、教会堂をもたないので、約30世帯ごとに教区をつくり、一つの家に集まって行われている。

アーミッシュは教育について独自の体系をもっていて、州政府と対立することもある。義務教育を8年間、14歳までと定めている。アメリカの多くの州では高等学校までを義務教育として、16歳か17

歳まで修学させている。14歳までしか通学を認めないアーミッシュの親は、法律違反を犯すことになり、逮捕者が出るようになった。アーミッシュは憲法修正第1条の信教の自由により第8学年以上の義務教育は免除されるべきと裁判で訴えた。1972年最高裁判決によってアーミッシュ独自の義務教育制度が認められた。14歳で正規の教育を終えたアーミッシュの若者は、職業教育を受ける人もいるが、大学に進学することは推奨されていない。ただし、看護師や助産師の資格を取得しようとする女性は、進学することが許されている。

歴史的にみると、アーミッシュは聖書が教えるままの生活を送る。そのためには殺されることも辞さない堅固な信仰をもつ。国家に忠誠は誓わず、戦争になっても戦わないので、裏切り者といわれることもあった。徹底した平和主義、非暴力主義を貫き、ベトナム戦争時には多くの青年が良心的兵役拒否を申請し認められた。兵役を猶予された者は代替役務として病院などで2年間勤務した。しかし、2年間もアーミッシュの特殊なコミュニティを離れることは、異文化に触れたり、非アーミッシュの人々と交わったりすることにより、非アーミッシュ化が進む危険がある。そこで1967年には、軍隊外での代替役務をアーミッシュのコミュニティでの仕事、たとえば農場などでの農作業でも許されるよう申請して許可された。

アーミッシュの信仰を世界的に有名にした事件が、2000年10月にペンシルベニア州ランカスター郡で起こった。アーミッシュの学校で6歳から14歳の生徒5人が銃で殺害されたのだ。犯人のチャールズ・カール・ロバーツ（32歳）は教員と男子生徒を追い払い、女子生徒10人を人質にして教室に立てこもった。妻や警察とのやり取りもあったが、犯人は発砲した。5人が殺害され、3人が重

現代文明を拒否して、いまだに馬車を使い、伝統的な生活様式を守っているアーミッシュ。(KiwiDeaPi, CC BY-SA 3.0, via Wikimedia Commons)

傷を負った。ロバーツは警察が突入する前に自殺してしまう。ここで驚くべきことが起きていた。少女のなかで最年長のマリア・フィッシャー（13歳）が発砲しようとしている犯人に、下級生を救おうとしたのか「私を先に殺して」と願い出ると、妹のバーバラ（11歳）も「次に私を撃って」と訴えたというのだ。この信じがたい言動と直後の村人の行動は「アーミッシュの赦し」として世界中に報道された。

犯人はアーミッシュ村の近くに住んでいたが、信者ではなかった。自分の子どもが出産直後に死亡したことで、神に怒りを感じていたと少女たちに語ったという。事件直後に住民は犯人の妻を訪ねて、悲しく残念なことだが犯人に怒りはもっていないと、妻を慰めている。しかも、犯人の葬儀にまで多くの人が出席しているのだ。この事件には明らかになっていない部分もあるといわれるが、映画や本にもなっている。アーミッシュの人口は2020年で約34万人超、ペンシルベニア州、オハイオ州、インディアナ州に多い。

# 31

# 徹底した平和主義のクエーカー

★男女・人種平等で先駆的な教派★

## 歴史的平和教会の代表的存在

クエーカー（キリスト教友会、フレンズ派）は、イングランドのジョージ・フォックスが開祖。フォックスは1646年、22歳の時に「生けるキリストの内なる光」に触れ、キリストが自分に語りかけるのを聞いたという。52年には光の海が暗闇の海を覆い尽くす幻を見て、神は誰にでも直接語りかけると信じた。人々はすべてキリストの聖なる光に照らされていると説く。内なる光の教えによれば、人類はすべて人種、性、国籍、宗教、階級、思想などの別なく、等しく神の子であり兄弟であり友であるとフォックスは説く。ここから、戦争と平和に関する思想と実践とが出てくる。

こうしたフォックスの教えは、当時のキリスト教とあまりにも違うため、ピューリタンからも国教会からも迫害を受け、何度も投獄された。クエーカー（震える者）は本来、蔑称だったが、現代では当人たちを含めて一般的に広く使われている。その由来は、裁判中に法廷でフォックスが「主の言葉を聞いて震えよ」と判事に迫ったところ、判事が愚弄した口調でフォックスをクエーカーと呼んだことから広まったとの説がある。

フォックスは信仰活動では政治的・社会的問題にも深くかかわった。ロンドンでは社会悪と戦い、宗教的寛容と教育推進にも力を入れた。死刑、戦争、奴隷制に強い反対を唱え、アメリカの先住民インディアンを正当に扱うよう主張した。国内の迫害を逃れて、17世紀後半にアメリカに移住を始めた。ニューイングランドではピューリタンからの弾圧が厳しかったが、ペンシルベニアやロードアイランドでは広く受け入れられた。ペンシルベニアは、クエーカーのウィリアム・ペンが国王の知遇を得て１６８１年に建設されたもので、その名称もペンの名前をとって命名された。ペンは宗教的に寛容な政策を取ったので、クエーカーはもちろんアーミッシュなども多数移住してきた。宗教的迫害を受けた人々にとっての避難地となり、経済的にも繁栄した。

ロードアイランドは、マサチューセッツ湾植民地のピューリタン指導者から危険視されて追放されたロジャー・ウィリアムズがインディアンから土地を購入して、１６３６年に建設した植民地で、宗教的に寛容な政策をとり、クエーカーやユダヤ教徒などの避難地であった。当初この土地はプロビデンス（神意。現在はロードアイランド州の州都）と呼ばれた。ウィリアムズは必ずしもクエーカーの神学に同意したわけではないが、教会の権力からの独立、信教の自由などでは共通していた。

クエーカーは男女平等に関しては先駆的な教派といえる。知的な職業に就く女性の比率が高いことでも有名。アメリカで最初の博士号を取得した女性はクエーカーである（１８７７年、ヘレン・マギル・ホワイト）。同性愛、妊娠中絶などにも寛容である。徹底した平和主義から第2次世界大戦中に多くの救援活動など人道的活動を行い、アメリカとイギリスのフレンズ奉仕団（１９１７年フィラデルフィアで戦争による民間犠牲者の救済のために設立。人道救援や社会正義、人権、平和、死刑廃止などを目指す）が１９４７

年にノーベル平和賞を受けている。終戦直後の日本は、日系アメリカ人とクエーカーが協力して、LARA（アジア救済連盟。宗教、教育、労働などの13団体が第2次世界大戦後のアジアの生活困窮者を救済する目的で結成した組織）を通して送られた大規模な支援物資、いわゆる「ララ物資」の恩恵を受けている。

## 聖職者の説教がない

クエーカーが集まって礼拝するところは、いわゆる教会ではなく、ミーティング・ハウスと呼ばれる。十字架やステンドグラス、オルガンなどがない。神と向かい合う沈黙の祈りが中心で、聖職者の説教もない。じっと神の訪れるのを待ち、霊感を感じた者が立ち上がって話したり、讃美歌を斉唱したり（オルガンがないのでア・カペラとなる）、聖書の朗読をする。祈りの声も発しないし、席上での献金もない。クエーカーは歴史的平和教会の一員として平和活動に積極的に従事するなかで、国際的な良心的兵役拒否の運動でも大きく貢献した。第1次大戦後の荒廃したフランスの被災地で良心的兵役拒否者などがイギリスのクエーカーと協力して、救済・復興事業に携わったこともある。

クエーカーの社会・政治活動は高く評価されてきたが、貧しい人への伝道活動にはやや消極的なこともあってか、会員数はあまり増えていない。クエーカーのインフォメーション・センターによると、全世界で36万人、アメリカ国内では8万7０００人（２００８年）と、歴史的業績や知名度を考えると、かなり少ない。自分自身をクリスチャンではないというクエーカーも少なくないという。著名な信者としては、大統領のハーバード・フーバー（在任１９２９～33年）、リチャード・ニクソン（在任１９６９～74年）などがいる。クエーカーは宣誓を拒否する教義をもつが、大統領は就任式で宣誓するのが普通である。しかし憲法第2条1節8項では、宗教上の理由で「宣誓（スエアー）」できない場合は「確約（アファーム）」でよいと規定されている。フーバーもニクソンも熱心なクエーカーなら確約するはずなのに、両者とも宣誓している。フーバーは周辺の人に確約したと述べたというが、記録では宣誓となっている。

意外かもしれないが、クエーカーは日本の皇室とのつながりもあるのだ。現在の上皇陛下が皇太子の時に、家庭教師であったアメリカ人のエリザベス・バイニングとエスター・ローズは二人ともクエーカーである。バイニングはフレンズ奉仕団広報部に勤務していた時に、皇太子の家庭教師に選ばれ来日している。帰国後はベトナム反戦運動で逮捕されたほどの活動家でもあった。ローズは戦前に来日して東京の普連土（ふれんど）学園で教鞭をとっていた。戦時中に帰国せざるを得なかったが、日本の多くの都市が米軍に爆撃されているのを知って、国務省に爆撃を即時中止するよう訴えたという。日本の真珠湾攻撃後、強制収容された日系人の支援を始めた。終戦後は日系人と協力してララ物資の調達に尽力して、フレンズ奉仕団とLARAの代表として日本の復興に大活躍した経歴をもつ。

明仁皇太子（現上皇）の家庭教師だったエリザベス・バイニング夫人はクエーカー教徒だった。（写真提供：朝日新聞社）

# 32

# 非戦を貫徹するブレザレン

## ★正当防衛でも暴力を否定する無抵抗の抵抗★

### 絶対平和を求める

17世紀末から18世紀中ごろ、ドイツのプロテスタント教会の正統主義信仰が教義化、形骸化していることに反発して、信仰の実践を重んじる敬虔主義の影響を受けた人々が新しい信仰運動を起こした。1708年にアレグサンダー・マックと7人の仲間が、イエスに従う兄弟姉妹として互いに洗礼を行って、信じる者のみによるブレザレン（兄弟団）派を結成した。16世紀から始まったアナバプティスト（再洗礼派）運動の主張する「再洗礼」、つまり、幼児洗礼を否定し、成人が自覚的に信仰告白をしてから受けるのが真の洗礼であるとの信念から再度洗礼を受けることを実践したことで、ドイツの国教会（18世紀末まで国家と教会が結びついた制度があった。今日のドイツでは国家が信徒から徴収する教会税を財源に教会は財政支援を受けている）から弾圧を受けることになった。結成して10年後くらいから弾圧を逃れてアメリカへの移住を始め、マックらのグループも1729年に渡米した。17世紀後半にメノナイト（アーミッシュほか）らが建設したペンシルベニアのジャーマンタウンに移住した。19世紀末には内部分裂して、教会の保守性に飽き足らない一派がブレザレン教会を名乗って独立した。

教義の特徴は、新約聖書のみを権威とする信仰で、国による教会支配と幼児洗礼に反対する。生活においてはイエスの模範に従う。現世的なものから離れて、簡素な生活、質素な服装、高い倫理性を旨とする。愛と平和の実践を唱えるメノナイト、クエーカーと歴史的平和教会を構成する。ブレザレンは、「剣を取る者は皆、剣で滅びる」（新約聖書「マタイによる福音書」26章52節）というイエスの言葉を大切にする。

ブレザレンは独立戦争、南北戦争などで軍務につくことを拒否してきた。連邦政府（北部）は1863年に徴兵法を制定して以来、部分的ながら良心的兵役拒否が認められるようになっていた。第1次世界大戦時、1916年の国防法で軍隊内の非戦闘業務が認められたが、ブレザレンは1918年に「戦争と暴力に関する声明」を宣言して兵役拒否の範囲を拡大しようとした。だが、政府は扇動防止法を制定して処罰を強化しようとしたので、運動は後退してしまった。第2次大戦時では、1935年に結成を再確認した歴史的平和教会の3教会が一致団結して、良心的兵役拒否制度に関する交渉を進めた結果、非戦闘業務の幅が大きく広がった。それまでは軍隊内での非戦闘業務にしかつけなかったが、軍隊外の「民間公共作業」（CPS）を選択することができるようになった。とはいえ、軍隊内の非戦闘業務を選択する者が少なくなかった。

## 宣誓を拒否する

他の歴史的平和教会と同じく、ブレザレンは宣誓を拒否する。しかし、どうしても必要な場合は確約をすることは許される。また、裁判所に訴えて問題を解決することも原則的に禁止されている。日常の信仰活動としては愛餐（ラブ・フィースト）を重視する。初期キリスト教の時代には、信者たちは貧しい人々を招いて、同胞愛のしるしとして会食し、讃美歌を歌ったり聖書を朗読したりしたが、8世紀ころからすたれていた。18世紀になって敬虔派のクリスチャンがこれを復活させたことから、ブレザレンも伝承してきた。また愛餐の際には洗足を行う。イエスが最後の晩餐の時に弟子の足を洗って謙卑（けんぴ）（謙譲）の模範を示したことから来ている。洗足の実践も、プロテスタント教会ではあまり一般的ではないが、イエスの教えに忠実に生きることをモットーにしていた敬虔主義の影響を受けた教会に多い。ブレザレンは「二人または三人がわたしの名によって集まるところには、わたしもその中にいるのである」（「マタイによる福音書」18章20節）という聖句を重視している。

社会活動については「ブレザレン・ボランティア・サービス」のもとで活発に参加する。アメリカ国内では貧しい恵まれない人々への支援として、無料食料の配布、ホームレスのシェルター、ケアセンターなどの設立。若者は奉仕活動だけではなく平和運動にも参加する。国際的に有名になっているのが、ボランティア・サービスが発展して大きくなった「国際ヘファー・プロジェクト」である。1944年に農民のダン・ウエストが貧しい農民にヘファー（若い雌牛）を送る運動を始めた。プエルトリコに17頭の子牛を送ったのが最初である。ウエストは飢えた農民にミルクを送るより牛を送ったほうがよいと考えたのだ。牛が子どもを産んだら、雌を他の貧しい農民に送るようになっている。こうすれば、長期にわたる貧困対策として有効というわけである。これが国際的になり、今日までに125ヵ国、3600万人に家畜や農業技術、農機具などを送ったという。2004年にはビル・メリンダ・ゲイツ財団から表彰され、4300万ドルという莫大な寄付を受けている。

ブレザレンは必ずしも一枚岩とはいえない。政治的、社会的な問題では見解が分かれることがある。保守派は政治・社会活動への参加には消極的、場合によっては批判的である。聖書の無謬性、教会規律を重視して信仰を深めることに専念すべきという。リベラル派はLGBTQ（第34章を参照）には寛容で、同性婚も認めるし、聖職者の地位にもつけるようにと主張する。政治・社会活動への積極的参加を求めている。ブレザレン教会の公式見解としては、聖書は神の言葉であり、同性愛者間の誓約は容認できないとされる。しかし、教会は多様性における調和や団結は認めているので、地区によっては教会ごとに異なる立場を取ることが一般的には許されている。

2002年には、ミシガン地区がブレザレン教会では初めて、同性愛者と公言している者を正式に聖職者として任命したが、翌年にはゲイとレズビアンの聖職任命が却下されている。2012年には、ブレザレン教会は同性婚否認の決議案を採択したが、それを守っていない地区もある。2018年にも、同性婚をした聖職者の資格を剝奪するという提案に公然と反対する地区もあったり、賛成する地区もあったりで、ブレザレン教会にはかなり内部対立が続いていて、解消していないようだ。

教会員の数は昔から多くはなく、最近では減少気味である。1960年代には60万人を数えたこともあったが、2000年初めには12万5000人、2020年には10万人弱となっている。地域的にはペンシルベニア州が最多で、バージニア州、インディアナ州と続く。

# V

# 性的マイノリティと宗教

# 33

# 聖書の教えと性的マイノリティ

★「同性愛は死刑」とする聖句の解釈★

## 聖句にみられる反同性愛表現

性的マイノリティということを同性愛者のことを指す時代が長く続いたが、今日ではLGBTQの表現に見られるように、多様な性的指向や性自認が理解されるようになってきた。しかし、聖書にみられるのは同性愛に関する表現がほとんどである。性的マイノリティを絶対に受け入れない頑迷な信条をもった人は、その反対根拠として、聖書の言葉を信じるクリスチャンとしては聖書の教えに反することはどうしても受け入れることができないと主張する。

聖書の解釈には諸説があるので、同性愛支持の立場と反対する立場からは、異なる結論が導かれることがある。特定の字句が同性愛を禁じているようでも、聖書全体の思想を考えるなら異なる結論が出てくるという。とはいえ、素人が文字通りに聖句を読むと、同性愛行為は許されないとはっきりと述べられているように読めるところがある。有名な聖句をいくつか紹介する。

## ❖旧約聖書「創世記」19章　ソドムの物語

ソドミー（男性間の性交、獣姦）の語源となったもので、同性愛取り締まりのソドミー法として使われることが多い。古代の都市ソドムは、２人の男性を旅人として迎えた家に多数の男たちが押しかけ、集団レイプ（肛門性交）をしようとしたことから悪徳都市とされ、天から降る硫黄と火によって滅ぼされたとされる。そこから、肛門性交と同性愛が同一視され、同性愛が神の怒りを買う行為であると拡大解釈されてきた。ソドムの例は肛門性交を目的とする暴力行為であり、同性愛者たちのお互いの愛情表現としての同性愛行為はまったく異なるので、聖書の教えに反する行為ではない、と同性愛支持派は主張する。

７世紀の聖人画、二人は同性愛関係と解釈されている

**❖旧約聖書「レビ記」18章、20章　いとうべき行為として断罪**

「女と寝るように男と寝てはならない。それはいとうべきことである」（18章22節）

「女と寝るように男と寝る者は、両者共にいとうべきことをしたのであり、必ず死刑に処せられる。彼らの行為は死罪に当たる」（20章13節）

大変に厳しい言葉だが、「レビ記」は主がイスラエルの民に「聖なるものであれ」と命じていることが背景にあるという。

旧約聖書には多くの禁令や戒めがあるが、時代遅れとして無視する教会も少なくない。同性愛行為の禁止も、儀礼的な清浄に関する規定の一つにすぎず、現代の倫理には通用しない、と同性愛支持派は解釈する。またこの聖句が禁じるのは、異性愛者の男性が性衝動にかられて行った行為であり、愛し合う同性カップルの性行為とは異なると理解する。また死刑になる行為はほかにも多くあるが、現代では守られていないものがある。

**❖新約聖書「ローマの信徒への手紙」女性の同性愛の禁止？**

「神は彼らを恥ずべき情欲にまかせられました。女は自然の関係を自然にもとるものに変え、同じく男も、女との自然の関係を捨てて、互いに情欲を燃やし、男どうしで恥ずべきことを行い、その迷った行いの当然の報いを身に受けています」（1章26〜27節）

この句は聖書全体を通して男性の同性愛だけでなく、女性同士の関係にも触れている唯一の箇所である。一般には女性の同性愛を禁じているように解釈されているが、厳密には相手が女性であるとは明示していないので断定はできないという。男女の交わりでの不自然な行為を指すのではないかという解釈もある。またヘブライ語の聖書では、女性の同性愛を禁じる戒めはないと主張する人もいる。男性の場合は、少年男色を示しているのではないかという説もある。

このほかにも新約聖書「コリントの信徒への手紙一」の「男色をする者は……決して神の国を受け継ぐことができません」（6章9〜10節）、「テモテへの手紙一」の「律法は……みだらな行いをする者、男色をする者……のために与えられているのです」（1章9〜10節）などがある。

同性愛を聖書の教えに反する行為と主張する宗教保守派は、聖句を文字通りに解釈して実行すべきという。同性愛者や支持者は、聖書全体の思想を総合的に解釈するならば、聖句は別の解釈が可能であるとする。神がすべての人の生活を支配しているなら、同性愛者も異性愛者と同じく神の創造物であるはずであり、イエスは新約聖書のなかで同性愛の禁止を明示していないので許されるべきだとする。旧約聖書も新約聖書も「不自然な」同性愛行為を戒めているが、「自然な」同性愛行為を禁止しないはずだ。したがって、同性愛の性的指向をもった今日の同性愛者は非難されることはないだろうという。聖書が罰している異性愛者による少年男色などは、性的指向としての同性愛者の性行為とは本質的に異なるということだろう。

## 性的マイノリティをめぐる教会の立場

聖書の解釈はいろいろあるとはいえ、同性愛を認める教会はそれほど多くはないが、次第に理解を示す教会も増えている。神学的に保守的な福音系の教会はいまだに反対の立場を崩していない。なかには教会が賛成・反対に分裂してしまったケースもある。まず同性愛者を受け入れている教会を紹介する。

## ❖メトロポリタン・コミュニティ教会（MCC）

同性愛者の聖職者による同性愛者のための教会としては世界初である。1968年にトロイ・ペリー牧師がロサンゼルスで創設したもので、今日では世界22ヵ国に教会があり、教会員は合わせて4

万3000人ときわめて少ない。アメリカ国内は2万人超である。

**❖合同キリスト教会**（UCC）

アメリカの主流教会としては最も同性愛に寛大で理解があるとされる。1957年にいくつかの教会が合同して設立された。72年に主流教会としては初めて同性愛者を聖職に任命、82年には女性同性愛者を聖職に任命、また主流教会として初めて同性婚を承認した。85年には聖職者としても一般教会員としても、性的マイノリティを広く受け入れる方針を打ち出した。

今日では国内の4800以上の教会が参加しており、教会員は80万人を超えている。社会・道徳問題について最もリベラルな教会として知られている。すべての参加教会が一枚岩になっているわけではなく、たとえば、2005年総会で「すべての人の平等な結婚権」が決議されたが、賛成した教会は80％だった。1985年の性的マイノリティを広く受け入れる方針にしても、実際に実施している教会は30％ほどだという。特筆すべきは、トランスジェンダー（出生時に割り当てられた性別と性自認が異なる人。コラム7を参照）の聖職者が27人（0・4％）いることである。

**❖アメリカ聖公会**

主流教会では最もリベラルな立場を取る教会の一つで、1976年総会決議として同性愛者を神の子として認め、異性愛者と同じ権利を有することを確認している。2003年には同性愛者が主教に任命されている。12年には早くもシビル・ユニオン、つまり結婚ではないが同性カップルの法的結びつきを公式に教会で祝福することを認めた。それ以前にも一部の教会では同性ユニオンを祝福していたという。15年に連邦最高裁が同性婚を合憲と判決してからは、教会では性的マイノリティを含むすべての教会員における結婚の平等が認められている。18年からはＬＧＢＴＱの結婚儀式を行えるようになった。アメリカ聖公会はイギリス国教会をトップとする世界的教会組織に属するが、アメリカ以外の教会では性的マイノリティに反対しているところもある。

以上はきわめてリベラルな教会の例だが、同じプロテスタント教派でも伝統的に保守的な福音系の教会は、ＬＧＢＴＱに対して批判的な姿勢を取ることが多い。その代表的な例をあげる。

## ❖南部バプティスト教会（ＳＢＣ）

アメリカ最大のプロテスタント教会で約１６００万人の会員をもつ。歴史的な人種差別については黒人に謝罪しているが、ＬＧＢＴＱについては断固反対の態度を取り続けている。聖書の言葉を忠実に守って生活していくのを一番大切にしているので、同性愛を姦淫やポルノと同一視して、性的不道徳とみなして非難する。しかし門前払いはしない。「罪を憎んで人を憎まず」ということだろうか、教会は罪人を愛して罪を嫌悪するという立場を取り、再教育するために受け入れている。すべての罪にあてはまる贖罪は同性愛者にもあてはまるという。加えて、聖書は同性愛を罪として批判してはいるが、許しがたい罪ではないとする。

２０１７年にＬＧＢＴＱに批判的な福音派の教会が集まり、保守的な神学的立場を宣明したのが

「ナッシュビル声明」である。福音派指導者が多数、声明の署名者として名を連ねている。その指導的な役割を果たしたのが南部バプティスト教会である。声明の序文では、ますますポスト・キリスト教的になっていく西洋文化が人間の意味を変えようとしている、と危機感を表明する。神は結婚を男性と女性との間の生涯にわたる結合として設計しているとして同性婚に反対し、また生物学的な性と、男性または女性としての自己認識は結びついていると主張する。教会によってはＬＧＢＴＱに関する見解の相違から、伝統ある組織が分裂したところもある。

### ❖合同メソジスト教会（ＵＭＣ）

プロテスタント教会としてはアメリカで2番目に大きな教会である。教会規則では「同性愛はキリスト教の教義と相容れない」と明記されている。同性愛は罪であり、禁欲していない同性愛者が聖職につくことを禁止している。同性婚は創造主の計画に沿わないとする。しかし、性的マイノリティに対する理解を示す聖職者も増えたことから、２０１９年総会で分裂が決定的となった。翌年、教会規則を厳守したいとするグループがＵＭＣを離脱して新組織を結成することになった。22年5月には「グローバル・メソジスト教会」として新しいスタートを切った。保守派ではあるが、新教会は女性の聖職者を任命し、人種的平等にも努力するという。ＵＭＣは世界中に所属教会があり、約１２７０万人の会員数をもつ。アメリカ国内には約６８０万人がおり、新教会がスタートすると、そのうちの30～40％が移行するとみられている。

プロテスタント教会は大小さまざまで、教義もそれぞれ異なっていることが多い。これに対してローマ・カトリックはローマ教皇を最高指導者として、一枚岩として世界に君臨している。とはいえ、内部には見解の相違があり、アメリカとバチカンの違いもある。

### ❖アメリカ・カトリック教会

アメリカのカトリックは国内最大の教会組織で、7000万人の会員を擁する。同性愛行為は罪深い、許されない行為であるとする。しかし、同性愛者であること自体は罪ではないので、教会としては歓迎する。同性愛行為をしていないことが前提である。これはカトリックの基本的な立場だが、アメリカでカトリックが多い州として知られるマサチューセッツ州では同性婚が正式に認められているし、アメリカ全体ではシビル・ユニオンを認めるカトリックは8割以上である。バチカン（ローマ教皇庁）とは大いに異なる。

### ❖ローマ・カトリック教会

カトリック教会の教義は、同性婚は創造主の計画に沿わないので同性カップルの結合は祝福できないとしている。しかし、ローマ教皇フランシスコは、2020年に公開されたドキュメンタリー映画で、「シビル・ユニオンは認められるべきだ。同性愛者は神の子であり、家族の一員になる権利がある。誰も見捨てられたり、惨めな思いをさせられたりしてはならない」と語ったのだ。だがバチカンは、教皇の発言が文脈からはずれて引用されたもので、同性婚を支持しているわけではないと発表し

同性愛は認められないとするローマ教皇フランシスコ　(Casa Rosada (Argentina Presidency of the Nation), CC BY-SA 2.0, via Wikimedia Commons)

ている。

教皇フランシスコは前職のブエノスアイレス大司教時代に、同性婚を法的に認めることには反対していたし、２０１３年には、著書のなかで同性カップルを異性婚カップルと同等とみなすことは「人類学的退行」になり得るとまで述べていた。ただし、同性愛行為は罪と断じるカトリック教会の立場を示した一方で、同性に対する性的指向は罪でないことも公言していた。アメリカやドイツのカトリック教区のなかには、ＬＧＢＴＱを歓迎し、同性カップルを祝福することがあるが、バチカンに変化はない。19年公表の「神が創造した男性と女性」という文書では、人々がジェンダーを選んだり変更したりできるという考えは自由の概念を混乱させている、そもそも男性と女性の性器は生殖のためにあるのだ、と強調している。

# 34

# 信教の自由を利用したLGBTQ差別

★公民権法を超える平等法が必要★

## 偏見と法的差別

同性愛がアメリカ社会で大きな注目を浴び、それまで隠れた存在であった人々がカミングアウトして街頭に出て差別撤廃を叫ぶようになったのは、1969年、ニューヨーク市でのストーンウォールの反乱からといってよいだろう。グリニッジ・ビレッジのゲイバー、ストーンウォール・インがいまだにLGBTQの聖地といわれるゆえんである。人種差別、女性差別などは、公民権運動や女性運動などの成果によって法的に禁止されるようなったとはいえ、いまだに差別や偏見が残っているのは明白な事実である。それ以上に強い差別を受けてきたのが性的マイノリティである。シビル・ユニオンに次いで同性婚が合法となったが、黒人や女性への差別を禁止する公民権法は性的マイノリティの保護としては十分ではない。実態はどうなのだろうか。いくつかの調査結果を紹介する。

最新のギャラップ調査（2022年）によると、LGBT、あるいは異性愛以外と自己認識している成人の割合は7・1％である（12年から倍増している）。その内訳は、ゲイ20・7％、レズビアン13・0％、バイセクシュアル（両性愛）56・8％、トラン

LGBTQ の聖地といわれるニューヨークのストーンウォール・イン
(Rhododendrites, CC BY-SA 4.0, via Wikimedia Commons)

スジェンダー10・0％、その他4・3％である。性的マイノリティ研究で有名なウィリアムズ研究所（カリフォルニア州立大学ロサンゼルス校所属）の22年発表の調査報告によると、トランスジェンダーと自己認識する人は13歳以上で160万人、人口比は0・6％、民族・人種別の比率ではアメリカ・インディアンとアラスカ先住民がともに1・8％、ラテン系1・8％、黒人1・4％、白人1・3％、アジア系1％である。地域別では首都ワシントン9・8％、オレゴン州5・6％、ネバダ州5・5％、マサチューセッツ州5・4％、カリフォルニア州5・3％となっている。人口比のなかで注目すべきは、年代別の違いである。13〜17歳が1・43％、18〜24歳は1・31％と、若者が圧倒的に多いことだ。成人130万人をみると、トランスジェンダーのうち性自認が男性である人35・9％、同じく女性である人38・5％となっている。同研究所のウェブサイトの「よくある質問」をみると、アメリカには同性カップルが70万組いて、35万7千組が結婚しているという。同性カップルの24%が子持ち（養子縁組を含む）である。多様性がアメリカ社会の目標となっている今日では、その存在感はますます大きくなっている。

世論の変化も徐々に好転してきている。ギャラップが１９７７年に初めて同性愛について世論調査を実施した当時の結果と２０１９年の結果を比較すると一目瞭然である。「大人のゲイとレズビアンが合意の上で結ばれる関係は合法的であるべき」とする割合は、43%から83%へと倍増しているのだ。「ゲイとレズビアンは生まれつきのもの」にいたっては、13%から49%へと4倍弱にまで増大している。同性愛者など性的マイノリティに対する理解が大いに高まっているのは確かである。バイデン政権をみても、同性婚している男性が運輸長官となっているし、トランスジェンダーの女性が厚生次官補になっている。ＬＧＢＴＱという言葉をメディアで見ない日はないくらいだ。

公民権法は人種差別や女性差別を禁じているが、性的マイノリティ差別については明確になっていない。どうしても平等法のような法律が必要になっている。仕事、住宅、公共施設などにおける性的マイノリティ差別には反対とする世論は7割以上ではあるが、性的マイノリティを聖書で禁じられた行為をする人たちとみなす宗教保守派の差別感は根強く残っている。州によっては性的マイノリティ差別を禁止する平等法が成立しているが、まだ半数に届いていない。連邦議会では２０２１年に下院を通過しているが、いまだ上院で難航している（２０２３年1月現在）。

平等法に対する一般の支持は7割を超えているが、性的マイノリティの性自認と性的指向に関する差別を法的に禁止することに宗教的理由で反対する保守派の力はいまだに強い。その他の差別には反対する人でも、この問題については憲法修正第1条の信教の自由を持ち出して差別を擁護するのだ。かつての連邦法「信教の自由回復法」（RFRA）は学校や職場などでの宗教表現を保護していたが、1997年に最高裁で違憲となっているので、近年では州議会がこれを復活させて性的マイノリティ差別を合法化してきた。

たとえば、ごく卑近な例をあげると、合法化された同性婚を禁止することはできなくても、披露宴会場、ウェディングケーキ、写真撮影、花束など、結婚に付随するサービスを提供する事業者が、自らの信仰上の理由から注文を断ることができるようにするのだ。差別を禁止できても、憲法で保障された信教の自由を持ち出してサービスを拒否することを禁止するのは法的には難しい。この種の「差別法」が20州にあるという。本来の信教の自由とは、個人が実践する宗教活動が抑圧されないことを保障するものだ。しかし、これらの州が制定した信教の自由は、特定の教義（たとえば反同性愛）を重んじる団体や個人を保護し、差別を正当化するものである。また、企業が宗教的理由から解雇することさえ可能になる。こうした性的マイノリティ差別を合法化している州法を無効とするために連邦法としての平等法が必要になっている。とりわけ、トランスジェンダーへの差別は激しくなっているからだ。

バイデン大統領は2022年6月のLGBTQの権利尊重を訴える「プライド月間」に大統領令に署名、各省庁に対しLGBTQの権利や安全を守るための行動を取るよう指示した。法律ではないので効果は限定的だが、大統領のスピーチの最後は印象的だった。「私がすべての若者に伝えたいことは、ただあなたらしくいてくださいということです。ありのままのあなたで愛され……あなたの居場所があります。あなたの大統領として、このステージにいる全員があなたの味方だと伝えます」。

同性婚は２０１５年に最高裁で合憲判決が出ているが、ロウ判決が覆されたように、前判決がいつ覆るかわからない。そこでバイデン政権は22年末に「結婚尊重法」を成立させ、最高裁がある州の同性婚を違憲と判決しても、他州で合法結婚した同性カップルは結婚が無効にならないように、保護規定を制定した。これは超党派で成立したため、信教の自由が行使できるような弱点をもっている。宗教組織は同性カップルの挙式を強制されないなども問題である。

## 宗教がらみの差別

用語としてはゲイ、レズビアン、バイセクシュアルには長い歴史があるので、社会での認知度は高く、理解も深まっている。しかし、トランスジェンダーは比較的新しい用語で、意味も複雑なので、一般国民の理解はきわめて浅い。トランスは「越える」「向こう側の」という意味である。トランスジェンダーとは「体の性（生物学的性）」と「心の性」が一致しないという感覚「性別違和」をもっている人、あるいは出生時に割り当てられた性別と異なる性自認をもつ人と説明される。身体を性自認に近づけるために、ホルモン療法や「性別適合手術」（かつて一般的には性転換手術と呼ばれた）を望む人もいれば、望まない人もいる。

生物学的には男性だが性自認（ジェンダー・アイデンティティ）が女性なら、「トランスジェンダー女性」である。その逆の場合は「トランスジェンダー男性」となる。アメリカ精神医学会は同性愛については、１９７３年に精神障害診断基準のリストからはずしている。トランスジェンダーについても、「性同一性障害（ジェンダー・アイデンティティ・ディスオーダー）」のカテゴリーをつくって精神疾患としていたが、２０１２年に「性別違和（ジェンダー・ディスフォーリア）」に変更した

（日本精神神経学会も同じく変更したが、法律名が変わっていないせいか、日本のメディアはほとんど変更せずに「性同一性障害」を使っている）。

聖書の時代に今日のようなトランスジェンダーの概念があったかどうかもわからない。そこでトランスジェンダー批判に引用される聖句をコラム7「聖句とトランスジェンダー」にまとめてみた。差別として大きな問題は去勢した人（宦官）と異性装である。聖書の時代の宦官や異性装は今日のトランスジェンダーと関係ないのに、性別適合手術を受けた人、女装と男装をしている人は、そうした行為が聖句で批判的に扱われているとして攻撃されることが多い。しかし、聖書には同一テーマでも異なる表現をするものがあるので、ある聖句でトランスジェンダーが否定されているように読めたとしも、他のところで肯定されていることがあるので、安易に結論を出す必要はない。聖書はやはり救いの書なのである。

# 35

# トランスジェンダーへの新しい差別

## ★州レベルで多発する反トランスジェンダー立法★

### 宗教保守派は新しい人間像を理解しない

これまでなら、聖書にあるように神は男と女を創造し、結婚は男と女の間で行われ、子どもをつくることが、少なくとも聖書の教えに忠実に生きるクリスチャンにとっては普通と考えられてきた。男と男、女と女の性愛や結婚は聖書の教えに反することから反対が起こっていた。ここでは性は二つしかない。しかし、ジェンダー、つまり生物学的な性別あるいは性差（セックス）に対して社会的・文化的につくられた性別という概念が提唱され、これまで認知されなかったような性自認を主張する人々は、聖書にはない人間とみなされ、それゆえに差別されるのだ。

以下に紹介するように、トイレやスポーツでの法的な差別は、ほとんどが宗教保守派によるものだ。彼らは聖書にない新しい人間像をなかなか理解できない。第34章で述べたように、1964年公民権法ではこうした新しい事案を対処できないので、平等法のような法律の成立が必要となる。福音派やカトリックが平等法に反対するのは、信教の自由という憲法上の権利を使って、差別禁止を宗教的免除規定で逃れるのが難しくなるからだとされる。たとえば、宗教系の教育機関がトランスジェンダーを差別すると、連邦政府から補助金がカットされたり、学生が連邦の奨学金を申請できなくなったりする。以下に紹介するトイレの使用制限とかスポーツ界などでの差別は、トランスジェンダーが直面する代表的な障害である。

すべてのジェンダーの人が利用できるトイレの表示

### トイレの使用制限

性自認と生まれたときに割り当てられた性別が一致しているシスジェンダーは、性的指向にかかわらず、公衆トイレを使用する際は自分の性に従うので問題はない。しかし、トランスジェンダーの場合、トイレに性別区分があると、生物学的性別が一致しないことになる。州によっては出生証明書に示された性にもとづいて公衆トイレを使用することを、法律で義務づけているところがあるので、トランスジェンダーにとっては大きな障害となっている。２０１６年にノースカロライナ州が全米で初めてトランスジェンダーのトイレ使用制限法を制定、最大都市シャーロットなどにあった自己の性自認で選べたトイレを、宗教保守派らが中心になってこれを廃止した。

トランスジェンダーや支持者にとって解決の難しい問題は、こうした反トランスジェンダー法が性自認と身体的性が一致しているシスジェンダーの人にとって、必ずしも差別として映らないことがあるということだ。たとえば、トランスジェンダー女性が女性トイレに入ると、シスジェンダー女性の利用者が違和感をもったり、乱暴されるのではないかと不安を感じたりするのではないかという懸念がある。またこれとは反対に、生まれたときの性は女性であったトランスジェンダー男性が男性トイレに入って、男性から乱暴を受けないか不安をもつことがあるという。したがって、ニューヨーク市のように「ジェンダー・ニュートラル」、その他の市の「オール・ジェンダー」などの表示を掲げ、性別を特定しないトイレにすることを義務づけているのが望ましいとする意見が強い。

## スポーツ界での差別

スポーツは必ずといってよいほど競技参加には男子・女子の区別がある。性別適合手術を受けたトランスジェンダー女性が個人競技に参加する場合、女子として登録する。人権上はそれが正しいのだが、なかなか一般的な理解が追いつかないことがある。なぜなら、その選手は男性としての筋肉がついている場合もあるだろうし、シスジェンダー女性の選手にとっては公正な競争ではないと考えがちである。こうしたスポーツ参加を制限する運動には、トイレでの差別と同じく、宗教的動機がみられる。とくにキリスト教ナショナリズム（27章参照）、つまりアメリカはキリスト教国であり、キリスト教の価値観が重視されるべきという宗教右派に属するような人たちも関係している。トランスジェンダー女性を法的にスポーツ界から追い出そうとしているといってもよい。

アメリカ自由人権協会（ACLU）が2021年に公表した調査結果によると、トランスジェンダー女性が女子競技に参加するのを禁止あるいは制限する法案を議会に提出した州は、25州にも及ぶ。南部のミシシッピ州では禁止法が成立、共和党知事は「少女たちが『生物学的男性』と競うことを強いられないよう、誇りをもって」法案に署名した。学校対抗の女子スポーツでトランスジェンダー女性を禁止しようとする法案は34州にも及ぶという。世論調査でも7割の人がそうした制限を支持しているのである。

大変興味深いのは、かつてオリンピック十種競技でアメリカ男子代表として金メダルを獲得し、その後トランスジェンダーであることを公表して性別適合手術を受け、女性として生活してきたケイトリン・ジェンナーの意見である。元運動選手のトランスジェンダー女性であるジェンナーが、生物学的に男性であるトランスジェンダー女子生徒が学校の競技で女子と競うことは公平ではないので反対だと公言した。ジェンナーは、カリフォルニア州知事のリコール（２０２１年）がもし成立した場合に予定される知事選に共和党から立候補するので、保守的な共和党員の支持を得るためにはトランスジェンダーへの差別法成立に賛成せざるを得なかったのかもしれない（リコールは成立しなかった）。

トランスジェンダーのケイトリン・ジェンナー、オリンピック金メダリストはトランスジェンダー女性が女子競技に参加するのは反対だという。

国際的なスポーツ大会でもいろいろな規制が設けられているが、国際水泳連盟（ＦＩＮＡ）は２０２２年、男性の思春期をわずかでも経験した場合、女子競技への出場を認めないことを決めた。また、大会で「オープン」というカテゴリーの設置を目指すことも決めた。

### 治療や手術を法的に制限する

反LGBTQ派は、同性愛は病気なので適切な治療で治すことができると主張するが、この種の治療は医学的には有害とされ、東部など約10州では認められていない。一方、トランスジェンダーに関しては、性別違和の軽減（生物学的性別と一致するように性自認を「治す」のではなく）に有効な治療や手術を反LGBTQ派が法的に制限あるいは禁止する事例がある。アーカンソー州議会は2021年に、医師が未成年者に対して性別適合手術、第2次性徴抑制ホルモン治療（第1次性徴は男女性器にみられる特徴、第2次性徴は思春期に現れる性器以外の身体の各部にみられる男女の特徴）などを施すことを禁止する法案を可決した。知事（共和党）は拒否権を行使したが、議会は翌日にこれを覆したため、18歳未満トランスジェンダーへの治療を禁止する法案は、専門家の反対を押し切り、アメリカで初めて成立してしまった。

一般にいう性ホルモン治療は、女性ホルモンのエストロゲン、あるいは男性ホルモンのテストステロンを投与して、性自認に見合った第2次性徴の発達を助けることである。ここでいう第2次性徴抑制ホルモン治療は逆に、性的違和感を軽減するために、一定期間、下垂体からの性腺（卵巣、精巣）を刺激するホルモンを抑制させ、第2次性徴の発現を抑制する治療のことをいう。成人してからのうつ病や自殺を軽減するのにも有効と評価されているものである。

こうした州によるさまざまなLGBTQ差別、とりわけトランスジェンダーに対する激しい差別を撤廃するには、どうしても平等法がが必要なのである。

コラム7

## 聖句とトランスジェンダー

性的マイノリティの5割近くが宗教的で、クリスチャンが多い。ウィリアムズ研究所によれば、成人ＬＧＢＴの27％はきわめて宗教的、19・7％は適度に宗教的と推定され、モルモン教徒やイスラム教徒も各々10万人以上が含まれるという。黒人は70％超が宗教的である（2020年報告）。したがって、聖書で同性愛やトランスジェンダーを否定されるのでは信仰活動ができないと深刻に悩む。特に、神は男と女を創造した、その区別が当てはまらないトランスジェンダーを聖書は受け入れがたいと解釈されることが多い。服装と生殖器に関してトランスジェンダーにあてはまる聖句もある。その代表的なものを紹介するが、意味合いが相反する聖句もあるので十分な理解が必要だ。

**旧約聖書「申命記」　異性装の禁止**

「女は男の着物を身に着けてはならない。男は女の着物を着てはならない。このようなことをするものはすべて、あなたの神、主（しゅ）はいとわれる」（22章5節）は、まさに女性の男装と男性の女装を禁止している。

**新約聖書「ルカによる福音書」　衣服のことで悩むな**

これに対して、新約聖書「マタイによる福音書」では「体は衣服より大切ではないか」（6章25節）、「なぜ、衣服のことで思い悩むのか」（同28節）と述べているので、イエスは異性装を認めていると解釈できるとの主張がある。また「ルカによる福音書」でも、「イエスは弟子たちに言われた。『だから、言っておく。命のことで何を食べようか、体のことで何を着ようかと思い悩むな。命は食べ物よりも大切であり、体は衣服よりも大切だ』」（12章22～23節）は実に明快である。もちろん、これらの肯定的な表現は、旧約聖書の異性装の禁止とは時代も状況も異なる背景で語られたのだろうが、信仰心の篤いトランスジェンダーの人々にとって救いになることは確かだ。

**旧約聖書「申命記」　去勢した者は主の会衆に加われない**

「申命記」には、「睾丸（こうがん）のつぶれた者、陰茎を切断されている者は主（しゅ）の会衆に加わることはできない」（23章1節）とある。現代風に文字通りに解釈するならば、性別適合手術を受けたトランスジェンダー女性は、神から見捨てられたようにみえる。

歴史的にみると、宦官は刑罰として去勢されたり、異民族の奴隷となり去勢された後に王侯に仕える者である。トランスジェンダーがもつ性自認とはまったく関係ないので、トランスジェンダー批判に引用するのは適切ではない。古代中国で宦官制度が盛んになってからは、権力に近づく一つの手段として自らの意志で去勢する自宮（じきゅう）はまれながらあったとされるが、これも性自認とは無関係である。

旧約聖書「イザヤ書」は去勢した人（宦官）にも救いの手を差し伸べている。「……宦官が、私の安息日を常に守り、わたしの望むことを選び、わたしの契約を固く守るなら、わたしは彼らのために、とこしえの名を与え……」（56章4～5節）とあり、去勢した人を祝福すると主は述べている。

**「マタイによる福音書」　天の国は受け入れる**

新約聖書でも、「マタイによる福音書」には「結婚できないように生まれついた者、人から結婚できないようにされた者もいるが、天の国のために結婚しない者もいる。これを受け入れることのできる人は受け入れなさい」（19章12

節）とある。ここからは次のことが読み取れる。先天的に性器に障害をもった人と去勢された人（宦官）も、天の国に受け入れられるということなので、これを現代的に広く解釈すれば、トランスジェンダーのクリスチャンは自分の信仰を実践していけばよいということだろう。

**新約聖書「使徒言行録」　洗礼を受けたエチオピアの宦官**

　エチオピア女王の高官が、神を求めて数千キロも離れたエルサレムに来たが、宦官であったため神の会衆にはなれず帰国の途についた。馬車で聖書を読んでいる時、神の導きで福音宣教者のフィリポに出会い、洗礼を受け喜びあふれる旅を続けた（8章27～39節）。

　聖書の言葉は、特定の民族における特定の時代・社会の状況を前提としており、そのような社会のなかで有効な言葉であるという現実を認めないといけない。

# VI

# 生と死をめぐる宗教

# 36

# キリスト教は妊娠中絶を禁止しているか

★聖書解釈で異なる立場★

## ギリシャ・ローマ時代の生命観

妊娠中絶（人工妊娠中絶、中絶、堕胎）がきわめて日常的な行為とみなされていたギリシャ・ローマ時代をまず見てみよう。妊娠中絶と新生児遺棄はごく普通で、ギリシャの偉大な哲学者プラトンは、女性は40歳までに子どもを産み、それ以後は妊娠中絶すべしとの立場だった。妊娠３ヵ月以降の胎児を生命のある存在と認めていたが、その命より国家の要求を大事にした。アリストテレスにしても、家族の人数を抑えるための妊娠中絶や新生児遺棄を奨励した。受胎後、男なら40日、女なら90日たつと、胎児には命が備わると一般的には考えられていたが、命を尊重することはなかった。二人の偉人がかくも胎児を軽視するのは、国の領土が狭いため、人口過剰から貧困が生じ、国が弱体化しないようにしたためという。

ローマ時代でも妊娠中絶と新生児遺棄は広く行われていたが、紀元前81年制定のコルネリウス法では、妊娠中絶薬業者と妊娠中絶した母親へのなんらかの罰則が適用された可能性があるという。ローマの法律では胎児を人間とみなしておらず、臓器の一部と考えていたので、胎児の命への配慮はない。雄弁家として有名だったキケロは、紀元前65年ころ妊娠中絶に対して明確な反対を唱えた。当時の道徳的退廃を非難する意味もあって、意図的な妊娠中絶には死刑を要求したという。これは、家父長権や国家に対する権利の侵害という立場に立ってのことで、母親や胎児のことには言及していない。妊娠中絶を犯罪とする勅令が3世紀に出された。妊娠中絶は男性の子孫を得る機会を失わせる行為なので、夫に無断で妊娠中絶をした女性には一定期間の追放を命じた。ここでも胎児や女性の権利は考慮されていない。

## 初期のキリスト教にみる妊娠中絶

1世紀から3世紀までの初期のキリスト教は、ローマ帝国時代に弾圧のもとでも次第に広がり、313年には公認され、392年には他宗教が禁止され、キリスト教が国教として地位を確立した。キリスト教の文書で最初に妊娠中絶を明白に論じたのは、2世紀初期に書かれた「ディダケー」（十二使徒の教訓）とされる。殺人など多くの禁止条項を示し、そのなかに「妊娠中絶や殺害によって子を殺してはならない」と記している。新約聖書にはとくに妊娠中絶についての議論はないとされるが、妊娠中絶に反対するキリスト教の立場、つまり胎児は神の摂理のもとにあること、妊娠中絶は人殺しであること、妊娠中絶した者を有罪にすることなどは理解されていった。2世紀後半からキリスト教の妊娠中絶に関する思想は、次第にローマ法に影響を与えていった。

キリスト教教会は305年にエルビラ宗教会議を開いて、「姦通によって女性信者が妊娠し、その胎内の子を殺した場合、その女性は一生、聖餐にあずかることはできない」と定めた。4世紀半ばの教会法令集に含まれる「使徒教憲」には、妊娠中絶と嬰児殺しを不道徳行為とみなし、これを禁じた。胎児や嬰児は神によって造られ、神から魂を授かっているからだという。ローマ帝国時代末期の最大の神学者アウグスティヌスは当初、魂をもった人間の萌芽である形成された胎児と未形成の胎児に分けて、前者の妊娠中絶は殺人とみなし、後者の場合は不道徳だが殺人ではないとした。しかし後年、人間の命はすべて神の被造物とみなすようになり、胎児の命がいつ始まるのかは人間には判断できないので、すべての命を尊重すべきと結論した。

## 聖句にみる妊娠中絶

現代のアメリカで妊娠中絶に反対するプロライフ派、妊娠中絶を女性の権利として擁護するプロチョイス派とも、聖句を自分の立場を合理化するために利用する。同じ聖句でも解釈が両者でまったく逆になることもある。

プロライフ派が利用できる聖句は百以上あるという。最もポピュラーなのが「見よ、子らは主からいただく嗣業(しぎょう)」(旧約聖書「詩編」127章3節)である。嗣業とは遺産として相続する財産のことだが、この句は一般的にいえば「子は神からの贈り物」という意味だ。同じく有名な句は、「殺してはならない」という神の掟の十戒の一つで、これを胎児にあてはめる(「出エジプト記」「マタイによる福音書」など)。神は胎児が母の胎内にいるときから見守っているという。胎児は神に感謝さえしているとプロライフ派は主張する。「あなたは、わたしの内臓を造り、母の胎内にわたしを組み立ててくださった。わたしはあなたに感謝をささげる」(旧約聖書「詩編」139章13〜14節)。神は胎児の授精前から知っているというものまである。「わたしはあなたを母の胎内に造る前から、あなたを知っていた。母の胎から生まれる前に、わたしはあなたを聖別し、諸国民の預言者として立てた」（同「エレミヤ書」1章5節）。

たとえプロチョイスであれ、敬虔なクリスチャンが望まない妊娠をしてしまった場合、できれば聖書の教えに反しないで妊娠中絶をしたいと思うのは当然だ。一番簡単なのは、胎児は人ではないので妊娠中絶は殺人ではない、と解釈できる聖句を探すことだ。たとえば、胎児の命よりも妊婦の命が優先されるとなれば、やむをえない事情で行う妊娠中絶は許されるという解釈は可能ではないか。「人々がけんかをして、妊娠している女を打ち、流産させた場合、もしその他の損傷がなくても、その女の主人が要求する賠償を支払わなければならない。もし、その他の損傷があるならば、命には命、目には目を……もって償わねばならない」（「出エジプト記」21章22～25節）。つまり、女性に与える危害に対する償いには罰金刑から死刑まであるのに、胎児への危害は流産で死亡しても罰償ですんでしまうのだから、聖書の立場は母体を優先的に考え、胎児は副次的な扱いをしていると解釈できることになる。これは、プロチョイス派が好む代表的な聖句とされる。

また、聖書では必ずしもすべての生命が尊重されているわけではない、とプロチョイス派は主張する。「たとえ、彼らが子供を育てても、わたしがひとり残らず奪い取る」（旧約聖書「ホセア書」9章12節）や「主よ、彼らに与えてください。あなたが与えようとされるものを。彼らに与えてください、子を産めない胎と枯れた乳房を」（同14節）、「たとえ子を産んでも、その胎の実、愛する子をわたしは殺す」（同16節）などは実に残酷な言葉である。子どもが神の賜物で、殺してはならない、が広く信じられているが、この言葉は意外である。さらに、不幸になる子は生まれないほうがよいと暗示する聖句がある。「しかし、長生きしながら、財産に満足せず、死んで葬儀もしてもらえなかったなら、流産の子の方が幸運だとわたしは言おう。その子は空しく生まれ、闇の中に去り、その名は闇に隠される。……しかし、その子の方が安らかだ」（旧約聖書「コヘレトの言葉」6章3〜6節）。聖句には複雑な背景があり、その解釈もさまざまあるので、都合のよい句を単純に引用するのは適切ではない。とはいえ、プロライフ派もプロチョイス派も、自らの主張を正当化するために聖句を利用したいのだ。

# 37

# 妊娠中絶に対する宗教界の立場

――★妊娠中絶観を変える教会と変えない教会★――

## ユダヤ教の立場

ほとんどの場合、母体の命を救うための妊娠中絶は許される。胎児は生きていないとされるので妊娠中絶は殺人とみなされない。その背景は、胎児よりも母体が優先されるので、母体にとって必要な妊娠中絶であれば許される。ユダヤ教には主に4集団（正統派10％、保守派14％、改革派28％、再建派2％。第4章参照）に分類され、多少の妊娠中絶観の違いはあるが、原則として容認される。ユダヤ教の法律集であるタルムードによれば、胎児は母体と同じ権利をもたず、母体を出て息を吸って初めて魂が体に入るとされる。妊娠中絶を合法とみなす割合は83％と、主要な宗教集団としては一番高い。主流教会トップのアメリカ聖公会の79％を上回る。

## カトリックの立場

### ❖ローマ・カトリック教会

19世紀後半までは、胎児に魂が宿っているかどうかで妊娠中絶の可否が判断されていたが、教皇ピウス9世がその基準を破棄して、すべての妊娠中絶を破門の対象とした。以来カトリックの反妊娠中絶の厳格な立場が維持されてきた。アメリカでは妊娠中絶を合法とした１９７３年のロウ判決（第38章参照）を強く批判し、プロライフ運動の中心となってきた。レイプ、近親相姦による妊娠でも妊娠中絶を許していない。しかし、２０１５年末に教皇フランシスコは、妊娠中絶に対して「深い悔恨の念」をもって告解した女性に赦しを与える権限を全司祭に与えると表明した。つまり、妊娠中絶が許されるわけではなく、場合によっては破門の罪には問われないこともありうるようになった。教皇は18年にも妊娠中絶について触れ、無垢で無防備な命を殺す行為は正義にかなっていないと強調した。

### ❖アメリカ・カトリック教会

アメリカのカトリック教徒はすべてがバチカンやアメリカ・カトリック司教会議（ＵＳＣＣＢ）の教義に従っているわけではない。プロライフ運動の中心勢力であるには違いないが、「選択を求めるカトリック」（ＣＦＣ）のようにプロチョイス派も存在する。性と生殖に関する自由は、カトリックにとって社会的公正の価値観であると主張する。白人カトリックの妊娠中絶支持率は52％で、白人プロテスタントの59％と比べてもそれほど大きな違いはない。白人福音派の30％よりはるかに妊娠中絶容認度は高い（２０１８年ＰＲＲＩ調査）。

### プロテスタント教会の立場

妊娠中絶に関する立場は実に多様で、同じ教派でも教会によって異なることもある。福音系の教会はプロライフ色が、リベラルな主流教会はプロチョイス色が強い。所属する教会員の妊娠中絶支持率をみると、アメリカ聖公会79％、合同キリスト教会72％、長老派教会USA65％、アメリカ福音ルーテル教会（ELCA）65％などである（2017年ピュー調査）。ここでは主な組織のみを取り上げる。

## ❖南部バプティスト教会

アメリカ最大のプロテスタント教会で1400万人超を擁するが、ここ十数年で200万人も減った。白人は減少する一方で、黒人、ヒスパニックなどが増加している。レイプや近親相姦による妊娠、母体の救命などの場合は妊娠中絶を容認していたが、2003年から強硬な反妊娠中絶となった。「受精から自然死に至る、あらゆる人命の神聖さを強く主張する」として、妊娠中絶に寛容だった過去の総会決議を破棄してしまった。19年には長年にわたる大規模な聖職者による性的虐待が明らかになり、組織的な混乱が続いていたが、21年にはプロライフだが穏健派とされるエド・リットンが新議長に選出された。南部バプティストを含む福音派全体を対象にした興味深い調査がある。条件付きの妊娠中絶支持は67％である。ところが道徳的に間違っていることについて挙げてもらうと、妊娠中絶が77％、既婚者による配偶者以外の人との性的関係が98％である。つまり、ほぼ全員が妊娠中絶より不倫の方が不道徳とみなしているのだ。妊娠中絶を減らす方法については、避妊知識を広めるが65％であるのに対して、養子縁組みの手続きをもっと簡単にするが78％である（2009年ギャラップ調査）。

## ❖合同メソジスト教会

南部バプティスト教会に次ぐ大規模組織だが、プロライフとプロチョイスの倫理が共存していて妊娠中絶観が曖昧である。２０１６年の総会で40年間維持してきたロウ判決支持の立場を破棄しておきながら、規則集では条件付きながら妊娠中絶は合法でなければならないとしている。胎児の生命の神聖さを信じているために妊娠中絶を容認することに躊躇するが、女性の自己決定権を尊重し、母体の生命や福祉も神聖不可侵であると主張する。妊娠中絶を減らす方法としては避妊教育を重視するとともに、望まない妊娠であっても出産をして養子縁組みする方法も奨励している。その一方で、州による妊娠中絶規制にも断固反対しており、妊娠中絶に対する態度が一貫していないようにみえる。

## ❖アメリカ聖公会

社会問題に関しては最もリベラルな組織であるといわれ、会員の妊娠中絶支持も８割と主流教会では最高である。しかし教会として妊娠中絶に関する立場を明確にしたのは、他より遅く１９９４年である。すべての生命は受精から死にいたるまで神聖であるとの前提に立ち、「女性は誰でも医学的に安全な妊娠中絶を受ける法的な権利をもつが、この権利の行使は極端な状態に限定されるべきだと、われわれはクリスチャンとして強く信じる」と総会決議をしている。避妊や性別選択、家族計画などの手段として妊娠中絶を利用することに強く反対している。２０１８年総会では、女性の性と生殖に関するヘルスケアへのアクセスは人間としての尊厳を主張する戦いには不可欠であるとした。

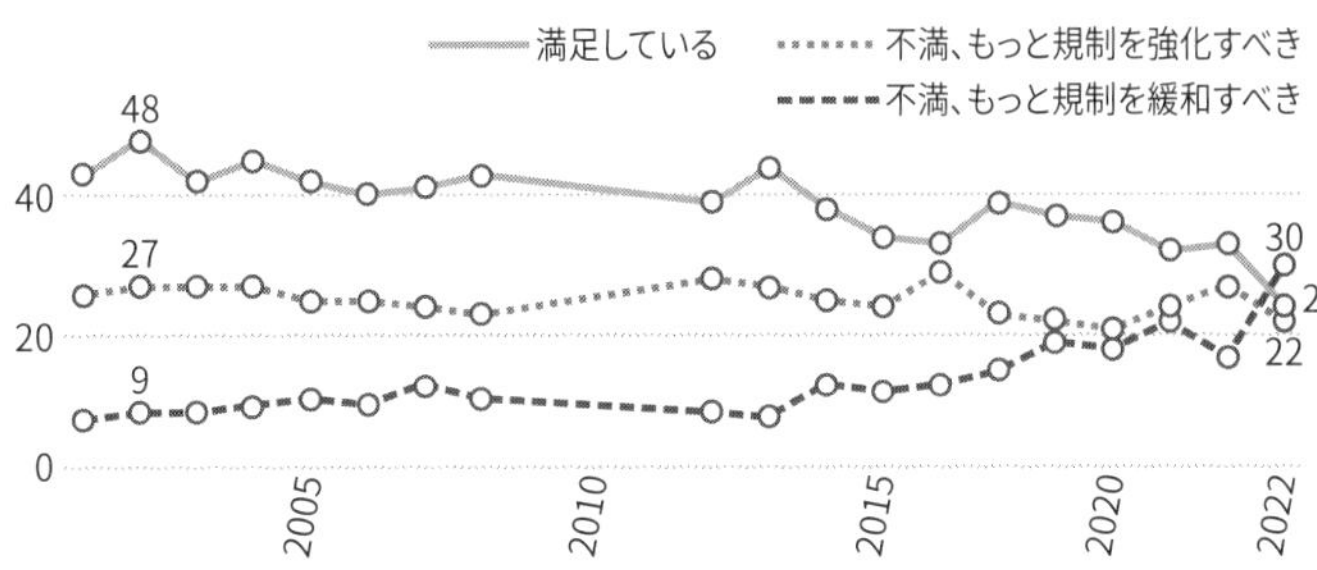

妊娠中絶の諸法規に関する満足度（単位：％）（出典：2022年ギャラップ調査）

## ❖長老派教会ＵＳＡ

ロウ判決以前から、妊娠中絶は女性の慎重な倫理的決断の問題であり、法律によって規制されるべきではないとして、断固として妊娠中絶権を認めていた。しかし、１９９２年総会で「問題のある妊娠」に関して、正しい道徳的選択をするには聖書に導かれて責任を果たすこととされた。熟慮のすえに女性が妊娠中絶することは道徳的に許されるべきだが、それが唯一の決断であるべきではないとする。そして「すべての生命は神にとってかけがえのないものなので、われわれはそれを保護しなくてはならない。したがって、妊娠中絶は最後の手段であるべきだ」と決議した。２０１２年総会では、望まない妊娠と10代の妊娠を減らすための性教育を充実させ妊娠中絶の減少を目指すとした。

## 世論調査にみるアメリカ人の妊娠中絶観

アメリカでの妊娠中絶は先進国ではかなり多い。合法的妊娠中絶件数は１９９０年の１６０万を最多として２０２０年には93万件と減少している。これはグットマッハー研究所によるもので、政府のアメリカ疾病予防管理センター（ＣＤＣ）の数字はそれぞれ１４０万と62万となっている。

妊娠中絶に関する世論調査をみると、アメリカ国民全般の妊娠中絶支持

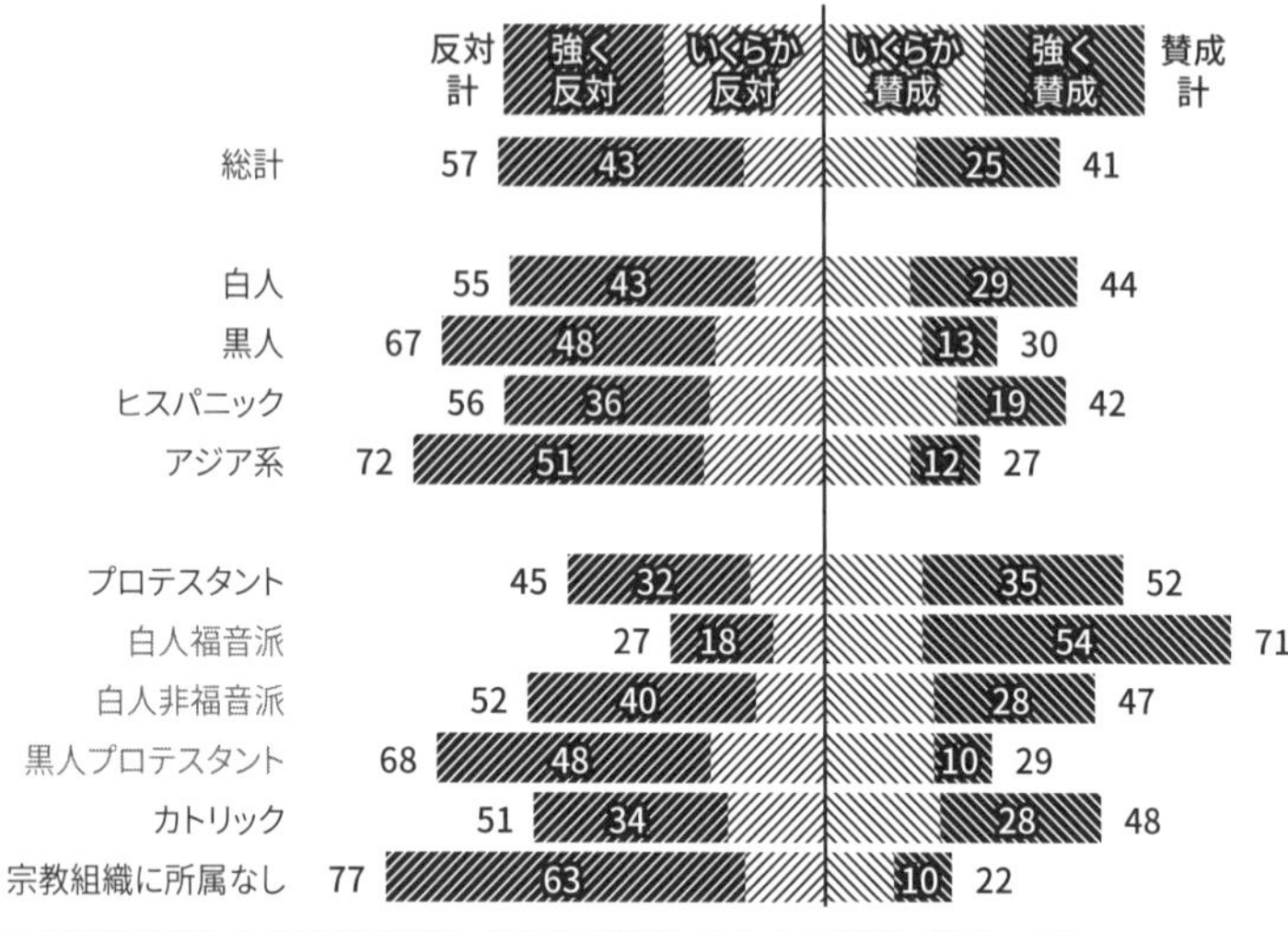

ロウ判決を覆した最高裁の判決（ドブス判決）をめぐる賛否（単位：%）
（出典：2022年ピュー調査）

率は、限られた状況の下でのみ合法とする者を含めると8割前後となるが（2020年ギャラップ調査）、すべての状況またはほとんどの状況の下で合法とする者は6割弱である（2021年クイニピアック大学調査）。ロウ判決の維持を望む人は双方とも6割超である。グットマッハー研究所によるクリスチャンについての調査では、妊娠中絶手術を経験した人はカトリックが24%、主流教会17%、福音派13%、無所属38%となっている（2014年調査）。

ロウ判決を覆した最高裁判決（ドブス判決）について、アメリカ人全体では支持しない人57%、人種別ではアジア系と黒人が72%と67%と高い。宗派・教派別では無所属77%、黒人プロテスタント68%、白人非福音派の52%、カトリック51%である。白人福音派のロウ判決支持は27%で最低、71%がドブス判決賛成で断トツに高い。教義上は妊娠中絶が許されないカトリックはドブス判決賛成が48%で反対を3ポイント下回っているのは興味深い（2022年ピュー調査）。

# 38

# ロウ判決が覆ったことの宗教的・政治的意味

——★ドブス判決で50年間維持した女性の人権が否定された★——

## ロウ判決の背景

１９６０年代の若者やリベラル派による反体制運動、反戦運動、カウンター・カルチャー運動などによって、アメリカの伝統的な価値観が崩壊してしまうのではと恐れた政治的な保守派や宗教的な保守派は、家庭・家族を重視するプロファミリー運動を始動させた。なかでも妊娠中絶と同性愛の対する規制が重視された。憲法による男女平等を実現しようとするＥＲＡ（男女平等憲法修正条項）が、１９７２年に連邦議会を通過して州の批准を求める運動に移り、当初順調に進んだのが、最後の段階で保守派による反ＥＲＡに阻止されてしまった。アメリカは今日に至るまで男女平等が憲法に書かれていない、きわめて奇妙な「先進国」なのである。

保守派はなぜ男女平等を否定するのか。男女平等が憲法に明記されると、男女別のトイレが違法となる、離婚のさい女性が男性から慰謝料をもらえなくなる、同性婚が合法化され伝統的な家庭が崩壊する、などと極端だが一般の人々も納得しそうな論理をもちだしてＥＲＡつぶしに成功したのだ。

最高裁での法廷闘争の方では、１９６５年に避妊禁止が違法とされたのを皮切りに、73年には画期的な妊娠中絶合法化判決などを、リベラル派は勝ち取った。それまでは、ハワイ、ニューヨーク、ワシントン、アラスカの各州で合法化されていただけだったが、この判決で全米に広がった。このロウ対ウェイド事件判決（通称ロウ判決）によると、妊娠1期の3カ月までは妊娠中絶に危険が少なく、女性は医師と相談のうえ自由に決定できる。2期の4〜6カ月は、母体の健康を保護するためであれば州政府の関与を認める。3期以降は、胎児が母体を離れても生存可能性、つまりバイアビリティを得るので、母体の生命や健康が危険な場合を除いて州政府は妊娠中絶を禁止できる。ここで重要なのは、最高裁が憲法に明示されていないプライバシーの権利として妊娠中絶を認めたことである。産む産まないかを決めるのは女性の権利、いわば人権なのである。

妊娠中絶を禁止しようとするプロライフ派は、最高裁が憲法にないプライバシーの権利を創り出して女性の妊娠中絶権を認めるなら、妊娠中絶をそもそも認めないという判事を法廷に送り出さねばならないと考えるようになった。その一方で、宗教保守派の女性たちは女性解放運動の旗頭であるNOW（全米女性機構）に対抗するためCWA（アメリカを憂慮する女性たち）を70年末に立ち上げた。CWAは妊娠中絶を減らすために、各地にセンターを設け、妊婦の妊娠中絶の相談に乗るとして、超音波画像で胎児の成長具合を見せる。胎児の画像を見せることによって、迷っている女性の母性本能を高め、産む方向に誘導しているという。産んだ後の生活相談や養子縁組の世話をしている。

**ロウ判決と宗教界の立場**

ロウ判決にまず異議を唱えたのはアメリカ・カトリック司教会議（USCCB）。胎児の生きる権利の否定が合法化されるとはいえ、無辜の人間の命を奪うことを禁じた神の法を変えることはできないとした。すぐさま憲法修正を含めて妊娠中絶を制限する運動に取り組んだ。これに対して、リベラルなプロテスタント主流教会の合同メソジスト教会、長老派教会ＵＳＡ、合同キリスト教会、アメリカ聖公会などはロウ判決を支持した。

プロライフの教会は、受精から生命が始まるので胎児を人とみなす。カトリックの反妊娠中絶運動は多くの社会・政治運動にもつながり、80年代には政治力をもった宗教右派が加わり、ロウ判決以降、妊娠中絶はアメリカを二分する大問題になっている。反同性愛運動と同様に、宗教右派は州議会を戦場として次々と妊娠中絶規制を立法化している。今日の反妊娠中絶の一大勢力である白人福音派の6割はロウ判決が完全に覆されるのを望んでいる。白人カトリック32％、プロテスタント全体42％などと比べるとかなり高い（２０１９年ピュー調査）。

ロウ判決以前から超教派の聖職者が、望まない妊娠をした女性たちを支援してきた。多くの州で妊娠中絶が規制されていて、安全な妊娠中絶を受けられない女性たちのカウンセリングや妊娠中絶医の斡旋に取り組んだのが、１９６７年結成の「聖職者相談サービス」（ＣＣＳ）である。ユダヤ教の諸団体、キリスト教のリベラルな教会や聖職者が参加した。これが発展して94年に「性と生殖に関する選択を求める宗教連合」（ＲＣＲＣ）となり、安全な妊娠・出産のみならず、産む・産まないを決定する自由など、幅広い運動を展開している。宗教的にも人種的にも多様であることが特徴である。

近年の宗教右派の過激分子であるキリスト教再建主義（リコンストラクショニズム）が反妊娠中絶や反同性愛の運動に影響を与えている。キリスト教ナショナリズムもこの運動の一部である。これはアメリカの道徳的・社会的再建を説く改革運動で、1980年代後半から広がった。民主主義を否定して神権政治を目指し、妊娠中絶にかかわった者を死刑にするなどと主張する。宗教右派による州議会での立法活動の一部は成功している。多くの州が妊娠中絶の禁止あるいは規制を法制化したが、ロウ判決のために違憲とされているものもある。

## 最高裁の保守化

最高裁は2022年に、ミシシッピ州の全米で最も厳しい妊娠中絶規制法（15週以降の妊娠中絶をほぼ禁止）について合憲判決を出した。ロウ判決を覆して妊娠中絶制限を合憲とするもので、いわばロウ判決以前の状態に戻り、妊娠中絶は州によって可否を決めることになった。最高裁は6対3で保守派判事が優位なので、新しい憲法解釈を出す可能性はあるといわれてきたが、その通りになった。

宗教右派は、カトリックで妊娠中絶に厳しい見解をもつ新任のエイミー・コニー・バレット判事に大きな期待をかけていた。判決前、グットマッハー研究所は、かりにロウ判決が覆るとしたら、22州が妊娠中絶を禁止するか、厳しく制限することになり、ロウ判決の内容を遵守して、妊娠中絶権を維持していくのは14州と首都ワシントンになると予想していた。

妊娠中絶について州の判断にゆだねるとした今回のドブス判決後、妊娠中絶規制の厳しい州で、ユダヤ系の個人や団体による訴訟が起きている。ユダヤ教の教えでは、胎児は体外に出て息を吸うまでは完全な人間とはみなされない。つまり妊娠中絶が教義上原則的に許される。宗教保守派が州の信教の自由回復法（ＲＦＲＡ）を根拠に性的マイノリティ差別を合法化してきたように、ユダヤ系女性は自らの宗教的戒律に従うことができないのは信教の自由回復法に違反すると訴えた。

現在の最高裁判事は６人が保守的、３人がリベラルとなっている。保守６人のうち５人がカトリック、１人はプロテスタントだがカトリックの家庭で育った。リベラルはカトリック、プロテスタント、ユダヤが１人ずつとなっている。宗教保守派の求めに理解を示してきた保守派判事（全員が共和党大統領による任命）が、リベラルなユダヤ系女性の信教の自由と妊娠中絶について、いずれは判決を下すことになるだろう。その判断が注目される。

ドブス判決を大歓迎したプロライフの全国福音主義者同盟（ＮＡＥ）は、今回の裁判で第三者による法廷意見書（アミカスブリーフ）を提出していた。アメリカの憲法はそもそも妊娠中絶の権利を認めていないと論じていた。今回の判決は、女性と子どもを守る政策づくりに関わる新たな機会だと明言した。ＮＡＥは、弱い立場の女性や子どもたちを支え、すべての命を尊ぶために、私たちはできるかぎりのことをしなければならない、この国が命という尊い贈り物を尊重し、社会の基盤である家庭を強化していくよう祈ります、と述べている。

# 39

# 安楽死・尊厳死と宗教

★クリスチャンに死ぬ権利はあるか①★

## 安楽死・尊厳死とは何か

キリスト教では命は神からの賜物であるから、すべての人にとってきわめて大切なものである。妊娠中絶であれ、安楽死や自殺であれ、形は違っても命を絶つことであるので、信仰心の篤いクリスチャンとしてはどう聖書や教会の教えと整合性をとるかが大きな問題である。一般的には、自らの命を絶つことは神の被造物である肉体を殺すことであるので、キリスト教の一番大切な「殺してはならない」の教えに反する行為とみられることが多い。しかし近年では、末期症状にあり苦痛が耐えがたいと考える患者が、自らの身体のことは自らが決めるという自己決定権とか選択権をもつべきという意見が強調されるようになり、合法的な自殺を許容する運動が起こってきた。

安楽死（ユーサネシア）にはいくつかの方法がある。原則的には他人の力を借りて命を終わらせることだが、①積極的安楽死、②医師による自殺幇助、③延命治療の中止の三つがある。積極的安楽死とは、医師が本人の希望により致死薬を投与して死なせるというもの。医師による自殺幇助（ＰＡＳ）とは、医師が患者に致死薬を処方して、これを患者が自分の意志で好きな時に自ら投与して自殺するというもの。延命治療の中止とは、人工呼吸器や栄養補給器などの生命維持装置をはずし、患者を自然死させるというもの。後者の二つを消極的安楽死ということもある。また、英語ではＰＡＳを含めて尊厳死（デス・ウィズ・ディグニティ）などの表現が使われることもある。日本では安楽死協会が尊厳死協会に改名してから、尊厳死の用語も使われているが、これは延命治療の中止をいうことが多い。

　尊厳死がアメリカで大きな問題になったのは、カレン・クインラン事件がきっかけである。植物状態で回復の見込みのないカレンの生命維持装置をはずして、自然に戻すよう家族が担当医師に求めたが、残念ながら拒否されてしまう。両親は敬虔なカトリック教徒で、娘を自然の状態に戻し、主の御手に委ねたいとして、裁判で争うことになった。１９７６年にニュージャージー州最高裁判決で、世界で初めて生命維持装置をはずすことが認められた。この事件を報じた日本の新聞が尊厳死裁判と表現し、尊厳死という言葉が使われるようになった。この後１９９０年に、ナンシー・グルーザン事件で連邦最高裁が植物状態の患者の生命維持装置をはずすことを合憲とした。

　２０２０年現在、アメリカでは九つの州と首都ワシントンが広い意味での尊厳死を合法化している。世界的にはオランダ、ベルギー、ルクセンブルク、スペイン、カナダ、オーストリアなどでも合法化されている。ニュージーランドでは２０２１年11月に合法化、ペルーでは最高裁判決で合憲判決が出ている。特異なのがスイスで、尊厳死法が成立しているわけではなく、刑法解釈によって外国人にまで自殺幇助が実施されている。刑法１１５条で「利己的な理由で他者の自殺を誘導・手助けした場合は５年以下の懲役または罰金刑に処される」と規定しながら、利己的な理由でなければ他人の自殺を幇助しても罪に問われないと解釈されている。世界的に有名なヌーベルバーグの映画監督ジャン＝

リュック・ゴダール（フランス国籍）が長年生活していたスイスで自殺幇助で死去、メディアで大々的に取り上げられた。

アメリカで初めて尊厳死法が制定されたのはオレゴン州である。2度の州民投票の結果、1997年に成立した。宗教界からの反対による訴訟があったが、2006年連邦最高裁の合憲判決により今日に至っている。余命6ヵ月以内の終末期状態の成人が口頭と書面で、2人の立会人のもとで医師に尊厳死を求める。致死薬を処方した医師の診断を別の医師が確認する必要がある。2人の医師が、患者に決断を下す判断能力のあることを確認し、処方薬が患者に渡される。処方薬は本人が自分の意志で投与する。処方薬を得ても、3分の1が実行しないという。

### ❖ローマ・カトリック教会は安楽死・尊厳死をどうみているか

バチカンは安楽死について何度か声明や文書を発表している。有名なのは第2回バチカン公会議（1962〜65年）の発表文書の一つ「現代世界憲章」での厳しい非難である。「あらゆる種類の殺人、民族殺りく、堕胎、安楽死、自由意志による自殺など、すべての人間の尊厳を損なうこと……それに類することは、まさに恥ずべき行為である。……ひいては創造主の栄誉に対する甚だしい侮辱である」（『第二バチカン公会議公文書　改訂公式訳』627頁）という。また1980年には「安楽死宣言」を公表した。1章では、意図的に人に死をもたらすのは、神の主権を拒否することとみなされるという。2章はやや複雑である、安楽死は慈悲殺人である。なぜなら極度の苦痛を終わらせる意図をもっているからだ。重篤患者が殺してほしいと頼むのは、安楽死を心から望んでいると理解すべきではない。それは助けと愛を求めているのだという。4章では、延命治療の中止を認めている。避けがたい死が迫っている場合、負担となるだけの延命しか保証できない治療を拒否することは良心上許されるという。結論としては、生命は神からの賜物だが、死は避けがたいので、われわれは十分な責任と尊厳をもって延命治療の中止を認めるべきだと述べている。生命の大切さを述べて、内容としては積極的安楽死を否定はするものの、いろいろな条件を付けながらも、生命維持装置を中止する、いわゆる尊厳死を認めているように理解できる。

尊厳死の合法化の広がりに対するバチカンの姿勢としては、1995年の教皇ヨハネ・パウロ2世の「いのちの福音」に明示されている反安楽死の声明がある。「死の文化」を嘆く教皇は、安楽死が神の法への重大な侵犯であると断罪、神のみが生と死を支配する権力をもつと主張。医師による自殺幇助という安楽死は邪悪な行為であると断言する。とはいえ、根拠の不明確な延命や耐えがたい重荷となる延命を確実にするだけの治療は拒むことを認め、安楽死宣言と同じく尊厳死を実質的には容認している。2020年にはバチカンは「生命倫理をめぐる書簡」を公表し、あらゆる自殺幇助に反対し、安楽死が人命に対する犯罪であると断定する。尊厳ある死については、過剰な延命治療を排除することと定義して、不可避の死が迫った患者に苦しみを与えるだけの延命措置を断念することは正当であると明言している。そして、カトリック系医療機関に対して、安楽死を認める法律に対しては良心的拒否をもって対抗することが義務であるとした。

❖アメリカ・カトリック教会

アメリカ・カトリック司教会議（USCCB）は1991年に「安楽死声明」を発表し、バチカン公会議の文書を引用して、安楽死を人間の尊厳を損なう行為として非難するとともに、安楽死合法化運動に反対するようカトリック教徒に求めた。2015年には、カリフォルニア州のジェリー・ブラウン知事（当時）が、カトリックでありながら医師による自殺幇助法案に署名したことを非難した。

❖プロテスタント教会

命は神からの賜物であるから、意図的な死を招く安楽死には反対するところが多い。表現は多様だが、バチカンと同じように、過度の負担を強いて単なる延命しか期待できない治療を中止して、結果として死が早まることは道徳的に許されるとする教会が多いようだ。医師による自殺幇助を認めるところは少ないが、ユニテリアン・ユニバーサル教会と合同キリスト教会はこれを容認している。尊厳死という表現を使っている教会はなかったが、内容的にはいわゆる尊厳死を認めている。いくつかの教会の安楽死・尊厳死に関する見解を紹介する。

・**ユニテリアン・ユニバーサル教会**――1988年総会決議で「尊厳をもって死ぬ権利」、つまり死における自己決定権が承認されている。ユニテリアンはアメリカ尊厳死協会を1938年に自ら設立しており、オレゴン州の尊厳死法成立にも大きな影響を与えている。

・**合同キリスト教会**――個人の良心と自己決定権を重視している教会だけに、末期患者が死を選ぶ権利を認めている。主流教会で死ぬ権利を認めているのはきわめて珍しい。2007年総会決議で医師による自殺幇助の合法化を承認した。また、患者の家族が、末期あるいは植物状態になった愛する人の延命治療を中止する権利も認めている。

・**アメリカ聖公会**——医師による自殺幇助、積極的安楽死には反対だが、治療による利益より負担のほうが大きすぎる場合には延命治療を中止することは正当と認めている。

・**アメリカ福音ルーテル教会**（ＥＬＣＡ）——１９９２年に医師による自殺幇助について声明を出している。医師は患者の苦痛を緩和する責任がある。苦痛が拷問と区別がつかないほどになったら、医師は好ましくはないが、まだましな方法を選ぶことができる。それには結果として死が早まることも含まれる。このことは、末期患者の命を少し延ばすだけの治療を取るかどうかは、医師の判断に任されていることになるので、広い意味での尊厳死を認めていることになるだろう。

・**南部バプティスト教会**——プロテスタントで最大の福音派の教会は、「死の文化がアメリカ社会で受け入れられているようだが、聖書が自殺幇助を禁じていることを確認する。苦痛を緩和する手段としての自殺幇助には断固非難する。連邦・州・地方政府が自殺幇助に手を貸す医師らに法的措置を取ることを要求する」（１９９６年総会決議）と、きわめて積極的に尊厳死の合法化の動きに反対している。

・**合同メソジスト教会**——教会の「規律の書」（２０１６年）によると、死にゆく人への信心深いケアの必要性を強調する。自殺幇助と安楽死には反対を明言している。その一方で、生命維持装置がもはや命を支えることができない末期となっても、医療技術を活用すべきだが、これが単に過剰な負担を患者に与え、死に向かうプロセスを長引かせるだけであるなら、そうした医療技術を使い続ける道徳的・宗教的義務はないとしている。

# 40

# 自殺と死刑をめぐる宗教

★クリスチャンに死ぬ権利はあるか②★

## 聖句と自殺

古代ギリシャ・ローマ時代には自殺に関して賛否両論があったが、キリスト教の出現によって自殺が罪であるという意見が強くなった。キリスト教では命は神からの賜物であるから、自殺は罪とする見解が広がった。教父アウグスティヌスは十戒の一つ「殺してはならない」を根拠に「自殺は殺人」とみなし、聖人トマス・アクィナスは「耐えて生きる」ことを求めた。聖書には自殺願望を抱いた人、実際に自殺した偉人の例が紹介されている。

自殺願望を抱いたというソロモン王は「わたしは生きていることをいとう。……何もかもわたしを苦しめる」（旧約聖書「コヘレトの言葉」2章17節）、預言者エリヤは「主よ、もう十分です。わたしの命を取ってください」（旧約聖書「列王記上」19章4節）と嘆いたのだが、実際には自殺しなかった。聖書には7人の自殺した例が記されている。一般に広く知られている名前はユダだろう。イエス・キリストの弟子でありながら、金のために師を裏切ってローマ軍に居場所を知らせた。イエスが有罪になったのを知って、ユダは後悔して首つり自殺を図る（新約聖書「マタイによる福音書」27章3〜5節)。オペラや映画にもなった「サムソンとデリラ」のサムソンは超人的剛力の英雄として有名だが、建物を崩壊させてイスラエルの敵ペリシテ人数千人を殺し、自らも命を落としている。「サムソンは、『わたしの命はペリシテ人と共に絶えればよい』と言って、力を込めて押した」(旧約聖書「士師記」17章30節)とある。通常の自殺とは違うが、自らの命を賭して戦ったのである。先述したように聖句の解釈はさまざまなので、自殺を責める人、自殺は殺人で罪、地獄に落ちると非難する人もいれば、聖書自体が自殺を直接責めていないのだから、追い詰められた人が自らの命を絶つことに理解を示す人もいる。

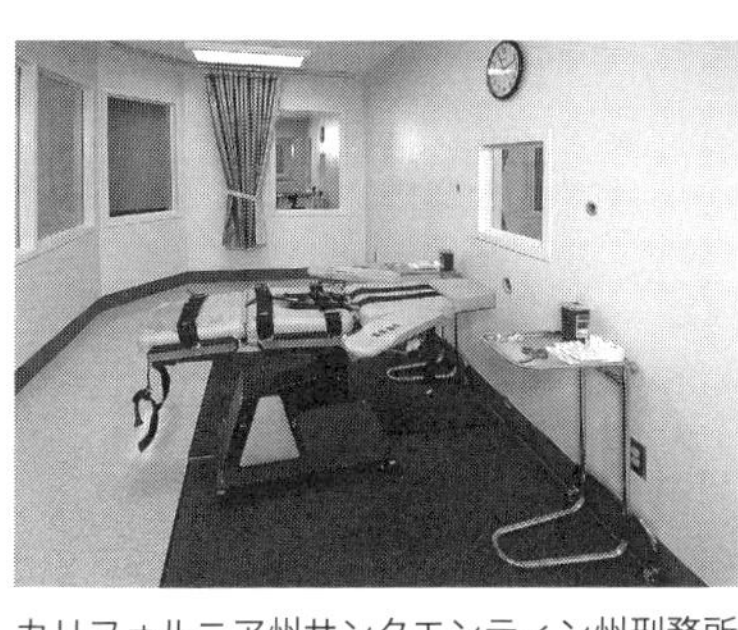
カリフォルニア州サンクエンティン州刑務所の死刑執行室

## 聖句と死刑

人を殺すことは神に対する反逆だが、聖書は死刑を認めている。旧約聖書「レビ記」(20章)には死刑に関する規定を定めており、親殺し、誘拐、姦通、同性との性交、男性による獣姦など、死罪となる多くの行為を列記している。殺された人の親族による復讐殺人は黙認されている。聖句として有名なのは、旧約では「人の血を流す者は、人によって自分の血を流される。人は神にかたどって造られたからだ」(「創世記」9章6節)と、新約では「権威者はいたずらに剣を帯びているのではなく、神に仕える者として、悪を行う者に怒りをもって報いるのです」(「ローマの信徒への手紙」13章4節)の二つ

主な宗教組織の死刑に対する見解

| 反対 | 公式見解なし | 賛成 |
|---|---|---|
| ・アメリカン・バプティスト教会<br>・仏教<br>・カトリック教会[1]<br>・アメリカ聖公会<br>・アメリカ福音ルーテル教会<br>・ユダヤ教[2]<br>・長老派教会USA<br>・ユニテリアン・ユニバーサル教会<br>・合同メソジスト教会<br>・合同キリスト教会 | ・アッセンブリー・オブ・ゴッド<br>・末日聖徒イエス・キリスト教会（モルモン教）<br>・ヒンドゥー教<br>・ナショナル・バプティスト・コンベンション | ・イスラム教[3]<br>・ルーテル教会ミズーリ・シノッド<br>・南部バプティスト教会 |

1　カトリックの規則上は死刑は許されるが、教皇フランシスコとアメリカ・カトリック司教会議は反対している。
2　ユダヤ教の改革派と保守派は死刑に反対だが、正統派は凍結を求めている。
3　世界の多くのイスラム教国の司法当局は死刑を実施しているが、アメリカの一部のイスラム団体は反対している。たとえば、アメリカ・イスラム関係協議会は凍結を求めている。
（出典：2015年ピュー調査）

である。実にわかりやすい。

今日のキリスト教界は死刑反対の傾向が強くなっている。バチカンは長年死刑を容認してきたが、２０１８年に教皇フランシスコは「人間の不可侵性と尊厳を侵害することから死刑は許可しがたい」として教会規則を変更した。

アメリカのプロテスタント教会は南部バプティスト教会を除いてほとんどが死刑反対である。しかし、教会員の世論調査では白人主流教会員の66％が死刑賛成、白人福音派は71％が賛成している（２０１５年ピュー調査）。一般アメリカ人の死刑支持率は下がっている。90年代の80％から２０２０年の55％とかなりの減少である（ギャラップ２０２０年調査）。ユダヤ教はほとんど死刑反対、イスラム教は原則的には賛成である。

# Ⅶ

# 日常生活にかかわる宗教

# 41

# 歴史にみる疫病と宗教

★イエスは治療するメシア、奇跡を起こす治療者★

## 病と聖句、代表的な疫病

キリスト教では、人間を苦しめてきた人災、天災、病などはいずれも、人間の罪に対する神の懲らしめや裁きによるものと考えられてきた。その反面、聖書の神は病気を癒やすこともできる。病のいかんにかかわらず、人間を愛してくださる存在でもある。

懲らしめの例としては、モーセによって約束の地を目指したイスラエルの民が他の神を拝むことに怒った神は、神の民といわれた人たちを疫病で2万人以上を殺したことがある。バビロンに捕囚されたイスラエルの民にも、偶像崇拝をして罪を犯すなら、「わたしがこの四つの厳しい裁き、すなわち、剣、飢饉、悪い獣と、疫病をエルサレムに送り、そこから人も家畜も絶ち滅ぼすとき、そこに、わずかの者が残されるであろう」（旧約聖書「エゼキエル書」14章21〜22節）などと脅している。新約聖書の時代になると、イエスは治療するメシア（救世主）、奇跡の治療者といわれたように、病を治す数々の奇跡を行う。病や障害が罪とは関係ないことも説いた。重い皮膚病を患っている人が来たとき、「イエスは深く憐れんで、手を差し伸べてその人に触れ、『よろしい、清くなれ』と言われると、たちまち重い皮膚病は去り、その人は清くなった」（「マルコによる福音書」1章41〜42節）という。

人類に大量の死をもたらしてきた疫病の一つがペスト（黒死病）である。2世紀の終わりと14世紀などに猛威をふるった。14世紀のペストでは、ヨーロッパ人口の3分の1、約３０００万人が死亡したという。治療薬はなかったが、キリスト教会などが病人を隔離・介護した。修道院にはホスピスが併設された。ペストの蔓延に対して療養所を提供するのはクリスチャンの義務と、人々は考えるようになったとされる。

疫病がキリスト教を広める結果となったともいわれる。たとえば、古代ローマで2世紀のアントニヌス皇帝の時にも、遠征から帰還した兵士から奇病（「アントニヌスの疫病」、天然痘とされる）が流行し、数百万人が死亡、ローマ帝国に大打撃を与えた。また、3世紀中ごろ、エチオピアから始まった疫病は1日に５０００人近い死者を首都ローマにもたらした。北アフリカ・カルタゴの司教、キプリアヌスが積極的に治療・介護に尽力したことから、この疫病は「キプリアヌスの疫病」と呼ばれるようになった。キプリアヌスは悪魔祓いや祈禱を行いながら、クリスチャンは恐れる必要はないと安心させようとしたが、この奇病（天然痘だったのではないかと考えられるが、チフス説もある）は世界の終末を告げる予兆ではないのか、と人々に恐れられた。患者の姿や火葬の光景が地獄のイメージと重なって、人々に恐怖心を植えつけた。死後に地獄に落ちたくないとの思いが人々の間に広がり、キリスト教に入信する人が増えたという。これら二つの疫病がキリスト教の拡大に貢献した。

中世期（4世紀末から15世紀）にもいろいろな疫病が蔓延したが、一番恐れられたのはハンセン病（らい病）といわれる。伝染力は強くないが、患者の外見に現れる病状が恐れられた。教会が積極的に収容施設を提供した。8世紀には、ヨーロッパでは勅令によって、都市部の患者が行政による田舎の隔離施設のらい院に追放された。患者は特定の服装を義務づけられたり、行動を制限されたりした。死後に教会での埋葬が許されないこともあった。11世紀には、教会はハンセン病患者のための収容施設「ラザレット」（ハンセン病の別名ラザロに由来）を各地に建設し、患者の救済や保護を行った。

世界で最初の病院は、4世紀に小アジア・カイサリアの主教、聖バシレイオスが建設し、皆から嫌われていたとされるハンセン病やペストの患者を受け入れたという。主教は医学の学位も取得していたので、先頭に立って治療・介護にあたった。

### 疫病と闘った聖職者と科学者

疫病と闘ったキリスト教の聖職者や科学者は時代を問わず多くいたが、ここでは3人を取り上げる。ペストの大流行は14世紀以降にも何度か発生している。ドイツでは16世紀にも流行し、宗教改革を唱えたマルティン・ルターは、ペストの流行で避難命令が出たにもかかわらず拒否して、町の病人をケアするために残った。ルターは、命の危険にさらされているときこそ、聖職者たちは安易に持ち場を離れるべきではないと戒めた。困難のなかにある隣人を助けないのは殺人と同じだと考える。「兄弟を憎む者は皆、人殺しです」（新約聖書「ヨハネの手紙一」3章15節）というのである。その一方で、ルターは感染予防に注意するよう人々に説いた。神に祈り、自分を消毒し、不要な外出を避けながら、自らが感染したり、他者に移したりしないよう訴えた。

ハワイでハンセン病と闘ったダミアン神父（イエズス・マリアの聖心会宣教師、ベルギー生まれ）は、神学生としてオアフ島に渡った。その後、モロコイ島に隔離されていた800人のハンセン病患者を世話すると同時に、教会、学校、病院、養護施設の建設に尽力し、ハワイ王から表彰された。ダミアン神父はハンセン病に感染して、耳、足、瞼に次々と結節（皮膚にできるふし状の固い隆起物）ができたが、自分は聖母マリアに守られていると信じて、なかなか感染を認めなかった。1885年に感染しているとの診断が確定したが、他の同僚たちは感染を恐れて島を去ったという。ダミアンはハンセン病の守護聖人となり、2009年に列聖された（教皇の宣言によって聖人と公認されること）。ダミアン神父のもとで女性ハンセン病患者の介護にあたったマザー・コープ（フィラデルフィアのフランチェスコ会修道女）が、ハワイ王の要請を受けてマウイ島で最初の総合病院を創設するなどして、ハンセン病患者の介護に貢献した。ダミアンと同じく列聖されている。

ワクチン開発のパイオニア、ルイ・パスツール

狂犬病ワクチンの製造に成功してワクチン開発のパイオニアとして有名なフランスのルイ・パスツールは、熱心なカトリックで、研究を通して人命を救うことに尽力したが、そこには宗教的信念があったとされる。科学者ではあるが、ダーウィンの進化論の中心にある自然発生説に疑問をもち、創造論を信じていたという。自然を研究すればするほど、創造主の御業に驚かされると述べている。感染症の研究によって人類の命を救うワクチン開発への道を開き、その背後には神の見えざる手があったという。パスツールは間違いなく人類にとって偉大な恩人であると評価されている。

# 42

# 新型コロナウイルス感染症をめぐる宗教

★コロナは神の裁きとしての天罰★

## 新型コロナウイルス感染症に関する聖書的陰謀論

人類はこれまで何度も感染症の世界的大流行（パンデミック）に見舞われ、多くの犠牲者を出してきた。中世ヨーロッパではペスト（黒死病。1347～1351年）で人口の3分の1、約3000万人が死亡したという説もある。第1次世界大戦末からスペイン風邪（インフルエンザ）が世界中に広まった。世界人口の30～50％が感染し、4500～5000万人が死亡したといわれている。今日の新型コロナウイルス感染症をめぐっては、SNSなどを通じて多くのデマや陰謀論が拡散し、感染者の増大につながったともいわれた。その結果、不安や恐怖が生まれ、アメリカのように科学的根拠にもとづく政府の感染予防策などを信じない人たちが、感染をさらに広げて、深刻な問題になった例もある。

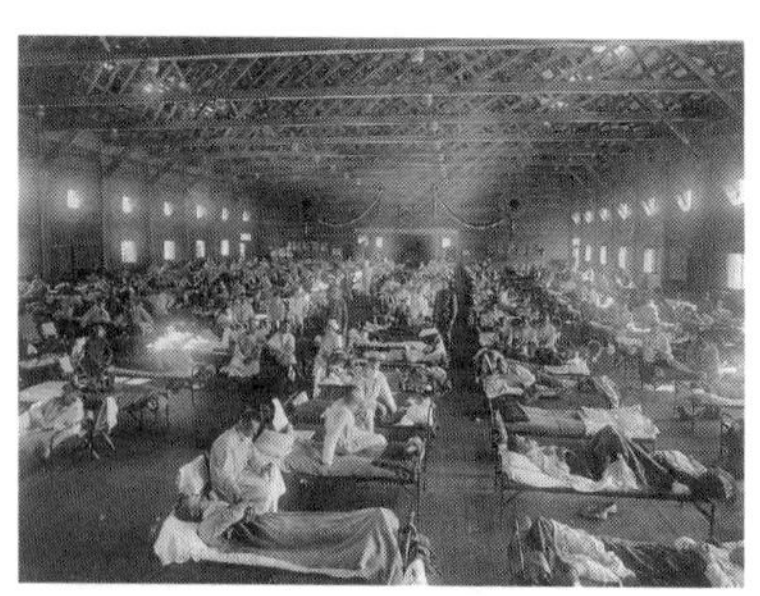

第１次世界大戦中に世界的に大流行したスペイン風邪の集団治療施設（カンザス州）

新約聖書「ヨハネの黙示録」に登場する「獣の刻印」を使って、一部の宗教右派のジャーナリストや聖職者が人々の不安を煽ったともいわれる。黙示録の「666」という数字が拡大解釈されている。聖句によると、獣は「すべての者に右手か額に刻印を押させた。そこで、この刻印のある者でなければ、物を買うことも、売ることもできないようになった。この刻印とはあの獣の名、あるいはその数字である。ここに知恵が必要である。賢い者は、獣の数字にどのような意味があるかを考えるがよい。数字は人間を指している。そして、数字は六百六十六である」（13章16～18節）となっているので、いろいろな解釈が可能である。

次の14章では「獣とその像を拝み、顔や手に獣の刻印を受ける者があれば……火と硫黄で苦しめられることになる」（14章9～10節）とあることから、宗教右派は、ワクチン接種をすることは反キリストや悪魔に従うことになり、ついには神の最後の審判を受けることになると主張する。こうした聖書を利用した陰謀論では、ワクチンの製造番号や接種証明書につけられるバーコードには、獣の刻印666が含まれているとか、郵便物に刻印されるバーコードまでもが獣の刻印だとデマを拡散させる。テキサス州ではクリスチャン団体が、獣の刻印を拒否すると大書した横断幕を掲げて、州都でデモ行進まで行っている。この陰謀論はかなりの広がりをもっているといえる。

## ワクチン接種拒否の宗教的背景

陰謀論以外の理由でワクチン接種をためらったり、拒否したりする人も少なくない。一般論としては、神の創造した人間には本来、自然治癒力が備わっており、十分な栄養と休養によってウイルス感染を防ぐことができるという主張もある。教派によって、輸血拒否で有名なエホバの証人のように、教義としてワクチンは神の意志に反すると拒否するケースもある。クリスチャン・サイエンスのように、従来は信仰そのものが科学であるとの立場から、不治の病も祈禱によって克服できるとしてきたが、今回のコロナ・パンデミックについては教会員個人の判断に任せている例もある。教義としてはそもそもワクチン禁止を規定していない。アーミッシュもワクチン禁止の教義はないとはいえ、接種する人はきわめて少なく、集団感染を起こしている地域もある。宗教右派の強硬派は、新型コロナウイルス感染症は神の裁きとしての天罰であると主張する。罪深い地域や傲慢な国々に対しては、神を拒否する人々とみなし、神は裁きの天罰として病気を使うこともあるからだと宗教右派はいう。

宗派・教派別のワクチン接種率をみると、白人福音派は58％と一番低く、カトリックは8割と一番高い。興味深いのは無神論者が9割と最も高いことだ。ローマ教皇フランシスコは自身の接種の写真を公開し、「ワクチン接種は共通善を推進し、……皆が互いにいたわり合うもの」「小さな愛の行為」と接種を呼びかけた。また、接種は道徳的義務であり、これを拒否するのは自殺的とまで述べている。プロテスタントは白人、黒人とも7割超とかなり高い。これに対して、白人福音派が6割弱と低いのは、信仰的に神から与えられた自らの治癒する能力を信じる者が多いからとされる。また、一部のワクチン開発・製造過程で中絶胎児の細胞が含まれていると信じていることもある。1960年代、70年代に、A型肝炎、風疹、狂犬病の予防ワクチンの製造でも使われていた。しかし、コロナ・ワクチン開発中には使われたものもあるが、完成品として製造されているものには、中絶胎児の細胞は含まれていないと公表されている。アメリカ・カトリック司教会議は、ワクチンの公益性を考えれば接種を受けても良心の呵責を感じなくてもよいとしている。バチカンも、接種は道徳上容認できるとの見解である。

マスクの義務化についても、信仰上の反対論がある。憲法修正第1条の信教の自由を盾にする人もいるが、裁判では認められていない。「神は御自分にかたどって人を創造された」（「創世記」1章27節）ので、その一番大切な顔をマスクで隠すことは神に対する冒瀆となる、と主張する人がいる。これに対して、他人の自由や安全を重視するマスク支持派は、「互いに重荷を担いなさい。そのようにしてこそ、キリストの律法を全うすることになるのです」（新約聖書「ガラテヤの信徒への手紙」6章2節）と反論する。政府によるマスク着用義務化には従うべきとする人が好む聖句に「人は皆、上に立つ権威に従うべきです。……権威に逆らう者は、神の定めに背くことになり、背く者は自分の身に裁きを招くでしょう」（新約聖書「ローマの信徒への手紙」13章1〜2節）がある。

連邦政府によるワクチン接種あるいは週1回の感染検査の義務化は、公務員のみならず100人以上の従業員をもつ事業者も対象にしたことで、あちこちで法廷闘争が起こった。連邦最高裁は2022年1月、私企業への義務化を認めなかったが、医療従事者への義務化は合憲とした。政府は宗教上の接種免除を認めているが、申請が認められても、週1回の感染検査と常時マスク着用が義務づけられる。また未接種者がその職場に不当な負担をかけるとなれば、申請は認められない。ワシントン州の場合、宗教的免除申請者は、全州政府職員6万人中3800人で、このうち申請が認められたのは737人のみであり、かなり厳しい。2021年11月末で、連邦政府の接種義務化の遵守率は95%（ワクチンを1回以上接種）で、免除申請者は5%となっている。

コラム8

## 感染症に強いユダヤ教の儀式

ユダヤ教における手洗いはきわめて重要な日常的儀式である。信心深いユダヤ人はなんらかの仕方で儀式上の清めをしなければ食事をしなかったという。手洗いの基礎はもともと神殿の奉仕や犠牲（いけにえ）を捧げる儀式に関連している。「出エジプト記」に「手足を清める」として、神はモーセに次のように命じている。「洗い清めるために、青銅の洗盤とその台を作り、臨在の幕屋と祭壇の間に置き、水を入れなさい。アロンとその子らは、その水で手足を洗い清める。すなわち、臨在の幕屋に入る際に、水で洗い清める。死を招くことのないためである。……これは彼らにとっても、子孫にとっても、代々にわたって守るべき不変の定めである」（30章18～21節）。

ユダヤ教では汚れは重要な概念である。これは清くないとみなされるものを触るか、食べることで生じる。誰かが知らずのうちに、汚れた人に触れて自分が汚れてしまうかもしれない。こうした危険性をなくそうと、ユダヤ人は伝統として、タルムード（ユダヤ教聖典の一つ）の教えを守り、入念な手洗いの手順を義務づけてきた。手洗いの作法によると、まず利き手から洗い、次の反対の手に移る。これを2回繰り返して洗い、祈りで終わるという。

面白いのは、こういう儀式を守らずイエスは弟子たちと手を洗わずに食事をしていた。これに対してユダヤ教指導者から批判を受けると、弟子たちにこう教えた。「口から出るものは、心から出てくるので、これこそ人を汚す。……悪意、殺意……などは、心から出て来るからである。……しかし、手を洗わずに食事をしても、そのことは人を汚すものではない」（マタイによる福音書」15章18～20節）。

コラム8

## 感染症に強いユダヤ教の儀式

エルサレムの超正統派ユダヤ人。アメリカでもイスラエルでもコロナ感染率が高い。(Paul Arps from The Netherlands, CC BY 2.0, via Wikimedia Commons)

厳格な儀式として手洗いの習慣を守ってきたユダヤ教徒であるので、たとえば14世紀にペストが大流行したときに、感染する人が他の民族よりも少なかったという神話さえ生まれている。科学的な証拠があってのことではないので、その真偽は定かではないが、手洗いの習慣がなんらかの影響を与えたことは否定できないだろう。

今日の新型コロナウイルス感染症のパンデミックでは、超正統派（最も厳格にユダヤの戒律を守っている黒ずくめの人たちで、メシア〈救世主〉が現れないとユダヤの主権は実現できないと考える。ハレーディー〈神を畏れる人〉とも呼ばれる）のユダヤ教徒は、皮肉なことにイスラエルでもアメリカでも感染率が大変に高い。イスラエル政府のロックダウンの指示を守らず、集団礼拝を続けているうえ、ワクチン接種率もきわめて低いからだ。超正統派の一部には、新型コロナウイルスは神がもたらしたものだと信じている人もいる。メシアが到来する予兆ではないかとさえいう人がいる。

イスラエルでは、全人口930万人のうち8%が超正統派で、ワクチン接種率は全国平均の半分であり、狭い地域の狭いアパートに大家族で生活しているので、感染率が当然高くなる。アメリカのユダヤ系は、ワクチンを受け入れる人は9割以上ときわめて高い。しかし超正統派は別だ。集団礼拝を止めないことから、超正統派はワクチン接種をしないでウイルスをまき散らしているので医療機関を受診させるな、といった反ユダヤ主義的な非難までが一部で起こっている。ユダヤ系アメリカ人の人権を守る運動を続けている「反名誉毀損同盟（ADL）」は、こうした事態を憂慮している。なかには、超正統派ユダヤ人をこの世から一掃すべきだという、ホロコースト（ナチスによるユダヤ人大量虐殺）を連想させるような声まで出ているからだ。

コラム9

## マスク着用の長期化と信仰上の懸念

新型コロナウイルスの防疫態勢には理解を示し、ワクチンを積極的に接種しながらも、マスクを長期的に着用していることに、信仰上の懸念を示す人が少なくない。宗教右派のように、単純にイデオロギー的な反マスクを唱えて反対しているのではなく、聖書の言葉を細部にわたって検討すると、マスクで顔を隠す（聖書ではベールで顔を覆うという表現が多い）ことで神との関係が損なわれるのではないかというのである。もっとも、聖書は直接的にはベールで顔を隠せとか、隠してはいけないとか、ベールの是非については述べていないという。

ローマ教皇フランシスコはワクチン接種を拒否するのは自殺的であると強く非難しているほどだが、自分自身のマスク着用となると態度が一変する。感染拡大期にあっても、公式行事でマスクをつけることはきわめて少ない。バチカン職員には義務づけていながら、自身はキスやハグまでしている。マスクは神への冒瀆と考えているのではないかと一部で物議をかもしており、アメリカの司教が着用を促す公開質問状を出している。それが功を奏したのか、２０２１年12月のニュー・イヤーズ・イブの礼拝ではサージカル・マスクを着用していたと報道されている。

聖書サイトによると、「顔を隠すベール」との表現は聖書に１００ヵ所もあるという。「創世記」（24章65節）で、リベカが夫となるイサクを遠くに見てベールで顔を覆う箇所、「出エジプト記」では、モーセがシナイ山で神から十戒を受けてイスラエルの民に告げた後、自分の顔に覆いをかけたが、主の御前ではいつも覆いを取る（34章33〜34節）が代表的だ。神の言葉を語るモーセの顔は神の栄光を受けて光を放っ

ニューヨークの地下鉄でマスクを配布する地下鉄幹部
(Metropolitan Transportation Authority of the State of New York from United States of America, CC BY 2.0, via Wikimedia Commons)

ているという。神は体も顔も見えない存在だが、「主は人がその友と語るように、顔と顔を合わせてモーセに語られた」（33章11節）のである。新約聖書でよく引用される「わたしたちは皆、顔の覆いを除かれて、鏡のように主の栄光を映し出しながら、栄光から栄光へと、主と同じ姿に造りかえられていきます」（「コリントの信徒への手紙二」3章18節）にあるように、顔は主の栄光と深く結びついているとされる。

　マスク着用の長期化を信仰上の悩みとする人は、こんな懸念までしている。教会によってはオンラインによる礼拝をしているが、主は対面による交わりを求めているという。「聖なる口づけによって互いに挨拶を交わしなさい」（「コリントの信徒への手紙二」13章12節）を実現するのはコロナ禍では無理としても、人々の間でのコミュニケーションにおいて顔は最も細やかに意思疎通を図るところなので隠してはいけないとされる。マスク着用が今後もずっと継続していき標準的な規範となってしまうと、われわれの神を理解する知識を受け入れる能力が損なわれないかと、心配している人々もいるようだ。

ワクチン接種を十分に理解しながらも、長期のマスク着用に神学的な疑問をもつ敬虔なクリスチャンは、結論としてこう考えている。マスクを着用することで感染を防ぐという意味で、隣人を愛したり、負担を担ったりするというキリストの教えを守り、肉体的健康を守ることができる。しかし、顔を隠すことなく神との交わりを深めて精神的な健康も享受したい。とくに聖職者にとっては、自らマスクをしながら、マスクで顔が隠れている人たちにどれだけの説教ができるか、なんらかの指針がほしい。

# 43

# 気候変動に影響する聖書解釈

## ★環境破壊の背景にはユダヤ・キリスト教★

### 聖書が示す地球環境

西洋文明が長年、この地球上の環境破壊をしてきた背景には、ユダヤ・キリスト教があるという説がある。東洋の宗教はもっと自然と共存してきたという。神が自然の支配を人間に任せているとして引用されるのが、「創世記」の次の句だ。「神は彼らを祝福して言われた。『産めよ、増えよ、地に満ちて地を従わせよ。……生き物をすべて支配せよ』」（1章28節）。ここだけを読むと、神が地球上のすべてを治めるように人間に命じているようにみえる。それに加えて、地球はそもそも永久には続かない、そのために創造されたものでもないという「ペテロの手紙二」の次の聖句もある。「その日、天は激しい音を立てながら消えうせ……すべてのものは滅び去るのですから、あなたがたは聖なる信心深い生活を送らなければなりません。……わたしたちは、義の宿る新しい天と新しい地とを、神の約束に従って待ち望んでいるのです」（3章10〜13節）。つまり、現在の状態の地球には、全宇宙と同じように終わりが来て、神が「新しい天と新しい地」を創造されるというのだ。

環境に関心のない人たちにとって、このような聖書解釈は都合がよい。しかし、次のような反論がある。神は人間の繁栄を望み、自然の支配を人間に任せたからといって、地球を荒らしてよいとはいっていない。地球の管理者（スチュワード）として自然の世話をも望んでいるのだ。有名なエデンの園がそれを示している。「主なる神は人を連れて来て、エデンの園に住まわせ、人がそこを耕し、守るようにされた」（「創世記」2章15節）からも明白だ。管理者として神の被造物を賢く世話をする義務を負っている。ノアの箱舟の話も同じ意味をもつとされる。「すべて命あるもの、すべて肉なるものから、二つずつ箱舟に連れて入り、あなたと共に生き延びるようにしなさい」（同6章19節）。生物が絶滅しないように責任をもって管理し、生物多様性を維持せよという神の命令と理解される。

こうした聖書解釈の違いを現代的に言い換えると、今の地球にはやがて終わりが来るとする人々は環境主義の否定、地球温暖化などの気候変動を否定する。極端な場合は、神は地球が破壊されるのを防いでくれるので、人間は手を出すべきではないということになる。科学を信じない福音派のなかの宗教右派になるとこうした傾向がある。重要な気候変動が起こるとすれば、それは人間が起こした地球温暖化が進んだからではなく、神の計画、神の意志であるとまで主張する。気候変動を防ぐとするパリ協定（２０２０年以降の気候変動に関する国際的枠組み。１９９７年の京都議定書の後継）などは、反キリストの台頭を準備するための世界政府をつくろうとする策略だ、という極論まである。これに対して、神の被造物を守ろうとする人たちは、環境保護主義であり、神から地球の管理者を命じられているので、神からの賜物である地球資源を環境に悪影響を与えないように、抑制的に利用しなくてはならないと考える。「地とそこに満ちるもの、世界とそこに住むものは、すべて主のもの」（「詩編」24章

1節）なのだから。一般にプロテスタントより環境保護には熱心といわれるカトリックは、環境保全に貧しい人への世話を含めている。神の創造した地球の恵みはすべての神の子の間で、平等に分かち合わなければならないと考えるからである。

## 地球環境にさまざまな考え

科学者たちは地球温暖化による気候変動がいかに深刻であるかを警告しているし、素人にも明らかに天候がおかしいと思うことがある。奇妙なのは、宗教組織に属している人と属していない人では、世界の温暖化に対する意識がかなり違うことだ。地球温暖化は人間の行動によって起こっている、と認めるのは、宗教組織無所属の人が64％であるのに、カトリックは45％、プロテスタントは40％と低い。とりわけ、白人福音派はなんと28％しかいない（２０１４年ピュー調査）。奇跡や来世を信じている人は、気候変動から来る危機をあまり評価しないという研究もある。白人福音派、とくに男性は科学に懐疑的で、信仰的にも聖書を文字通り信じ、政治的には共和党支持の保守なので、気候変動を信じないのかもしれない。気候変動への関心度を「大変関心がある」と「いくぶん関心がある」を合計してみると、アメリカ人全体では50％、宗教組織無所属55％、ヒスパニックのカトリック73％、黒人プロテスタント58％、ユダヤ系53％、白人主流教会43％、白人カトリック41％、白人福音派35％と、ヒスパニックと黒人の関心度の高さが目立つ。

白人福音派はどの世論調査をみても環境への関心は低いが、意識の高い者もいることは注視すべきだ。上部団体である全国福音主義者同盟（ＮＡＥ）は人間が神の被造物を管理することを支持しているし、進歩派の聖職者や福音系大学学長などが中心となって２００６年に「福音派による気候イニシアチブ」（ＥＣＩ）を創設した。人間の引き起こした地球温暖化は本物であるとの認識に立ち、汚染、絶滅から地球を守る必要性を主張している。12年には「気候行動を求める青年福音主義者」（ＹＥＣＡ）が結成され、学生や教会指導者への働きかけを続けている。福音派最大の組織である南部バプティスト教会は、２００７年総会決議で人間活動による地球温暖化に疑問を呈したが、翌年には歴代会長を含む一部の著名指導者らが、気候変動と闘うことはクリスチャンの道徳的責任であり、地球を傷つけることは神への侮辱である、という声明を出した。これに対して、保守派が反対声明を出している。

国連主催の COP 26（2021 年イギリス・グラスゴー）での首脳会合。左・ジョー・バイデン大統領、右・イギリスのボリス・ジョンソン首相、手前後ろ向き・岸田文雄首相。（首相官邸ホームページ、CC BY 4.0）

　地球環境へのバチカンの活動は注目に値する。教皇フランシスコは、２０１５年に回勅（教皇がすべてのカトリック信者にあてて教会の指針を示す公的書簡）「ラウダート・シ（［わたしの主よ、］あなたはわたしに称えられますように！）」を発表。中心テーマは、環境問題と緊密に結びついた人間的、社会的側面を明確に含む総合的エコロジーを提示した。教皇はイギリス・グラスゴーで開かれた21年のＣＯＰ26（国連気候変動枠組条約締約国会議）でも、他の宗教指導者らと共同アピールを出し、前代未聞の生態系危機から地球を救うための具体策を打ち出すよう求めた。アメリカ・カトリック司教会議（ＵＳＣＣＢ）は会議に対する声明で、共通善を求めて共通の立場を見出す必要がある、なぜなら宇宙全体がわれわれの共通の家だから、などと提案した。アメリカ聖公会もイギリス国教会派などと会議に参加、地球の生態系を保護するのは宗教的義務であるなどと訴えた。

宗教組織がどこまで影響を与えたかは不明だが、アメリカでは２０２２年に史上最大の気候変動対策法が成立した。アメリカは30年までに二酸化炭素排出量を40％削減し、50年までに排出量実質ゼロを達成するという、パリ協定の目標達成に向けて努力することになる。

# 44

# 世界一のベストセラー　聖書

★年間で8000万冊出版と推計★

## 聖書の種類と利用度

世界の3大一神教で一番信者の多いキリスト教の聖典には、旧約聖書と新約聖書がある。旧約は紀元前1250年ごろ、エジプトで奴隷状態にあったイスラエルの民がモーセに導かれて脱出後、モーセがシナイ山で神から与えられた律法がもとになっている。イスラエルの民が律法を守るなら、彼らは神ヤハウェの民となり、同時に神もイスラエルの民を守ると約束したという。この古い律法を旧約聖書と呼ぶ。イエス・キリストを生み出す土壌となったユダヤ教の聖典でもある。旧約は39書からなり、紀元前2世紀には編纂されていたとされる。新約聖書は、イエスの生涯、その言動、その弟子（使徒）たちの信仰と宣教などが克明に記されている。イエスによる救い・人類救済の約束や契約を記しており、27書からなる。旧約と新約の名称が出てきたのは2世紀以後とされる。

アメリカ新大陸に入植した多くのピューリタンたちがもってきた聖書は「ジュネーブ聖書」といわれる。イギリスの女王メアリー1世に迫害されたピューリタンがジュネーブに逃れ、1560年に英語版の聖書を編纂したもの。イギリスでジェームズ1世による欽定訳聖書が出版されたのは1611年になってからだ。入植当時のピューリタンの家には本といえば聖書ぐらいしかなかったといわれた。英語の聖書がアメリカで広く流通したのは18世紀後半である。

先進国で最も宗教的な国民といわれるアメリカ人は、どれだけ聖書を利用しているのだろうか。聖書が生活に欠かせないといわれる国だけに、アメリカ聖書協会が毎年、聖書のさまざまな側面について世論調査を実施して公表している（調査・バーナ社、2018、19年調査も利用）。興味深い調査結果として次のようなものをあげている。

▼ 2021年、1億8100万人のアメリカ人が聖書を開いた。新型コロナの影響で前年比7ポイント上昇した。このうち、1億2800万人は定期的に読んでいる。34％が週に1回以上読む。しかし、50％は年に2回以下、あるいはまったく読まない。聖書は神の言葉かという問いには、全体として7割が肯定。その内訳は、まったく誤りのない神の言葉とする人26％、霊感を受けて書かれた神の言葉だが、一部の象徴的な意味で使われているとする人29％、神の言葉だが歴史的事実に一部誤りがあるとする人15％。

▼ 聖書が人生にどんな意味をもつかについては、人生を変えたとする人58％（「強く」29％、「ある程度」29％）、変えないとする人42％（「強く否定」23％、「ある程度否定」19％）。

▼ 聖書をもつ世帯は92％。

▼ 信仰により他人を愛する行動を示すようになったかについては（月に1回以上聖書を読む人が対象）、非常に強く同意する人27％、強く同意する人27％、同意する28％。

▼デジタル聖書の活用については、９割が紙版を好むが、２０１１年以降デジタル版の利用者が増えているという。聖句を調べるのにパソコンでインターネットを利用する人は57％、スマートフォンは55％。インターネットやポッドキャスト（ダウンロードできる音声や動画コンテンツ）の視聴は36％、オーディオ版聖書35％。21年に聖書についてインターネット検索した人９５００万人と過去最多となっている。

宗派・教派別の聖典利用を示した調査もある。アメリカ人の約3分の1（35％）は少なくとも週に1回は聖書を読む。宗派・教派別では、週に少なくとも1回は聖典を読む人の割合は、エホバの証人88％、モルモン教77％、福音派77％、主流教会30％、カトリック25％、黒人プロテスタント61％、イスラム教46％、ユダヤ教17％となっている。それぞれの聖典を神の言葉と信じる人の割合を聖典別にみると、聖書75％、コーラン83％、トーラ37％である（２０１７年ピュー調査）。

## ベストセラーになる背景

ギネス世界記録によると、聖書はここ１５００年間で50億冊売れていると推定されている。イギリスの外国聖書協会では50～70億冊としている。近年では世界で1年間の発行部数は８０００万冊と推計されるという。ちなみにアメリカで最も人気のある本は常に1位は聖書であり、続いて『風と共に去りぬ』、次に『ハリー・ポッター』（シリーズ）である。アメリカのホテルやモーテルでは多くの場合、聖書が置いてある。これは、１８９８年に二人のクリスチャンのビジネスマンがホテルで相部屋になり、意気投合してキリスト教をもっと広めるためにギデオン協会を結成した。聖書の軍事的英雄ギデオンがわずか300人で大軍を破った故事に見習おうとしたものだ。出張するビジネスマンのためにホテルの部屋に聖書があったら便利だということから、寄付を集めてはホテル業界に配布を続けた。外国200ヵ国を含めて今日までに20億冊は配ったと豪語している。ホテル以外にも、刑務所、病院、学校、福祉施設などへも無料で配っている。政教分離を求める団体、宗教からの自由財団(FFRF)は2015年、福音派の国際ギデオン協会に対しホテルへの配布を中止するよう抗議し、全米ホテル・モーテル協会に対し聖書を撤去するよう申し入れた。ギデオン協会の支部によっては、公立学校の責任者を説得して、教室にまで聖書を持ち込んで宣教活動に近いことをしていることから、裁判で敗訴することもある。

この団体とは別に、刑務所での礼拝を専門にしている宗教組織としてプリズン・フェローシップがある。この組織は世界100ヵ国以上にあり、受刑者とその家族への伝道活動と支援をしながら聖書を無料で配布している。1976年設立以来、なんと1億冊も配布したという。

言論の自由が強調される国とはいえ、神の言葉を載せた聖典を簡単に変えるわけにはいかないが、装丁や編集面で変わった、新種の聖書ならいくつかある。気候変動に敏感な環境派に人気のあるのが「グリーン・バイブル」(緑の聖書)だ。環境に関する記述の部分をグリーンに印刷している。用紙は再生紙で、印刷インクは大豆原料を使用、表紙カバーには天然の木綿を使うという凝りようである。自然保護団体や動物愛護団体などが支援している。宗教保守派や愛国心の強い団体なども独自の聖書を売っている。「アメリカ愛国者の聖書」(2009年)にはアメリカ史に関するエッセイが何本か掲載されている。古典派にとっては「1599年ジュネーブ聖書　愛国者版」(2012年)がある。これには、建国期に愛用された聖書にマグナカルタ（大憲章。イギリス国王が人民の権利や自由を保障した勅許状）、メイフラワー契約、連合規約（13植民地が批准した契約書）などが載っている。

聖書の翻訳も盛んである。世界には7000を超える言語があり、このうち旧約・新約を合わせた聖書全巻の翻訳が完了しているのは717といわれる。加えて、新約聖書は1582言語で翻訳が完了しているが、旧約は700程度で、大変に遅れている。そこでバージニア州の聖書翻訳支援団体がヘブライ語の翻訳者の養成に乗り出している。

# 45

# セレブが愛する聖句のタトゥー

——★全身にキリスト教がらみの絵図と文字だらけの人も★——

## 聖書は入れ墨を禁じている

歴史的にみると、クリスチャンにとってタトゥー（入れ墨・刺青）は厳禁だったが、近年では宗教的な多様性に新しいファッション感覚があいまって、一部のエンターテイメントの世界でセレブといわれる有名人の間では、キリスト教に関する絵や文字をアクセサリー的に体に彫るタトゥーが流行している。世論調査をみても、一般の人のタトゥーに関する意識がかなり寛容になっている。26～40歳のアメリカ人では40％もの人が、少なくとも1ヵ所にタトゥーを入れている。18～25歳では36％である（2006年ピュー調査）。2012年のアメリカ成人全体をみると、21％がタトゥーをしている。08年より7ポイント増えていて、後悔していないとする人は86％にも上っている（2012年ハリス調査）。タトゥーを彫る人が増えていることをクリスチャンはどう思っているのだろうか。一般のアメリカ人は、何も変わりない45％、悪い影響がある40％だが、白人福音派は、何も変わりない37％、悪い影響がある56％、白人主流教会は、何も変わりない46％、悪い影響がある38％、白人カトリックは、何も変わりない48％、悪い影響がある41％となっている。聖書に忠実に生きる白人福音派を除くと、一般の人とそれほど大きな変わりがないのは意外である。

聖書ははっきりとタトゥー（入れ墨）を禁じている。旧約聖書「レビ記」に「死者を悼んで身を傷つけたり、入れ墨をしてはならない。わたしは主である」（19章28節）とある。旧約聖書の時代、近隣諸国では肌に自分たちの神の名やシンボルを刻んでいたが、イスラエルの民は神から聖なる生活を送るように命じられていた。偶像崇拝の禁止である。体は聖霊の宮という教えがあり、神の栄光を表す器とされた。体はあるがままでも美しいという教えである。たとえば新約聖書「コリントの信徒への手紙一」では「知らないのですか。あなたがたの体は、神からいただいた聖霊が宿ってくださる神殿であり、あなたがたはもはや自分自身のものではないのです。あなたがたは、代価を払って買い取られたのです。だから、自分の体で神の栄光を現しなさい」（6章19～20節）と記されている。敬虔なクリスチャンにとっては、神からいただいた体を傷つけることは神を傷つけることにもなるという。新約では入れ墨についての直接的な教えはないが、この聖句は入れ墨やピアスを禁じていると解釈されている。入れ墨は古代からほとんどの文明にもみられる風習とされ、アメリカでは先住民インディアンに昔からみられ、一般には南北戦争で兵士の間で流行ったといわれる。１９６０年代のヒッピー文化でもドラッグ・カルチャーの一部として広まり、ヒンドゥー教やチベット仏教の梵語やオカルト的図案がタトゥーに利用された。

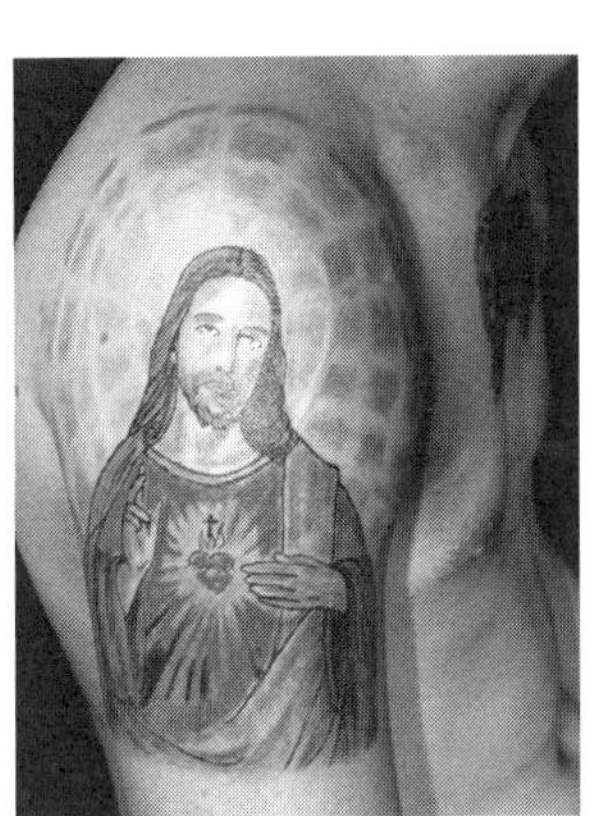

右肩に入れたイエスのタトゥー（Tattoodelmono, CC BY-SA 3.0, via Wikimedia Commons）

## 信仰心か、ボディーアートか

アメリカの芸能界、スポーツ界でタトゥーを入れている人は多い。それもまさに全身が聖書の文字を含む絵や図案などで覆われている例も珍しくない。もちろん、ファッションとして、またはボディーアートとして、目立つからというような世俗的な理由からの人もいるが、敬虔なクリスチャンで心から神への感謝を表現している人もいるのだ。タトゥーを禁じた「レビ記」の聖句は通用しないようだ。一番目立っているのが歌手のジャスティン・ビーバー（国籍はカナダ）だ。インスタグラムやツイッターなどのフォロワーがなんと世界で3億人以上というから、アメリカでというより世界で最も有名な歌手といえる。しかも、教会での礼拝によく出席する一方、SNSで信仰心について多くを語っている。タトゥーは聖句やキリスト教関係の絵図やライオンなど60以上が体を埋め尽くしている。イエスのように生きたいと願う青年は、背中に「詩編」の「あなたの御言葉はわたしの道の光、わたしの歩みを照らす灯」（119章105節）と大きな文字で彫り込んである。胸の中心には大きな十字架が、左足ふくらはぎには荊冠をつけたイエスの顔が描かれている。左脇の下にはヘブライ語でジーザスと書かれ、左の目尻にも小さな十字架が描かれている。信仰心を表したものもあるが、多くのタトゥーはボディーアートなのかもしれない。ビーバーに次いでフォロワーが多いという世界的な歌姫ケイティー・ペリーは、福音派牧師の両親のもとで育ち、ゴスペルソングからスタートした歌手らしく、左手首の内側に太い字でジーザスとタトゥーを入れて以来、目立たない足首などに小さい図柄を10ヵ所くらいに入れている。インドでヒンドゥー教のもとで結婚したこともあってか、サンスクリット語で「流れに任せて」の文字を左上腕の内側に入れている。

興味深いのは夫婦が対になるような聖句を彫っているサッカー選手のデイビッド・ベッカム（国籍はイギリス）とビクトリア夫妻だ。夫はヘブライ語で旧約聖書「箴言」の「わが子よ、わたしの教えを忘れるな、わたしの戒めを心に納めよ」（3章1節）を、妻も旧約聖書「雅歌」の「恋しいあの人はわたしのもの、わたしは恋しいあの人のもの」（6章3節）と同じくヘブライ語で聖句を刻んでいる。夫の胸には、3人の幼い天使がイエスを墓から引き揚げようとしている姿が大きく描かれているほか、60以上のタトゥーを入れている。

最後に、質・量ともに体中が最も宗教的字句や絵図で埋まっているのが、NFL（ナショナル・フットボール・リーグ）の有力選手コリン・キャパニック（元サンフランシスコ・フォーティーナイナーズのクォーターバック）である。試合前の国歌斉唱には人種差別を理由に膝をついて抗議していることで有名になっているが、腹部以外はほとんど体中が聖句や宗教的絵図で埋まっている。最初の聖句タトゥーは、勝利を目指す選手らしく、「詩編」の「あなたは戦う力をわたしの身に帯びさせ、刃向かう者を屈服させ、敵の首筋を踏ませてくださる」（18章40〜41節）を右肩に入れた。左上腕二頭筋には同じ「詩編」の「彼らがわたしに対して陣を敷いても、わたしの心は恐れない。わたしに向かって戦いを挑んで来ても、わたしには確信がある」（27章3節）を刻んだ。この二つの勇ましい聖句はまさにキャパニックの強い闘争本能を表しているようだ。目立つのは、背中全体に描かれた天使と悪魔の戦いのシーン。次に、左の脇の下から横腹全体に、リンゴを握った手に蛇が巻きつき、それが札の散らばった床から突き出ている絵だ。これはエデンの園の物語を描き、「金銭の欲は、すべての悪の根です」（新約聖書「テモテへの手紙一」6章10節）を表しているという。

# 46

# 聖書をめぐる謎と陰謀説

★イエスは青森で死んだという伝承もあり★

## 聖書に仕込まれた暗号（バイブル・コード）

約３０００年の歴史をもつ旧約聖書、それも最初の五書（創世記、出エジプト記、レビ記、民数記、申命記）には、本文には記されていない神からのメッセージや未来の予言などが暗号で隠されているという。昔からこういうことは研究されてきたが、現代ではジャーナリストのマイケル・ドロズニンが『聖書の暗号』を１９９６年に出版して世界的な大ベストセラーとなり、映画やドキュメンタリーが続いた。「バイブル・コード」は世界の過去・未来を示す魔法の言葉のようになり、広く知れ渡った。歴史的な大事件はケネディ暗殺事件も９・11同時多発テロ事件にしても、聖書は予言していたとか、また第3次世界大戦勃発の可能性があるというのだから驚かされる。ヘブライ語で約30万字あるという旧約五書が分析の対象となる。

ヘブライ大学の神学者と二人の数学者が「創世記」のヘブライ語テキストを、等距離文字列（ＥＬＳ）を利用してコンピューター分析したところ、32人の有名な現代のラビの名前と関連資料が出てきた。これらに関する記述が何世紀も前の「創世記」のテキストに暗号化されていたことが発見されたというのだ。暗号解読なので素人にはわかりにくいが、ごく単純化していうと、30万字を1列に並べコンピューター解析で、ある同じ字数ごとに文字を拾い出していくと、ある出来事とそれに関する事柄や人名などが示されるのだという。この論文は1994年、もともと権威ある科学誌『スタティスティックス・サイエンス（統計科学）』に掲載された専門性の高い内容だったが、これを読んだドロズニンは、これをもとにして自分でもいろいろな事件を検索して作品化したという。1945字ごとに文字を拾うと「ヒロシマ」という言葉がつくれるし、真珠湾攻撃も読み取れるという。世界的な話題になると次にBBC（イギリス放送協会）がドキュメンタリー映画「バイブル・コード」を制作、ドイツはドラマ映画に仕立てた。聖書の暗号などという怪しげな理論を信じるわけがないアメリカのキリスト教関係者は、この動きにはまったく無関心で、それを知ってかハリウッドでも映画化は行われなかった。

この論文は5年後に同じ誌面で、オーストラリア国立大学のコンピューター科学者4人によって、その科学性には致命的な欠陥があると批判された。ELSはトリックで、この手法を使えば聖書以外の著作でもいろいろと予言を発見できるという。たとえば、メルビルの『白鯨』を使うと、リンカン大統領やキング牧師など多くの暗殺された人物の名前を出すことができるという。

## イエスは結婚していたという新説の謎

陰謀説というのはいつの時代でも、どんなテーマでも、歴史上に存在してきた。キリスト教界でも同じである。とりわけイエスについてはさまざまな異説や陰謀説があり、近年のものは専門家でも

イエスの妻とか娼婦とかさまざま描かれ方をされてきたマグダラのマリア画（17世紀グイド・レニー作、イタリア）

無視できない内容が含まれているという。2003年のダン・ブラウン著『ダ・ヴィンチ・コード』は、イエスは娼婦といわれているマグダラのマリアと結婚していたとか、ダ・ビンチの絵「最後の晩餐」でイエスの隣に座っているのはマリアだというショッキングな内容なので、あっという間に世界的な大ベストセラーになった。5000万部を超えているのではないかといわれる。これは一応フィクションだが、本の冒頭で「この小説における芸術作品、……文書……に関する記述は、すべて事実に基づいている」と堂々と宣言しているのだ。

著者が自信をもつのは、それなりの資料が発見されているからである。聖書では、マグダラのマリアはイエスから七つの悪霊を追い払ってもらって以来イエスに従い、その死と埋葬を見届け、復活したイエスが最初に出会った女性として描かれている。だが、1945年にエジプトで発見されたナグ・ハマディ文書（邦訳『ナグ・ハマディ文書Ⅱ　福音書』）のなかには、いくつもの福音書などが含まれ、解読が進んで初期キリスト教時代の新しい事実が出てきた。「フィリポによる福音書」にはイエスとマリアが結婚していたのではないかを示唆する表現が2ヵ所ある。「三人の者がいつも主と共に歩んでいた。それは彼の母マリヤと彼の伴侶と呼ばれていたマグダレネーであった。なぜなら、彼の姉（妹）と彼の母と彼の同伴者はそれぞれマリヤ（という名前）だからである」（『ナグ・ハマディ文書Ⅱ

福音書』32節、18頁）とある。伴侶は妻のことだといわれる。次は、「主はマリヤをすべての弟子たちよりも愛していた。そして彼（主）は彼女の口にしばしば接吻した。他の弟子たちは彼がマリヤを愛しているのを見た。彼らは彼に言った。『あなたはなぜ、私たちすべてよりも彼女を愛されるのですか』。救い主は答えた。『なぜ、私は君たちを彼女のように愛さないのだろうか』」（同55節、76頁。編者や訳者などによって文書の欠損部を推定によって復元してある）。そのほかにも「マリヤによる福音書」もあり、他の弟子がマリアにイエスの言ったことを教えてほしいとまで記されている。最も驚くべきことは、２０１２年にハーバード大学教授による33語のパピルスの断片の解読である。「私の妻」や「彼女は私の弟子になれるだろう」などを記述があるというのだ。バチカンは下手な偽造だなどとこれを一蹴した。

イエスについては、ギリシャの哲学者アポロニウス（1世紀ギリシャのピタゴラス学派）ではないかという説も根強くある。２０１８年には「マグダラのマリア」が映画化された。二人が夫婦であるかどうかは明示していないが、マリアの人生に焦点をあてた映画は初めてだ。マリアは完全なイエスの使徒で、イエスの絶大な信頼を得ており、女性たちに洗礼を施し、瀕死のらい患者を癒やす行為まで描かれている。マリアを否定的にみてきたバチカンは１９６９年にマリア像を修正、２０１６年に教皇フランシスコは、「マリアは使徒のなかの使徒、他の使徒と同じように祝福されるべき」と宣言し、7月22日を公式の祝日とした。

イエスとマリアの人生についても諸説が出ている。イスラム教の『コーラン』（邦訳『コーラン』4章155節）はイエスの磔刑を否定し身代わりが死んだとしているが、この説は欧米でもあり、外国に逃れたという説がある。フランスにはその子孫までいるという。これまた奇妙だが、イエスは日本に逃れて、現在は青森県三戸郡新郷村（十和田湖近く）の一部となった戸来村で結婚して１０６歳まで生き、埋葬されたという伝承がある。村はキリストの里伝承館を建て、キリスト祭まで行っている。戦前に渡来説が生まれたのだという。スミソニアンの機関誌に紹介されたこともある。マリアもイエスの死後、フランスに渡ったという説は根強くある。

# 47

# イエスの人種をめぐる論争

★イエス白人説への疑問・反論★

## イエス像の変化

歴史的に西洋美術で描かれるイエスは、色白、薄茶色の長髪、青い目、ひげといった容貌、服装では長袖に衣を重ねた姿が多い。しかし、キリスト教初期には短い黒っぽい髪、茶褐色の肌をしたイエス像も見られた。イエスは中東の出身であるから、肌が浅黒いのが当然とする意見もある。ほとんどの欧米の教会では、これまで大きな問題にならなかったイエスの人種について、近年の「ブラック・ライブズ・マター（BLM）」（黒人の命は大切）運動が世界的な広がりをもつにつれ、白人優越主義への批判の一環として、イエスは白人ではない、イエスは黒人だったという主張が強まってきたのである。

1920年代に起こった黒人運動の源流ともいえる「アフリカ中心主義」では、神は黒人であったと説明された。その背景には、アフリカには高度な文明がかつて存在し、黒人はもっと誇りをもたなければならないとされた。エジプト文明の初代ファラオのメナス（紀元前3100〜2890年ごろ？）は黒人であり、その後のファラオの顔の石像をみると黒人の顔に似ているという。ギリシャ文明はこの黒人文明ともいえるエジプト文明の影響を受けているのだから、西洋文明は黒人文明の影響を受けているのだと、アフリカ中心主義者は主張する。アメリカの民主主義は人種平等を唱えても、黒人差別は決して撤廃されないのでアフリカへ帰ろう、という運動につながった。

ブラック・ライブズ・マターの活動家による白人イエスへの反論は過激である。イエスが白人に描かれている聖像画やイコン（イエス、マリア、天使などの板絵の画像）、ステンドグラスなどを教会から撤去すべきと主張する。加えて、イエスが金髪の白人と教える宗教はキリスト教ではない、白人優越主義であるとさえ断言する。

歴史上の人物も見直されている。人種差別や奴隷制をめぐって争われた南北戦争で英雄とされた南軍の将軍たち、南北戦争以前でも先住民インディアンを虐殺したというアンドリュー・ジャクソン大統領、アメリカ大陸を「発見」したコロンブスでさえ、先住民インディアンを虐殺したという理由から、各地に建てられた銅像が撤去されたり、破壊されたりしている。アメリカの歴史的人物の名前を冠した建物も改称されていることもある。

こうした運動に理解を示しているようにみえるのが、なんとイギリス国教会のカンタベリー大主教、ジャスティン・ウェルビーである。２０２０年、イエス・キリストを白人として描く肖像画を見直すように、世界の１６５を超える加盟教会のアングリカン・コミュニオンに指示したのだ。大主教自身が多様な文化的背景をもつ多くの教会を訪問し、白い肌ではないキリスト像をたくさん見たと語っている。さらに、自らの歴史的過ちと失敗を認める時が来たとさえ述べているのである。その影響もあってか、イギリス最古の聖堂の一つ、聖アルバヌス大聖堂では期間限定であるが、イエスが黒人に描かれた「最後の晩餐」の絵を飾った事例まである。

## 世界一広まった白人イエスの肖像画

イエスの容貌についてのは、新約聖書に記述はないが、旧約聖書「詩編」には救世主の肌の色ではないが容貌についての記述があり、それがイエスに重ね合わせて読まれているという聖句がある。「あなたは人の子らのだれよりも美しく、あなたの唇は優雅に語る。あなたはとこしえに神の祝福を受ける方」（45章3節）

長髪ともみあげは神に対して失礼とする表現はいくつか聖書にはある。イスラム教の経典『コーラン』の記述では、髪は縮れ毛と直毛の両方があり、長くやわらかな髪というのもある。顔色については、赤い、小麦色、茶褐色などがある。今日に伝わるさまざまなイエスの容貌は、肌の色を含めて宗教画家の想像に任されているのだろう。

イエスは中東の地に生まれているので、初期のイコンやフレスコ画などでは肌が茶褐色とか浅黒いものが多いという。イエス時代のユダヤ人男性の画像をみても、肌が浅黒いものがほとんどである。中世以降、ヨーロッパ人のような容貌、つまり肌色は白人のものとは異なるがライトスキン（肌の色が薄い）の人として描かれるようになったという説がある。アメリカのクリスチャンにとってのイエス像は、なんといってもウォーナー・サルマンが1940年に描いた作品である。神学校の雑誌の表紙絵として描かれたものだが、あまりに評判がよいので、出版社が肖像画として売り出し、国の内外で5億枚は出回っているという。学校、役所などの公共機関にも配布された。第2次大戦に出征する兵士のために、米軍慰問協会がポケット版までつくった。サルマンの作品は白い肌、薄茶褐色の緩やかな長い髪、長いひげと、完全にヨーロッパ人のイエスである。作品として素晴らしいので、白人教会でも黒人教会でも人気がある。

現代のイスラエルとパレスチナ暫定自治区の政治的対立がイエスの人種論争にもつながっている。聖書にはパレスチナという地名は出ていないので、厳密にはイエスがパレスチナ人というのは語弊があるのだが、現在パレスチナと呼ばれる地域にイエスがいたことも確かである。したがって、イスラム教徒である現在のパレスチナ人が、抑圧を続けているユダヤ人国家イスラエルへの反発からか、ユダヤ人のイエスは最初のパレスチナ人とさえ公言する。アメリカ連邦下院議員でイスラム教徒のイルハン・オマル曰く、イエスはベツレヘムで生まれた肌の浅黒い（ダークスキン）パレスチナ人である可能性が極めて高い。納得する人は多いだろう。世論調査（2020年、イギリスのユウガブ社）でも、イエスが中東人と認める人は65％、白人とする人は60％、黒人とする人は52％である。

# 48

# 「クリスマス戦争」という「文化戦争」

——★「メリー・クリスマス」から」「ハッピー・ホリデー」へ★——

## 多様性とPCに対抗する宗教保守派

アメリカが宗教的にはもちろん、人種的・文化的にも多様性がますます増しているのは避けがたい現実である。と同時に、ＰＣ（ポリティカル・コレクトネス。政治的公正）が社会に広がり、自分と他人との違いや弱者への思いやりに留意することが社会の常識になっている。人種差別や性差別、宗教差別などは絶対に許されない。

しかし、白人クリスチャンによって建国されたという歴史的伝統を固持しようとする保守派、とくに宗教的な伝統を維持しようとする人たちは、クリスマス行事をめぐる習慣を昔のままにしておくのが正しいクリスチャンであると信じて疑わない。クリスマスにはクリスマス・ツリーを飾り、「メリー・クリスマス」と挨拶し合い、クリスマス・カードを交換するのが当然と考える。こうした宗教保守派が仕掛ける「クリスマス戦争」が、アメリカの分断を大きくしていることは否定できない。とはいえ、社会の多様性への理解も進んでいる。移民の増大や信仰上の変化などを考慮して、クリスチャン以外の人々も等しく年末年始の楽しい休日を楽しめるようにと、「メリー・クリ

ホワイトハウス・ダイニングルームのクリスマス飾りを見るバイデン大統領

スマス」ではなく「ハッピー・ホリデー」の挨拶やカード、また「ハッピー・ツリー」という言葉を使う人が増えてきた。

こうした傾向について、宗教保守派などは1980年代からクリスマス戦争という文化戦争に負けてはならないと巻き返しを図っていた。それをことさら強調して、選挙公約に「メリー・クリスマスを取り戻す」を掲げて勝利したのがトランプ大統領である。オバマ大統領を心底嫌っていたトランプ候補は、オバマはクリスチャンでないから「メリー・クリスマス」を使わなかったとか、ウソを振りまいて反PC派をたきつけた。オバマ大統領が公式のグリーティング・カードに「メリー・クリスマス」ではなく「ハッピー・ホリデー」を使ったのは確かだが、演説や日常的挨拶では「メリー・クリスマス」をよく使っていた。

クリスマス・ツリーをホワイトハウスに飾ったことも、全国民が承知している事実である。バイデン大統領は熱心なカトリックであるので、「メリー・クリスマス」と書いたグリーティング・カードやクリスマス・ツリーを普通に使用したので、とくに批判されることはなかった。

クリスマスは本来キリスト教の宗教行事であることは確かだが、アメリカの歴代大統領は政教分離に抵触しないように、アメリカ最大の祝日を祝ってきた。「メリー・クリスマス」は17世紀末から、「ハッピー・クリスマス」も19世紀末から使われている。後者については、イギリスの女王エリザベス2世が「メリー」には「ほろ酔いの」というネガティブな意味があるため「ハッピー」を好んだので一般に広まったとされる。今日のイギリスでも日本でも広く使われている。「ハッピー・ホリデー」はアメリカでかなり以前から使われており、1863年の新聞広告に「ハッピー・ホリデーがやってくる。お年寄り、若い人のためのクリスマス・プレゼント」とある。

ホワイトハウス前のナショナル・クリスマス・ツリー点灯式（2019年）

ホワイトハウスには公式のクリスマス・ツリーが置かれ、一般の人も見学できるようになっている。最初にツリーを置いたのは、フランクリン・ピース（在任1853～57年）かベンジャミン・ハリソン（同1889～93年）のどちらかということになっている。エイブラハム・リンカン（同1861～65年）は飾ったという記録がないという。ウォーレン・ハーディング（同1921～23年、任期中に病死）は妻が病気のために置かなかった。ウィリアム・マッキンリー（同1897～1901年）は、クリスマスはドイツの習慣、森林破壊といった批判が出たため、厨房部屋にメイドのために1本だけ置いた。ホワイトハウス前の広場にあるモミの木を飾るナショナル・クリスマス・ツリーは、民間団体が飾りつけ、カルビン・クーリッジ（同1923～29年、ハーディングの急死で大統領昇格、2期目は25年から）が点灯してから行事化された。点灯式には学童、軍楽隊、有名歌手などが参加し、観客席のチケットは抽選で決まる。ツリーの周囲には50州と首都ワシントンなどのツリーが植えられている。州や地方でも議事堂や庁舎にクリスマス・ツリーを飾って祝うのが普通だが、賛否をめぐって論争が起こっている事例もある。

**クリスマスをめぐる戦争**

クリスマスの12月25日はイエスの誕生日とされるが、聖書には記述がない。17世紀ニューイングランドのピューリタンの間では、クリスマスは禁止されていた。アメリカで広く祝福されるようになったのは19世紀からだ。ドイツ式の生木を室内に入れて飾ったのは1832年とされる。国家の祝日になったのは1870年である。アメリカ人の7割以上がクリスチャンとはいえ、宗教の多様性は年々進んでいる。クリスマスを祝う人はクリスチャンで92％、非クリスチャンでも8割が祝う。ユダヤ系は32％、ヒンドゥー教徒は73％、仏教徒でも76％がクリスマスを祝う。クリスマスが宗教的休日とする人は半分だが、文化的休日とする人は3割を超えるようになった（2013年ピュー調査）。

リベラル派によってクリスマスの宗教性を薄めようとする運動が強まると、デパートや小売りチェーン店で「ハッピー・ホリデー」を使うところが増えてきた。これに挑戦したのが保守派で、本やテレビなどを使って、これはクリスマス戦争だといって反撃に出た。有名な宗教保守の団体が、チェーン店などがクリスマスを大切に扱っているかを調査して、ランクづけまでして公表した。2

０１７年の調査では、大切に扱っているのはウォルマート、トイザらスなど、大切にしていないのはGAP、ノードストローム百貨店、中間派はアマゾン、スターバックスなどだった。スターバックスは20年以上も前から、年末年始のホリデー・シーズンにはクリスマスを連想する図柄のカップを使用していたが、２０１５年からデザインを単純化して赤地にロゴマークだけにした。カップの空いたスペースには客が自由に絵を描けるようにした。これにトランプや宗教保守派が反発し、一斉に攻撃を仕掛けた。トランプは選挙運動中に「スターバックスにはクリスマスがなくなった」と喧伝し、宗教保守派の指導者の一人は「スターバックスはイエスを憎んでいるので、クリスマスの絵柄を取り去った」とまで批判したものだ。スターバックスは17年には、白地にクリスマス・プレゼントらしき包装箱、星、ハート、ツリーなどの絵柄を入れた。なかには女性らしい手が上と下から出て握られている図があり、保守派はこれをレズビアン・カップルだと解釈し、スターバックスは同性愛を広めているなどと批判したのである。

スターバックスのホリデーカップ（2017年発表）

コラム10

## 歴代大統領の公式クリスマス・カード

アメリカ大統領で最初に公式クリスマス・カードを送ったのは、カルビン・クーリッジ（在任1923〜29年）である。1927年のことで、この年にホワイトハウス前のクリスマス・ツリーで点灯式を始めたのもクーリッジである。彼は全国の新聞社に対して、自分のクリスマスのメッセージをできるだけ多くの国民に知らせる記事を書くように要請した。

ドワイト・アイゼンハワー（同1953〜61年）は、時代的にも国民の宗教心が高まっていたし、大統領自身、宗教活動には熱心だった。クリスマス・カードにはもちろん「メリー・クリスマス」が使われているが、文面には「ハッピー・ホリデー」という表現もある。カードの送り先が広がり、外国に赴任した多くの大使たち、閣僚、連邦議員、外国の元首や閣僚などが含まれた。意外なのは、ファースト・レディーのマミーが旧姓を含む表記になっていることだ。当時の時代背景を考えると、妻は夫の姓だけにするのが当たり前なのに、保守的と思われた大統領の妻が旧姓をミドル・ネームのように使用しているのは注目すべきだ。後述するクリントン

1942
WITH CHRISTMAS GREETINGS
AND OUR BEST WISHES
FOR A
HAPPIER NEW YEAR
THE PRESIDENT
AND
MRS. ROOSEVELT

フランクリン・ローズベルト大統領の公式クリスマス・カード（1942 年）

ンの妻ヒラリーは、当初は旧姓を含めていたが、批判が多いことから止めているからだ。

ロナルド・レーガン（同1981～2001年）は、それほど信仰心はもっていなかったが、台頭してきた宗教右派の強力な支持を得ていたので、「メリー・クリスマス」の選択肢以外はなかった。久しぶりの民主党大統領のビル・クリントン（同1993～2001年）は、挨拶では「ハッピー・ホリデー」を使うことが多く、2004年のカード・メッセージには「私の家族はあなたとご家族が健康と幸福と平和に満ちた、楽しいホリデー・シーズンと新年を過ごされることを願っています」という宗教色のないものだった。

興味深いのはジョージ・W・ブッシュ（同2001～09年）で、神の召命があったので大統領選に出馬したといっていたほど信仰心の篤い人だが、2001年と05年には「メリー・クリスマス」を使っていない。いずれも聖句を「詩編」から引用して、信仰心を示している。01年のものは「心よ、主はお前にいわれる。『わたしの顔を尋ね求めよ』と。主よ、わたしは御顔（みかお）を尋ね求めます」（27章8節）を使い、文面には「新年がこの地球に平和をもたらしてくれるように」というごく普通のメッセージがある。選挙で応援した宗教保守派は聖句だけでは満足せず、もっと宗教色の強いメッセージを出すべきだと強く批判した。

バラク・オバマ（同2009～17年）は、文化

"Thy face, Lord, do I seek: I believe that I shall see the goodness of the Lord in the land of the living!"
Psalm 27:8, 13 (RSV)

May happiness be yours during this season of goodwill and may the New Year bring peace on Earth. 2001

ジョージ・W・ブッシュ大統領の公式クリスマス・カード（2001年）

や人種の多様性を強調していたので、カードには「メリー・クリスマス」を使っていない。代わってハッピー・ホリデー・カードも出したことがある。

ドナルド・トランプ（同2017〜21年）は、就任年にクリスマス・ツリーの前に立つ夫妻の写真の上に大きな文字で「メリー・クリスマス」と「ハッピー・ニュー・イヤー」と記している。またツイッターに動画で二人のクリスマスの挨拶をアップした。任期終了した21年のクリスマスにはフェイク・カードがSNSに出回った。「45代大統領」は実際によく使っている肩書きだが、このカードでは現職の大統領となっているほか、冬のホワイトハウスからのメリー・クリスマスと書かれている。

ジョー・バイデン（同2021年〜）は「私たちの家族からあなたのご家族へ、メリー・クリスマス」というメッセージを夫妻の写真を添えてツイッターにアップしている。

ツイッターにアップされたバイデン大統領夫妻のクリスマス・メッセージ（2021年）（出典：https://twitter.com/POTUS/status/1474740353601355776）

# おわりに

子どもじみていると笑われそうだが、２０２０年大統領選挙でトランプ大統領が再選されたら、今後はアメリカと縁を切ろうと真剣に考えていた。就任後、大統領になるべきではなかった人と個人的に判断していたし、そのような不適切な人が再選されるほどアメリカは愚かな国ではないと固く信じていたからだ。そうした判断が間違っていたという結果が出たならば、研究者として身を引いた方がよいと考えてきた。それに、自分が今後も学びたいアメリカがもう存在しないことにもなるからだ。

子ども時代からアメリカが好きで関心をもちつづけてきた。社会人として紆余曲折の末に、研究者としてのなりわいを保つことになったのだが、幸か不幸か、トランプが負けて、アメリカの民主主義はなんとか崩壊の危機を脱したようなので、アメリカ・ウォッチングは今後も続けていくつもりでいる。

アメリカの宗教性の強さは、誇るべき歴史的伝統であり、アメリカ的な民主主義を支える重要な要素の一つと思ってきた。議事堂襲撃事件が起こってからは、乱入した暴徒のなかに、ごく一部とはいえ敬虔なクリスチャンが参加していたのはなぜなのか、今日まで疑問を抱き続けている。襲撃事件に関する議会の下院特別調査委員会は、２０２２年12月に８４５ページもの最終報告書を公表した。たびたび公聴会のテレビ放送を視聴しながら、委員会の精力的な活動に敬意を表してきたのだが、その中身には愕然とした。公聴会でキリスト教ナショナリズムに関する詳細な証言があったにもかかわらず、ワード検索すると1回しか出てこない。それもなんの説明がない。その他の宗教勢力のことにはまったくといっていいほど触れていない。また1000人近く起訴された者のなかに宗教関係者がいなかったのか、宗教がアメリカ政治のなかできわめてデリケートな問題だから意図的にふれなかったのか理由は不明だが、今後の研究課題としたい。

その反面、これまで取り上げてこなかった日常的な面でのアメリカ人の信仰心を調べてみて、いかに多くのアメリカ人が心の安らぎを求めているかが、ある程度理解できたように思う。実験の国といわれるアメリカだけに、信仰のかたちさえも変わったものが出ているようだ。貪欲に心の渇きを満たす方法を探求しているのだろう。自分自身は研究者として政治と宗教を学ぶなかで個人の信仰という問題にも大きな関心をもってきたが、入信者ではないので、アメリカ人の信仰について真の理解には限界があるかもしれない。

アメリカの歴史の振り子は大きく揺れているが、信仰の力がポジティブに作用して、いずれは収まるところに収まり、社会が安定することを願っている。下院議長の選出に歴史的な困難を経験した議会なので、今後のアメリカ政治に順風満帆の航海は難しいかもしれないが、大きな危機を何度も乗り切ってきた復元力が生まれることを信じたい。

上坂　昇

2023年1月

## ら



## わ

## ま



## や

## 索　引

## な



## は

## た

## さ

## か

# 索　引

## 数字・英字



## あ

竹下節子『疫病の精神史――ユダヤ・キリスト教の穢れと救い』筑摩書房、2021年。

教皇フランシスコ（瀬本正之、吉川まみ訳）『回勅 ラウダート・シ――ともに暮らす家を大切に』カトリック中央協議会、2016年。

井筒俊彦訳『コーラン』（下）岩波書店、2002年。

荒井献、大貫隆、小林稔、筒井賢治訳『ナグ・ハマディ文書II　福音書』岩波書店、1998年。

ダン・ブラウン（越前敏弥訳）『ダ・ヴィンチ・コード』（上下）角川書店、2004年。

マイケル・ドロズニン（木原武一訳）『聖書の暗号』新潮社、1997年。

伊達巌『聖書の暗号は知っていた――【闇の絶対支配者】ロスチャイルド・イルミナティ・フリーメーソン』徳間書店、2010年。

"Vaccine Hesitancy and U.S. Public Opinion," Gallup, July 30, 2021.

"Religious Identities and the Race against the Virus," PRRI, July 27, 2021.

"Religion and Views on Climate and Energy Issues," Pew Research Center, October 22, 2015.

"State of the Bible USA 2021," American Bible Society. ▶soth.research.bible

White House Historical Association. ▶whitehousehistory.org

Archives Presidential White House Websites ▶archives.gov/presidential-libraries/archived-websites

"LGBT Identification Rises to 5.6% in Latest U.S. Estimate," February 24, 2021, Gallup.
"How Many Adults and Youth Identity as Transgender in the United States," June 2022, Williams Institute (UCLA School of Law). ▶williamsinstitute.law.ucla.edu
"Religiosity among LGBT Adults in the US," October 2020, Williams Institute.
マイケル・J・ゴーマン（平野あい子訳）『初代教会と中絶』すぐ書房、1990年。
荻野美穂『中絶論争とアメリカ社会――身体をめぐる戦争』岩波書店、2001年。
緒方房子『アメリカの中絶問題――出口なき論争』明石書店、2006年。
中野東禅『中絶・尊厳死・脳死・環境――生命倫理と仏教』雄山閣出版、1998年。
香川知晶『死ぬ権利――カレン・クインラン事件と生命倫理の転回』勁草書房、2006年。
ウィリアム・H・コルビー（大野善三、早野ZITO真佐子訳）『死ぬ権利はだれのものか』西村書店、2012年。
第2バチカン公会議文書公式訳改訂特別委員会監訳『第二バチカン公会議公文書　改訂公式訳』カトリック中央協議会、2013年。
松田純『安楽死・尊厳死の現在』中央公論新社、2018年。
安藤泰至『安楽死・尊厳死を語る前に知っておきたいこと』岩波書店、2019年。
"People of All Religions Use Birth Control and Have Abortions," October 19, 2020, Guttmacher Institute.
"Where are Mainline Protestants on Abortion?" January 18, 2018, Religion News Service.
"American Religious Groups Vary Widely in Their Views of Abortion," January 22, 2018, Pew Research Center.
"Religious Groups' Views on End-of-Life Issues," Pew Research Center, November 21, 2013.
"What Does the Bible Say About Suicide and Depression?" Christian Bible Reference Site. ▶christianbiblereference.org

栗林輝夫『原子爆弾とキリスト教――広島・長崎は「しょうがない」か？』日本キリスト教団出版局、2008年。

――『キリスト教と戦争――「愛と平和」を説きつつ戦う論理』中央公論新社、2016年。

吉岡栄二郎『『焼き場に立つ少年』は何処へ――ジョー・オダネル撮影『焼き場に立つ少年』調査報告』長崎新聞社、2013年。

坂井貴美子編著、ジョー・オダネル写真『神様のファインダー――元米従軍カメラマンの遺産』いのちのことば社、2017年。

ルイス・ベンスン（小泉文子訳）『クエーカー信仰の本質』教文館、1994年。

"Majority Supports Use of Atomic Bomb on Japan in WW II ," August 5, 2005, Gallup.
"70 Years after Hiroshima, Opinions Have Shifted on Use of Atomic Bombs," August 4, 2015, Pew Research Center.

**❖性と死**

ジョン・ボズウェル（大越愛子、下田立行訳）『キリスト教と同性愛――1〜14世紀西欧のゲイ・ピープル』国文社、1990年。

アラン・A・ブラッシュ（岸本和世訳）『教会と同性愛――互いの違いと向き合いながら』新教出版社、2001年。

ジェフリー・S・サイカー編（森本あんり監訳）『キリスト教は同性愛を受け入れられるか』日本キリスト教団出版局、2002年。

アンドリュー・マーリン（岡谷和作訳）『LGBTと聖書の福音――それは罪か、選択の自由か』いのちのことば社、2020年。

『聖書とLGBTQ――ジェンダーを理解する』ファミリー・フォーラム・ジャパン、2021年。

ショーン・フェイ（高井ゆと里訳）『トランスジェンダー問題――議論は正義のために』明石書店、2022年。

小泉明子『同性婚論争――「家族」をめぐるアメリカの文化戦争』慶應義塾大学出版会、2020年。

National Center for Transgender Equality. ▶transequality.org
"Despite Partisan Rancor, Americans Broadly Support LGBTQ Rights," March 23, 2021, PRRI.

"Ahead of Anniversary of 1/6 Insurrection, Republicans Remain Entangled in the Big Lie, QAnon, and Temptations toward Political Violence," January 4, 2022. PRRI ▶prri.org

5　アメリカ社会と文化に関する資料

**❖教育**

ユージニー・C・スコット（鵜浦裕、井上徹訳）『聖書と科学のカルチャー・ウォー──概説　アメリカの「創造 vs 生物進化」論争』東信堂、2017年。

鵜浦裕『進化論を拒む人々──現代カリフォルニアの創造論運動』勁草書房、1998年。

──『チャーター・スクール──アメリカ公教育における独立運動』勁草書房、2001年。

マラリー・メイベリー他（秦明夫、山田達雄監訳）『ホームスクールの時代──学校に行かない選択：アメリカの実践』東信堂、1997年。

"For Darwin Day, 6 Facts About the Evolution Debate," Pew Research Center, February 11, 2019.
"Overview: The Conflict Between Religion and Evolution," Pew Research Center, February 4, 2009.
"BBC Survey on the Origins of Life," Ipsos MORI, January 2008.
"Religion in the Public School," Pew Research Center, October 3, 2019.
National Center for Education Statistics (NCES)　▶nces.ed.gov
HSLDA (Home School Legal Defense Association)　▶hslda.org
National Home Education Research Institute (NHERI)　▶nheri.org

**❖戦争と平和**

阿部知二『良心的兵役拒否の思想』岩波書店、1992年。

ロナルド・タカキ（山岡洋一訳）『アメリカはなぜ日本に原爆を投下したのか』草思社、1995年。

ガー・アルペロビッツ（鈴木俊彦他訳）『原爆投下決断の内幕』（上・下）ほるぷ出版、1995年。

P・C・クレイギ（村田充八訳）『聖書と戦争 改訂版』すぐ書房、2001年。

佐々木陽子編著『兵役拒否』青弓社、2004年。

堀内一史『アメリカと宗教――保守化と政治家のゆくえ』中央公論新社、2010年。

カート・アンダーセン（山田美明、山田文訳）『ファンタジーランド――狂気と幻想のアメリカ500年史（上）』東洋経済新報社、2019年。

前嶋和弘『キャンセルカルチャー――アメリカ、貶めあう社会』小学館、2022年。

上坂昇『神の国 アメリカの論理――宗教右派によるイスラエル支援、中絶・同性結婚の否認』明石書店、2008年。

――『現代アメリカの保守勢力――政治を動かす宗教右翼たち』ヨルダン社、1984年。

――『キング牧師とマルコム X』講談社、1994年。

"Oath of Office the President of the United States," Wikipedia. ▶en.wikipedia.org
"6 Facts about Faith and Inauguration," Pew Research Center, January 19, 2017. ▶Pewresearrch.org
"Colonial Crimes and Punishments," US history.org.
"Why God is in the Declaration but not the Constitution?" Journal of the American Revolution, February 22, 2016.
"Did George Washington Believe in God?" history.com
"Lincoln's Faith in God," greatamericanhistory.net
"The Puzzling Faith of Abraham Lincoln," christianhisotryinstitute.org
"The Faith of Abraham Lincoln," faith&freedom.com
"President Lincoln's Fast," christianity.com
"Christian Nationalism and the January 6, 2021 Insurrection," Christians Against Christian Nationalism ▶christiansagainstchristiannationalism.org/statement
"Voting Against Democracy: Why Christian Nationalists Seek to Block Access to the Ballot Box," Church & State Magazine, February 2022. au.org (Americans United for Separation of Church and State)
"White Christian Nationalists: Who Are They? What Do They Want? Why Should You Care?" Church & State Magazine, April 2021.

大下尚一、有賀貞他編『史料が語るアメリカ――メイフラワーから包括通商法まで　1584–1988』有斐閣、1989年。

3　アメリカ宗教全般に関する世論調査・調査研究のウェブサイト

"Fast Facts about American Religion," Hartford Institute for Religion Research.
"America's Changing Religious Landscape," Pew Research Center, May 12, 2015.
"America's Changing Religious Identity," PRRI, 09.06.2017.
"Faith on the Hill: The Religious Composition of the 118th Congress," Pew Research Center, January 3, 2023.
PollingReport.com/Religion　▶pollingreport.com/religion.htm
"Religiosity Highest in World's Poorest Nations: United States is Among the Rich Countries that Buck the Trend," Gallup, August 31, 2010.
"Record Few Americans Believe Bible Is Literal Word of God," Gallup, May 15, 2017.
"Americans' Belief in God, Miracles, and Heaven Decline," The Harris Poll, December 16, 2013.
"State of the Bible 2019: Trends in Engagement," The Barna Group, April 18, 2019
"CyberFaith: How Americans Pursue Religion Online," Pew Research Center, December 23, 2001.
"House Church Involvement Is Growing," The Barna Group, June 19, 2006.

4　アメリカ政治と宗教に関する資料

リチャード・V・ピラード／ロバート・D・リンダー（堀内一史他訳）『アメリカの市民宗教と大統領』麗澤大学出版会、2003年。

栗林輝夫『アメリカ大統領の信仰と政治――ワシントンからオバマまで』キリスト新聞社、2009年。

マリオ・M・クオモ／ハロルド・ホルザー編著（高橋早苗訳）『リンカン民主主義論集』角川書店、1992年。

UShistory.org ▶ushistory.org
History.com ▶history.com
Learn Religions ▶leranreligion.com
National Archives ▶archives.gov
Office of the Chaplain ▶chaplain.house.gov
Encyclopedia.com ▶encyclopedia.com
The Association of Religious Data Archives ▶theard.com
The Institute for Faith & Freedom ▶faithandfreedom.com
Christianity.com ▶christianity.com
Christian History Institute ▶christianhistoryinstitute.org
Christian Bible Reference Site ▶christianbiblereference.org
Bible Believers.com ▶biblebelievers.com
GotQuestions: Your Questions, Biblical Answers ▶gotquestions.org
Internet Encyclopedia of Philosophy ▶iep.vtm.edu
Crosswalk.com ▶crosswalk.com
State of Bible ▶sotb.research.bible
White House Historical Association ▶whitehousehistory.org
聖書検索 ▶seisho.org/biblesearch

## 2 アメリカの歴史と宗教に関する書籍

トクヴィル（松本礼二訳）『アメリカのデモクラシー』（第一巻上下、第二巻上下）岩波書店、2005〜2008年。

森孝一『宗教からよむ「アメリカ」』講談社、1996年。

森孝一編『アメリカと宗教』日本国際問題研究所、1997年。

藤原聖子『現代アメリカ宗教地図』平凡社、2009年。

大西直樹『ピルグリム・ファーザーズという神話──作られた「アメリカ建国」』講談社、1998年。

曽根暁彦『アメリカ教会史』日本基督教団出版局、1974年。

J・C・ブラウァー（野村文子訳）『アメリカ建国の精神──宗教と文化風土』玉川大学出版部、2002年。

森本あんり『キリスト教でたどるアメリカ史』KADOKAWA、2019年。

明石紀雄『トマス・ジェファソンと「自由の帝国」の理念──アメリカ合衆国建国史序説』ミネルヴァ書房、1993年。

# 主な分野別引用・参考文献


## 1　キリスト教を理解するための事典・辞書、インターネット・ウェブサイト

『聖書　新共同訳』日本聖書協会、1997年。

木田献一、山内眞監修『新共同訳聖書事典』日本キリスト教団出版局、2004年。

大貫隆他編『岩波キリスト教辞典』岩波書店、2002年。

宇田進他編『新キリスト教辞典』いのちのことば社、1991年。

外村民彦『キリスト教を知る事典』教文館、1996年。

高尾利数『キリスト教を知る事典』東京堂出版、1996年。

A・リチャードソン／J・ボウデン編（古屋安雄監修、佐柳文男訳）『キリスト教神学事典』教文館、1995年。

八木谷涼子『なんでもわかるキリスト教大事典』朝日新聞出版、2012年。

──『知って役立つキリスト教大研究』新潮社、2001年。

『山川世界史小辞典』山川出版社、2004年。

斎藤眞他監修『アメリカを知る事典』（新訂増補）、平凡社、2000年。

"Encyclopedia of Religion and Society," Altamira Press, 1998.

"Encyclopedia of Religion in American Politics," Oryx Press, 1999.

"The World Almanac and Book of Facts 2019," World Almanac Books, 2018.

「バティカン・ニュース」 ▶vaticannews.va/ja

「クリスチャントゥデイ」 ▶christiantoday.co.jp

「キリスト教新聞」 ▶kirishin.com

"The Christian Post" ▶christianpost.com

"Religion News Service" ▶religionnews.com

Americans United for Separation of Church and State ▶au.org

Hartford Institute for Religion Research ▶hirr.hartsem.edu

PRRI (Public Religion Research Institute) ▶prri.org

Barna Group ▶barna.com

Great American History ▶greatamericanhistory.net

〈著者紹介〉

**上坂　昇**（こうさか・のぼる）
1942年、東京生まれ。東京外国語大学卒業後、時事通信社、小学館、在日アメリカ大使館を経て、桜美林大学教授（アメリカ研究）。2013年から同大学名誉教授。
著書（単著）には、『現代アメリカの保守勢力――政治を動かす宗教右翼たち』（ヨルダン社、1984年）、『アメリカ黒人のジレンマ――「逆差別」という新しい人種関係』（明石書店、1987年、増補版1992年）、『アメリカの貧困と不平等』（明石書店、1993年）、『キング牧師とマルコムX』（講談社現代新書、1994年）、『神の国アメリカの論理――宗教右派によるイスラエル支援、中絶・同性結婚の否認』（明石書店、2008年）、『オバマの誤算――「チェンジ」は成功したか』（角川oneテーマ21新書、2010年）、『アメリカの黒人保守思想――反オバマの黒人共和党勢力』（明石書店、2014年）、『カリフォルニアのワイン王　薩摩藩士・長沢鼎――宗教コロニーに一流ワイナリーを築いた男』（明石書店、2017年）がある。
訳書には、アンドリュー・ハッカー『アメリカの二つの国民』（明石書店、1994年）、シーモア・M・リプセット『アメリカ例外論――日欧とも異質な超大国の論理とは』（明石書店、1999年、金重紘との共訳）、ティム・ワイズ『オバマを拒絶するアメリカ――レイシズム2.0にひそむ白人の差別意識』（明石書店、2010年）がある。

エリア・スタディーズ　193

**宗教からアメリカ社会を知るための48章**

2023年　2月20日　初版第1刷発行

著　者　上　坂　昇
発行者　大　江　道　雅
発行所　株式会社　明　石　書　店
〒101-0021 東京都千代田区外神田6-9-5
電　話　03-5818-1171
FAX　03-5818-1174
振　替　00100-7-24505
https://www.akashi.co.jp/

装　幀　明石書店デザイン室
印刷／製本　日経印刷株式会社

（定価はカバーに表示してあります）　ISBN978-4-7503-5541-2

# エリア・スタディーズ

1 現代アメリカ社会を知るための60章
明石紀雄、川島浩平 編著

2 イタリアを知るための62章【第2版】
村上義和 編著

3 イギリスを旅する35章
辻野功 編著

4 モンゴルを知るための65章【第2版】
金岡秀郎 著

5 パリ・フランスを知るための44章
梅本洋一、大里俊晴、木下長宏 編著

6 現代韓国を知るための60章【第2版】
石坂浩一、福島みのり 編著

7 オーストラリアを知るための58章【第3版】
越智道雄 著

8 現代中国を知るための52章【第6版】
藤野彰 編著

9 ネパールを知るための60章
日本ネパール協会 編

10 アメリカの歴史を知るための65章【第4版】
富田虎男、鵜月裕典、佐藤円 編著

11 現代フィリピンを知るための61章【第2版】
大野拓司、寺田勇文 編著

12 ポルトガルを知るための55章【第2版】
村上義和、池俊介 編著

13 北欧を知るための43章
武田龍夫 著

14 ブラジルを知るための56章【第2版】
アンジェロ・イシ 著

15 ドイツを知るための60章
早川東三、工藤幹巳 編著

16 ポーランドを知るための60章
渡辺克義 編著

17 シンガポールを知るための65章【第5版】
田村慶子 編著

18 現代ドイツを知るための67章【第3版】
浜本隆志、髙橋憲 編著

19 ウィーン・オーストリアを知るための57章【第2版】
広瀬佳一、今井顕 編著

20 ハンガリーを知るための60章【第2版】 ドナウの宝石
羽場久美子 編著

21 現代ロシアを知るための60章【第2版】
下斗米伸夫、島田博 編著

22 21世紀アメリカ社会を知るための67章
明石紀雄 監修 赤尾千波、大類久恵、小塩和人、落合明子、川島浩平、高野泰 編

23 スペインを知るための60章
野々山真輝帆 著

24 キューバを知るための52章
後藤政子、樋口聡 編著

25 カナダを知るための60章
綾部恒雄、飯野正子 編著

26 中央アジアを知るための60章【第2版】
宇山智彦 編著

27 チェコとスロヴァキアを知るための56章【第2版】
薩摩秀登 編著

28 現代ドイツの社会・文化を知るための48章
田村光彰、村上和光、岩淵正明 編著

29 インドを知るための50章
重松伸司、三田昌彦 編著

30 タイを知るための72章【第2版】
綾部真雄 編著

31 パキスタンを知るための60章
広瀬崇子、山根聡、小田尚也 編著

32 バングラデシュを知るための66章【第3版】
大橋正明、村山真弓、日下部尚徳、安達淳哉 編著

33 イギリスを知るための65章【第2版】
近藤久雄、細川祐子、阿部美春 編著

34 現代台湾を知るための60章【第2版】
亜洲奈みづほ 著

35 ペルーを知るための66章【第2版】
細谷広美 編著

36 マラウィを知るための45章【第2版】
栗田和明 著

37 コスタリカを知るための60章【第2版】
国本伊代 編著

38 チベットを知るための50章
石濱裕美子 編著

39 現代ベトナムを知るための63章【第3版】
岩井美佐紀 編著

40 インドネシアを知るための50章
村井吉敬、佐伯奈津子 編著

41 エルサルバドル、ホンジュラス、ニカラグアを知るための45章
田中高 編著

# エリア・スタディーズ

# エリア・スタディーズ

84 **現代フランス社会を知るための62章**
三浦信孝、西山教行 編著

85 **ラオスを知るための60章**
菊池陽子、鈴木玲子、阿部健一 編著

86 **パラグアイを知るための50章**
田島久歳、武田和久 編著

87 **中国の歴史を知るための60章**
並木頼壽、杉山文彦 編著

88 **スペインのガリシアを知るための50章**
坂東省次、桑原真夫、浅香武和 編著

89 **アラブ首長国連邦（UAE）を知るための60章**
細井長 編著

90 **コロンビアを知るための60章**
二村久則 編著

91 **現代メキシコを知るための70章【第2版】**
国本伊代 編著

92 **ガーナを知るための47章**
高根務、山田肖子 編著

93 **ウガンダを知るための53章**
吉田昌夫、白石壮一郎 編著

94 **ケルトを旅する52章** イギリス・アイルランド
永田喜文 著

95 **トルコを知るための53章**
大村幸弘、永田雄三、内藤正典 編著

96 **イタリアを旅する24章**
内田俊秀 編著

97 **大統領選からアメリカを知るための57章**
越智道雄 著

98 **現代バスクを知るための50章**
萩尾生、吉田浩美 編著

99 **ボツワナを知るための52章**
池谷和信 編著

100 **ロンドンを旅する60章**
川成洋、石原孝哉 編著

101 **ケニアを知るための55章**
松田素二、津田みわ 編著

102 **ニューヨークからアメリカを知るための76章**
越智道雄 著

103 **カリフォルニアからアメリカを知るための54章**
越智道雄 著

104 **イスラエルを知るための62章【第2版】**
立山良司 編著

105 **グアム・サイパン・マリアナ諸島を知るための54章**
中山京子 編著

106 **中国のムスリムを知るための60章**
中国ムスリム研究会 編

107 **現代エジプトを知るための60章**
鈴木恵美 編著

108 **カーストから現代インドを知るための30章**
金基淑 編著

109 **カナダを旅する37章**
飯野正子、竹中豊 編著

110 **アンダルシアを知るための53章**
立石博高、塩見千加子 編著

111 **エストニアを知るための59章**
小森宏美 編著

112 **韓国の暮らしと文化を知るための70章**
舘野晳 編著

113 **現代インドネシアを知るための60章**
村井吉敬、佐伯奈津子、間瀬朋子 編著

114 **ハワイを知るための60章**
山本真鳥、山田亨 編著

115 **現代イラクを知るための60章**
酒井啓子、吉岡明子、山尾大 編著

116 **現代スペインを知るための60章**
坂東省次 編著

117 **スリランカを知るための58章**
杉本良男、高桑史子、鈴木晋介 編著

118 **マダガスカルを知るための62章**
飯田卓、深澤秀夫、森山工 編著

119 **新時代アメリカ社会を知るための60章**
明石紀雄 監修 大類久恵、落合明子、赤尾千波 編著

120 **現代アラブを知るための56章**
松本弘 編著

121 **クロアチアを知るための60章**
柴宜弘、石田信一 編著

122 **ドミニカ共和国を知るための60章**
国本伊代 編著

# エリア・スタディーズ

123 **シリア・レバノンを知るための64章**
黒木英充 編著

124 **EU（欧州連合）を知るための63章**
羽場久美子 編著

125 **ミャンマーを知るための60章**
田村克己、松田正彦 編著

126 **カタルーニャを知るための50章**
立石博高、奥野良知 編著

127 **ホンジュラスを知るための60章**
桜井三枝子、中原篤史 編著

128 **スイスを知るための60章**
スイス文学研究会 編

129 **東南アジアを知るための50章**
今井昭夫 編集代表　東京外国語大学東南アジア課程 編

130 **メソアメリカを知るための58章**
井上幸孝 編著

131 **マドリードとカスティーリャを知るための60章**
川成洋、下山静香 編著

132 **ノルウェーを知るための60章**
大島美穂、岡本健志 編著

133 **現代モンゴルを知るための50章**
小長谷有紀、前川愛 編著

134 **カザフスタンを知るための60章**
宇山智彦、藤本透子 編著

135 **内モンゴルを知るための60章**
ボルジギン・ブレンサイン 編著　赤坂恒明 編集協力

136 **スコットランドを知るための65章**
木村正俊 編著

137 **セルビアを知るための60章**
柴宜弘、山崎信一 編著

138 **マリを知るための58章**
竹沢尚一郎 編著

139 **ASEANを知るための50章**
黒柳米司、金子芳樹、吉野文雄 編著

140 **アイスランド・グリーンランド・北極を知るための65章**
小澤実、中丸禎子、高橋美野梨 編著

141 **ナミビアを知るための53章**
水野一晴、永原陽子 編著

142 **香港を知るための60章**
吉川雅之、倉田徹 編著

143 **タスマニアを旅する60章**
宮本忠 著

144 **パレスチナを知るための60章**
臼杵陽、鈴木啓之 編著

145 **ラトヴィアを知るための47章**
志摩園子 編著

146 **ニカラグアを知るための55章**
田中高 編著

147 **台湾を知るための72章【第2版】**
赤松美和子、若松大祐 編著

148 **テュルクを知るための61章**
小松久男 編著

149 **アメリカ先住民を知るための62章**
阿部珠理 編著

150 **イギリスの歴史を知るための50章**
川成洋 編著

151 **ドイツの歴史を知るための50章**
森井裕一 編著

152 **ロシアの歴史を知るための50章**
下斗米伸夫 編著

153 **スペインの歴史を知るための50章**
立石博高、内村俊太 編著

154 **フィリピンを知るための64章**
大野拓司、鈴木伸隆、日下渉 編著

155 **バルト海を旅する40章**　7つの島の物語
小柏葉子 著

156 **カナダの歴史を知るための50章**
細川道久 編著

157 **カリブ海世界を知るための70章**
国本伊代 編著

158 **ベラルーシを知るための50章**
服部倫卓、越野剛 編著

159 **スロヴェニアを知るための60章**
柴宜弘、アンドレイ・ベケシュ、山崎信一 編著

160 **北京を知るための52章**
櫻井澄夫、人見豊、森田憲司 編著

161 **イタリアの歴史を知るための50章**
高橋進、村上義和 編著

# エリア・スタディーズ

162 ケルトを知るための65章　木村正俊 編著
163 オマーンを知るための55章　松尾昌樹 編著
164 ウズベキスタンを知るための60章　帯谷知可 編著
165 アゼルバイジャンを知るための67章　廣瀬陽子 編著
166 済州島を知るための55章　梁聖宗、金良淑、伊地知紀子 編著
167 イギリス文学を旅する60章　石原孝哉、市川仁 編著
168 フランス文学を旅する60章　野崎歓 編著
169 ウクライナを知るための65章　服部倫卓、原田義也 編著
170 クルド人を知るための55章　山口昭彦 編著
171 ルクセンブルクを知るための50章　田原憲和、木戸紗織 編著
172 地中海を旅する62章 歴史と文化の都市探訪　松原康介 編著
173 ボスニア・ヘルツェゴヴィナを知るための60章　柴宜弘、山崎信一 編著
174 チリを知るための60章　細野昭雄、工藤章、桑山幹夫 編著
175 ウェールズを知るための60章　吉賀憲夫 編著
176 太平洋諸島の歴史を知るための60章 日本とのかかわり　石森大知、丹羽典生 編著
177 リトアニアを知るための60章　櫻井映子 編著
178 現代ネパールを知るための60章　公益社団法人 日本ネパール協会 編
179 フランスの歴史を知るための50章　中野隆生、加藤玄 編著
180 ザンビアを知るための55章　島田周平、大山修一 編著
181 ポーランドの歴史を知るための55章　渡辺克義 編著
182 韓国文学を旅する60章　波田野節子、斎藤真理子、きむ ふな 編著
183 インドを旅する55章　宮本久義、小西公大 編著
184 現代アメリカ社会を知るための63章【2020年代】　明石紀雄 監修　大類久恵、落合明子、赤尾千波 編著
185 アフガニスタンを知るための70章　前田耕作、山内和也 編著
186 モルディブを知るための35章　荒井悦代、今泉慎也 編著
187 ブラジルの歴史を知るための50章　伊藤秋仁、岸和田仁 編著
188 現代ホンジュラスを知るための55章　中原篤史 編著
189 ウルグアイを知るための60章　山口恵美子 編著
190 ベルギーの歴史を知るための50章　松尾秀哉 編著
191 食文化からイギリスを知るための55章　石原孝哉、市川仁、宇野毅 編著
192 東南アジアのイスラームを知るための64章　久志本裕子、野中葉 編著
193 宗教からアメリカ社会を知るための48章　上坂昇 著
194 ベルリンを知るための52章　浜本隆志、希代真理子 編著
195 NATO(北大西洋条約機構)を知るための71章　広瀬佳一 編著

——以下続刊

◎各巻2000円(一部1800円)

〈価格は本体価格です〉